JN005652

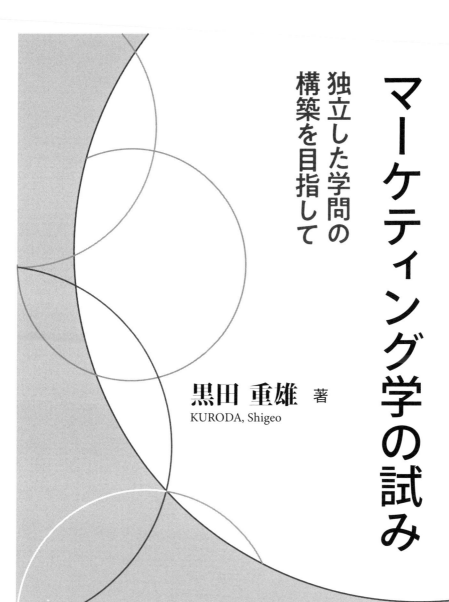

マーケティング学の試み

独立した学問の構築を目指して

黒田 重雄 著
KURODA, Shigeo

東京 白桃書房 神田

挿画：加藤 ゆり子・黒田 由美子

序　なぜ，マーケティングを学問にしたいのか

　この本は，マーケティングを批判するためのものではなく，マーケティングを学問にしたいと考えて書いたものである。

　なぜそう考えたのか。

　現在，マーケティングは花盛りであると言ってもよいかもしれない。数多くの「○○マーケティング」が存在している[1]。おそらく，今日の経営環境の厳しいとき，最も重要なのはマーケティングである，会社の従業員は，頭のてっぺんから足のつま先まで，マーケティングを念頭に仕事をするべきである，と考える経営者が多いということかもしれない。

　一方で，マーケティングはテンプレートな戦略論（これを使ってみてはどうだろう！！）に過ぎない，ウチはマーケティングはやっていません，と言う会社も出てきており，マーケティングに対する評価もさまざまといったところである。

　こうした中，「マーケティングは学問である」という話は，ほとんど聞こえてこない。マーケティングは，経済学や商学・商業学の範疇にある，経営学の一部である，などの見解もある。しかし現在のところ，マーケティングは今のままでよい，学問にする必要はない，戦略論で構わないではないか，と言う人が大半である。

　ところで，世界中で，大・中・小規模にかかわらず企業の不正・偽装が連日のごとくマスコミを賑わしている。一方では，「マーケティング至上主義」とか「マーケティング化する民主主義」なる言葉も出てきている。これは，マーケティングを歓迎するというよりは，その反対のニュアンスを持っており，極端な話，諸悪の根源にはマーケティングがある，と言わんばかりなのである。

　こうした見方をする人々に対して，マーケティング研究者は，「おっしゃる通りです。しかしそれはマーケティングの所為ではなく，使う人が間違っているのです」と，いつも通りの答えで済ませてきた。それでよいのだろうか。

　筆者は，もはやそういう時代ではないと考えている。これだけ人口に膾炙したマーケティングであることから，大学・大学院では，マーケティングは，もっと学問として教えられるべきものではないかと思っている。そうした観点から，マーケティングの功罪が議論される必要があるのではないかということである。

　「マーケティング学」を冠した本である，上沼克典著『マーケティング学の生誕へ向けて』（2003 年）の中には次のような記述がある[2]。

> ### マーケティング学の認知の方法
> 人間の社会的行動とその結果として生ずる社会的諸問題を扱うのが社会科学であるとするならば，市場取引における諸問題を研究対象として形成されてきたマーケティング研究は，明らかに社会科学のうちの 1 つに数えられるはずである。しかしながら，それが知性史の流れの中で，あるいは他の社会諸科学との識別においてどのように位置づけられるものであるかとか，あるいは社会科学が直面している，または解決できないでいる問題に対して，どのような回答を用意することができるかということになると，いまマーケティング研究は，「われ関せず」の態度をとるかまたは「沈黙する」しかない。

　上沼は，方法論を中心に持論を展開している。しかし，学問として欠かせない独自の概念や体系化の検討が不十分に見える。

　一方，もう既に学問になっているではないか，と言う人々がいて「いまさら」の感じで受け取る向きも多いと思われる。しかしながら，本書を読んでいただければ，マーケティングが学問としての体裁が整えられていると，公言できるものではないということは分かってもらえると思う。

　学問として欠くべからざる要素である，「独自の概念」，「定義」，「体系の形成」，「分析方法の確定」などが一体的に考慮されていないからである。つまり，現在は，原理・原則のないまま上面の議論が戦わされている感が強いということである。

　したがって，たとえば，「なぜ，○○マーケティングが戦略的に優れているのか」とか，「○○マーケティングと△△マーケティングのどちらが良い戦略なのか」といった比較検討ができないのである。これは，他のコア学問

における優れた諸理論からの「借り物」を寄せ集めたことからくる，「共約不可能性」（incommensurability）の問題にぶつかってしまうということでもある。

　経済学者でアメリカ・スタンフォード大学経営大学院教授のジョン・マクミラン（McMillan, John）（2002）は，“Reinventing the Bazaar”（『市場を創る―バザールからネット取引まで―』）という本を書いている[3]。

　この本の「序」で，マクミランは，「ある経営者が，スタンフォード大学ビジネス・スクールの学生たちを前にした講演で，“終身在職権を持った大学教授が市場経済について私にいったい何を教えてくれるのだろうか”と問いかけたのは，大学教授に対してあきらかに懐疑的な態度を示すレトリックとして受け取られるものであったが，この投げかけた挑戦に真っ向から受けて立ったものが，この本である」と書いている。

　マクミランは，最近，経済学会も重要なテーマとして取り上げられている「市場の設計」の観点から，問いに答えようとしたものであった。

　ところで，同じような問いを経営学者に発したならば，どういう答えが返ってくるのであろうか。

　たとえば，経営学者の楠木 建は，「経営“学”は役に立つか」と題する一稿を書いている（共著『はじめての経営学』）[4]。その中で，「経営学に固有の意義は，現実の経営の役に立つことにあるが，実際に役に立っている度合いは2割程度である」と述べている。

　では，マーケティング研究者に対してはどうであろうか。楠木と同じ本の中でマーケティングの項の担当者の阿久津 聡は，「マーケティングとは，人間や社会のニーズを見極めてそれに応え，利益を上げること」として，消費者の意識や行動の把握と利益を上げるための戦略（たとえば，マーケターと多数の消費者との価値共創のスキームの構築）であるとしている。実務者にとってみれば，「価値共創」とは相当含蓄のある言葉なのであろうが，具体的に実行するとなると非常に難解なものとの印象を与えるのではないだろうか。

　一方で，マーケティングの理論の大半は，どこかの企業の経験から割り出されたものであるし，また，どこかで用いられた戦略を「○○マーケティン

グ」という一見新しい言葉を使って説明するといった程度のものが多いことにも気が付く。したがって，前記された問いに対するマーケティングというものの原理原則から引き出されたような確たる答えはないのである。つまり，実際の経営から直接的に得た知識ばかりであることから，マーケティング研究者から独自に何かを実務者に伝授することにはなっていないと言えよう。

　これは，マーケティングが学問になっていないことに原因があると筆者は考えている。

　再び，今日のマーケティングの実態は，「マーケティング論」と称するものの花盛りである。「マーケティングがなければビジネスなし」の勢いである。「○○マーケティング」のオンパレードである。「就活や婚活などすべての問題はマーケティングで解決できます」という本（広告文）まで出版されている。

　大学の経営学部ではいろいろな科目を教えている。とても網羅しきれないので他学部や他大学の聴講でカバーさせる。一方，経営学部にはコア科目があってどこの大学でも大体同じような科目が並べられている。そこに教授がいない場合がある。また，教授がいても本来講義さるべき内容を教えていないかもしれない。それはほとんどの場合，教授の自由裁量に任されており，講義内容も，教科書を使う場合とノートによるものになっている。したがって，講義内容も強調点もまちまちである。

　筆者は，大学で40年近く，「マーケティング」「マーケティング戦略論」「マーケティング・リサーチ」という講義科目を担当してきた。

　たとえば，マーケティング（教科書）の場合，バラバラといった感がある。そんな状態であるから，本来講義さるべき内容や解釈がおろそかになっている可能性が高いと考えてもあながち間違いとは言えないだろう。自分勝手なノートで毎年講義している教授もいると聞く（筆者もある意味そういう状態であったと反省しきりである）。

　つまり，肝心なことを教えていないのではないかという自問自答である。それが，ずっと自分の腹の底に濁りとして蓄積していた。内心忸怩たる思いで講義していた感じである。

　こんなことでよいのかである。

　最近になって，薄明かりが見えてきたと感じている。それは，これまでは単なる受け売りで講義していたということに気づいたからである。特に，アメリカ発のマーケティングに，すっかり嵌まり込んでいたということである。"marketing"（マーケティング）という言葉がアメリカで作られたということで，そこでの研究状況だけを追い，理論が出るとその紹介と日本の場合に当てはめて見るとどうなるかという研究スタイルに過ぎなかったのである。

　調べるうち，マーケティングは単に儲け方や経営戦略だけではなく，もっと人間の生き方と関係していること，また，それを突き詰めてみると，既に日本の室町時代にはマーケティングのルーツがあることも理解できるようになってきた。

　作家の司馬遼太郎が，「われわれは室町の子である」と言ったのはどういうことなのかを考えてみる[5]。

　一般には，現代の日本人の心の芯にあるものが，たとえば，「金閣」「銀閣」など「芸術」や茶道など「道」といったものの「わび・さび」の精神が，はっきりとした形をとってあらわれた時代であったというかもしれない。結局，室町時代はもっぱら文化揺籃期だったと。この言葉に続けて，司馬が，「要するに，日本史は室町時代から，ゼニの世がはじまった」と述べている点に注目する。

　筆者としては，もともと日本人にはビジネス心があって，それが室町期に明確に表面に出はじめた時代であると考えたいのである。幾人かの歴史家は，室町期のビジネスについて説明してきているけれども，現代の経営やマーケティングの研究者は，ほとんどの場合，（特に流通論において顕著であるが）江戸期から始めるのが通例となっている。

　室町期が，日本におけるマーケティングの萌芽期だとすると，アメリカのそれが起こった時より少なくとも400年はさかのぼる計算である。

　経営の神様と言われる，ピーター・ドラッカー（Drucker, Peter：以下，ドラッカー）の本 *Management*（2008年版）を読んでいるときハタとその思いに捉われた[6]。ドラッカーの本では，基本的に，ビジネスの本質は「マーケティング」と「イノベーション」であり，その後に「マネジメント」

があるということが書かれている。彼の分厚い著書の体系図にも，マーケティングの言葉はなく，本文にもマーケティングについての記述はほとんど見られない[7]。

これは，ドラッカーが，マーケティングを問題にしていないということではなく，彼のマネジメント体系の前提となっているからだと考えられる。

マーケティングが「ドラッカー体系（図表序‐注‐1）を支えているもの」ということと，「体系図を包み込むもの」との両方の意味合いを持っていると解釈できるのである。

このことからドラッカーは，マーケティングを「ビジネス全体を包み込むもの」と考えていることが分かる。つまり，「企業」とは「マーケティングをすること」そのものなのである。

また，この管理システムにおいては，絶えず"creative destruction"（創造的破壊）が実行されている。"creative destruction"という言葉は，シュンペータの造語であるが，いわゆる"innovation"（革新）である[8]。

ドラッカー自身は，日本における第一次経営学ブームを作った著書"*The Practice of Management*"（訳本名『現代の経営』）の中で，「ビジネスの根底には，マーケティングとイノベーションがある」と述べていた[9]。この解釈として，日本でベストセラーになった，岩崎夏海（2009）の小説『もし高校野球の女子マネージャーが，ドラッカーの『マネジメント』を読んだら』（以下，『もしドラ』）を取り上げてみよう[10]。『もしドラ』では，「高校の弱小野球部を強くするためドラッカーの経営管理法を用いてついに甲子園出場を果たした」ということである。

ドラッカーのエッセンスの紹介であるが，そこには当然のこととして，「マーケティング」は単に「調査した」という意味で出てくるだけである（このことは正しい解釈である）。

『もしドラ』で，筆者が重要と考えているのは，なぜ，「野球部」が取り上げられたのか，ということである。高校の課外（クラブ）活動には，他に「サッカー部，卓球部，新聞部，文芸部……」などがある。つまり，野球部も公立高校のクラブ活動として相応しいものとして設けられているはずである。「野球部」がクラブ活動として相応しいかどうかは事前の検討が十分さ

れていたはずである。『もしドラ』にはその検討部分は（当然のこととして）
出てこない。ただ，「野球部」を強くするべく「ドラッカー理論」を用いた
ということである。

　筆者が言いたいのは，仕事の管理（運営）をする前に，自己の仕事—ビジ
ネス—を何にして実行するか（この場合は，高校課外活動として「野球部」
を設置する）の検討があったはずであるということなのである。

　近年，経営学者から，「マーケティングに期待する」という話を聴く機会
があった[11]。また，「ブルー・オーシャン戦略」などは，ビジネスの方向性
を述べたものとして提起されている。こうなると，マーケティングは，人間
や人間の集合である組織が，どのようなビジネスを始めたらよいか，を考え
るものであるということができるのではないか。

　つまり，マーケティングは，「経営学」の一分野ではなく，その前にある，
あるいは前提とされるべき「仕事（ビジネス）ないし経営組織を作るという
こと」なのである。つきつめると，マーケティングは，「人はどこからきて，
どこへ行くのか」を考える形而上学に対して，生まれたからには，「何か仕
事をして，その対価としての利益を得て，それを糧に生き延びていかねばな
らない」という形而下の問題解決を図らねばならないものということもでき
る。

　さらに言えば，マーケティングとは，いかに自己の仕事を探し出し，決定
し，実行していくかを考えるということである。したがってそれは，マーケ
ティング・リサーチの考え方そのもの，ないしその援用を仰ぐもの，である
ということである。

　これは，従来からの「マーケティングの定義」である“企業は消費者の求
めるものを提供する”という狭い仮定から抜け出さねばならないということ，
また結果的に，マーケティングを学問にする必要のあることを意味している。

　本書の構成は，大きく3部に分かれている。
　第I部は，「これまでのマーケティングを概観する」として，現行マーケ
ティングの問題点と分析の限界を考える。
　第II部は，「マーケティング学への準備」として，マーケティングを学問

に高めるために必要な要素・要件について検討する。

　そして，第Ⅲ部は，「マーケティング学を試みる」として，独自の概念，体系化，分析方法など考慮しながら，マーケティングの学問化を試みる。

●序　の注と参考文献

(1) いろいろなマーケティングが提起されている。

　　　マネジリアル・マーケティング managerial marketing，社会志向的マーケティング societal marketing，社会的マーケティング social marketing，地域（エリア）マーケティング regional marketing，グローバル・マーケティング global marketing，比較マーケティング comparative marketing，環境（グリーン）マーケティング environmental (green) marketing，コーズ・リレイテド（社会貢献強調）マーケティング cause-related marketing，カラー・マーケティング color marketing，パーミッション・マーケティング permission marketing，インターネット・マーケティング internet marketing，オンライン・マーケティング online marketing，ダイレクト・マーケティング direct marketing，ブランド・マーケティング brand marketing，ポストモダン・マーケティング post-modern marketing，インバウンド（検索活用）マーケティング inbound marketing，金融マーケティング financial marketing，関係性（リレーションシップ・）マーケティング relationship marketing，データ・ベース・マーケティング data-base marketing，ワン-トゥ-ワン・マーケティング one-to-one marketing，モバイル・マーケティング mobile marketing，サービス（ホスピタリティー）・マーケ　ティング service (hospitality) marketing，エスノグラフィック・マーケティング ethnographic marketing，バズ・マーケティング buzz marketing，炎上マーケティング flaming marketing，ショッパー・マーケティング shopper marketing，ステルス・マーケティング stealth marketing，フラッシュ・マーケティング flash marketing，ステルス・マーケティング stealth marketing。

(2) 上沼克典（2003）『マーケティング学の生誕へ向けて』，同文舘，pp.69-70。

(3) McMillan, John (2002), *Reinventing the Bazaar: A Natural History of Markets*, W.W.Norton & Company, Inc.（瀧澤弘和・木村友二訳（2007）『市場を創る―バザールからネット取引まで―』，NTT 出版）。

(4) 楠木 建（2013）「経営"学"は役に立つか」（共著『はじめての経営学』，東洋経済新報社）。

(5) 司馬遼太郎（2014）「室町の世」（『この国のかたち　三』，（1995 年初版），文春文庫）。

(6) Drucker, Peter F. (2008), *Management*, with Joseph A. Maciariello, Harper Collins Publishers, p.xvii.

(7)

図表序－注-1　ドラッカーの管理システムの概念図

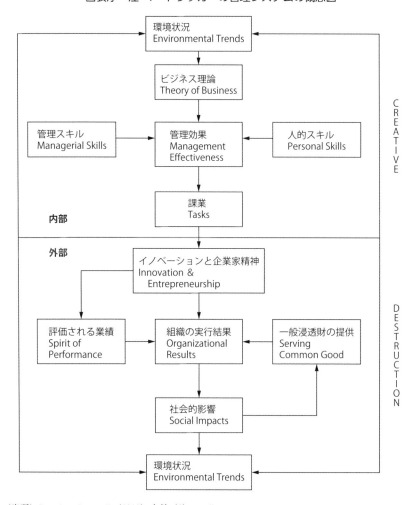

（出所）Drucker, Peter F.（2008），文献（6），p.xvii.

(8) シュンペーターのイノベーションの定義：
　　Schumpeter, J.A., (1939), *Business Cycles: A Theoretical, Historical, and*

Statistical Analysis of the Capitalist Process, 2 vols, McGraw–Hill Book Company, Inc., New York and London, pp.87–88.

(9) Drucker, Peter F.（1954），*The Practice of Management*, Harper & Brothers（現代経営研究会訳（1965）『現代の経営（上）（下）』，ダイヤモンド社）。

(10) 岩崎夏海（2009）『もし高校野球の女子マネージャーがドラッカーの『マネジメント』を読んだら』，ダイヤモンド社。

(11) 本書第1章【1-3】にあるように，経営学者加護野忠男が述べたもの。

目　次

第I部
これまでのマーケティングを概観する

　２つの側面から説明する。１つは，文字通り「マーケティングとは何か」である（第１章）。まず，マーケティングの現状について概観する。

　マーケティングと言う言葉は，アメリカに生まれたが，アメリカにおける19世紀半ばから20世紀初頭における流通状況，マーケティング・リサーチを重要とする認識のきっかけ，販売競争は国内から海外へ，といった項目で検討する。

　一方では，マーケティングは日本には60年代に入ってきて，日本の産業界に多大の貢献をしてきたことは疑いない。しかし，それから半世紀，日本をはじめ世界的にマーケティングは浸透していくが，一方では，さまざまなビジネス問題が発生する事態となっている。これはマーケティングだけの責任とは言えないが，かなりの部分かかわっていることは疑いようがない。しかし，そのまた一方で，経営学からはマーケティングが期待されている，などの発言も出ている。

　もう１つの側面では，現代マーケティングの研究状況を検討する（第２章）。P.コトラーなど現代マーケティングを代表する研究の広がりの中で，かつてのW.オルダーソン理論の再認識の重要性を取り上げる。

　また，第３章では，これまでのマーケティングでは，非常に重要な内容を持つにもかかわらず，ほとんど真正面から取り上げられなかった諸事項について考える。

マーケティングとは何か

はじめに

　文字通り，マーケティングとは何か，についてである。言葉はアメリカに生まれたが，それはどういう状況だったのか，日本には何時入ってきたのか，現在，どうなっているのか，一般にはどう見られているか，などについて考える。

1-1. マーケティングは，一般にどう見られているか

　今日，「マーケティング」という言葉はかなりの広がりを見せている。ビジネスのみならず，世間一般にもすっかり馴染になっている。

　あるとき，NHK の番組「クローズアップ現代」でキャスターが，「…それは，マーケティングがないということですね…」との言葉を発したことがある。それほど，「マーケティング」という言葉は，一般化しているのかと驚かされた。

　この「マーケティング」"marketing" とは，何だろうか。平久保仲人（2000）は，「アメリカでも，マーケティングとは何かを的確に答えられる人はそう多くありません」と言う[1]。

　つまり，この問いの答えは容易ではない。その原因の1つに，「マーケティングの定義」が定まっていないということがある。筆者等の2001年に出版した『現代マーケティングの基礎』では，定義の数は，16個に上っている[2]。それらの間には，少しずつニュアンスの違いがあるように見える。

今後も「マーケティングの定義」は，増える気配である。

　マーケティング研究者の須永 努（2019）は，マーケティングを次のように解釈している[3]。

　　　　マーケティングの基本は，消費者／顧客志向であり，顧客のニーズを理解し，その充足に寄与する解決策を提供することである。したがって，顧客や消費者の理解なくして効果的なマーケティングの計画も実践も不可能である。そこで私は，顧客や消費者の理解があらゆるマーケティングの基本であり，消費者行動研究はすべてのマーケティング活動に通ずると考えるようになった。

　一般には，マーケティングは，どのように見られているだろうか。

　人気作家の椎名 誠がマーケティングのことを書いている[4]。と言っても，マーケティングとは何物かについて書いているのではなく，言葉として出しているだけである。映画『ターミネーター』の続編について書いている件（くだり）で，次のように述べている。

　　　　さてそのターミネーターだが，強力な SFX と音においてまさしく，「どうだどうだ」の水戸黄門パワーでたじたじとなったが，映画の本当のこわさ面白さでははるかに前作の「ターミネーター」に方が上のように思った。第一作目は B 級 SF として，監督のオニの一念でとにかく強引にやみくもに作ってしまった，というストロング映画であったに対し，「2」の方は映画を産業としてはっきり位置づけ，**マーケティング**からきっちり抜け目なくプロジェクトしていった，というしたたかさがはっきりしていてコノヤロと思う。（注：太字は筆者）

　椎名は，かつて広告関連雑誌「宣伝会議」の編集長をしていたことがあると聞いて，文章の中にも割とすんなり出てきている感じである。中味は，前作の方が面白かったということであるが，それは，ストーリーなどはどうでもなく，単に面白さの押しつけが見え見えであるということからきているのか。そうだとすると「マーケティング」の失敗だと言いたいのか。多分その両方であろう。

　では，「マーケティング」には定型があるのか。もとより椎名は定義などを考えもせず気軽に使っているわけだが，ここで用いられている「マーケ

ティング」というもののニュアンスにはなにがしか売り方（販売の仕方）の定型，プロジェクトの定型があることのような響きがあって，それに則って宣伝を行ったという意味に受け取られる（そんなことをしても無駄であるという逆説的な意味も込められているが）。

　また，NHKのTV放送用テキスト『仕事学のすすめ』の中で，ヒット曲の作詞家でTV番組企画構成で有名な秋元 康が「マーケティングは役立たない」と題した一稿を書いている[5]。

　ここで秋元は，「マーケティングは，こうだとこうなってヒット商品が生まれるという筋書きだ」と考えている。これを，秋元の言葉で「予定調和」と言う。そして，この予定調和を崩すところが面白いのだという。

　とにかく，マーケティングの一般的受け取り方の多様さも半端ではない。

　臨済宗の総本山永平寺が修行僧の成り手不足を解消し，人気を回復すべく，「六本木ヒルズ」的なマーケティングに関心を示しているとか[6]，大塚家具のお家騒動も，SMAP騒動の収束も[7]，一種のマーケティングの一環ではなかったかという解釈である。

　こうなると，どんな新しい社会現象も，マーケティング的解釈が可能となるし，マーケティングは，就活でも婚活でもなんでも解決します，という本が出版されるというのも理解できようというものである。

1-2. さまざまなビジネス関連問題の発生

　一方で，今日世界的に企業の不正や偽装問題が噴出している。日本でも日常茶飯事のごとく，マスコミを賑わせている。日本における不正事件も，それだけ日本企業がグローバル化した結果という説もある。

　ところで，近年，性能や安全に問題のある商品のために健康を損ねたり，不必要なものを買わされてしまったりする消費者被害が増加してきた。このように商品やサービスが生産者から消費者に供給され，消費される過程で発生するあらゆるトラブルを「消費者問題」と言う。

　近年の食品の偽装など不正問題を列記してみよう。

　　　冷凍ギョーザ中毒事件，メラミン混入の牛乳，乳製品原料肉偽装，期限
　　切れ原料使用，豚肉などを混ぜた「牛ミンチ」，賞味期限改ざん，製造日改
　　ざん，産地偽装やつけ回し，食肉偽装，飛騨牛偽装，ウナギ蒲焼き偽装，
　　事故米の食用転用など。

　また，高齢者には「オレオレ詐欺」などが問題となっているが，SNS（Social Networking Service）の普及にともなってトラブルが発生し，若者の相談が矢継ぎ早に「国民生活センター」に寄せられているという。

　2018年，フェイクニュースや個人情報流出が問題となった。米フェイスブックのマーク・ザッカーバーグ最高経営責任者（CEO）がシリコンバレーの本社で日本経済新聞社との単独インタビューに応じている[8]。

　そこで彼は，「かつてはまず製品をつくって提供し，問題があればその時点でやめる。そういうやり方をしてきた。いまは先手を打たなければだめだ，例えばネット上の不適切なコンテンツに対し，通報を待って対処するのではなく危険な情報を発見する人工知能（AI）をつくり迅速に取り除くことをめざす，民主主義を脅かすフェイクニュースに個人情報の流出と続けざまに直面した問題から教訓を得た。大きな問題に取り組みながらも，最先端テクノロジーの革新を続けたい。もともと"人と人をつなぐ"を会社の使命に掲げる。ゴーグル型の機器をかぶり立体感のある仮想空間に入り込むVRを使い，コミュニケーションの変革に再び挑む」などと述べたという。なお，VR（＝Virtual Reality）は「仮想現実」と訳される。

　日本の独占禁止法（独禁法）においても，消費者保護が大原則である。具体的には，消費者というものは騙されやすい，間違えるし，勘違いするものだ，だからそれを保護する法律的措置が欠かせないのだ，という考え方に基づいている。

　独禁法では，
　　　　＊不当廉売（競争企業の活動を困難にする）
　　　　＊誇大表示（不当表示や過大な景品付版先）
等が該当する。これは，現実に問題が発生しているかどうか（不当廉売が起こっているか，誇大表示が実際に生じているか）で判断される。

　企業の不祥事も相変わらずである。インターネットでは，その例をいくらでも見ることができるし，年々その数を増していることも分かる。

　企業が，人のため良かれと思ってやったことが，訴訟にまで発展した例がアメリカで報告されている。マクドナルドの「熱いコーヒー提供」の事例である。

　マクドナルドでは，気候が非常に寒くなってきた状況の中で，より温かいコーヒーをと「熱いコーヒー」と銘打って発売した。これをドライブインで購入した高齢の夫人が誤って膝にこぼして火傷した。これが訴訟事件に発展した。火傷するほどのコーヒーを販売した方が悪いと慰謝料を要求した。マクドナルドは，熱いから十分注意するよう促していたのでそれを怠った消費者の方が悪いのだと反論したが，結局長引いてはまずいと，慰謝料を◯千万円払ったというものである。

　また，日本でこういう例も起こっている。ボールペンなのに，こすると鉛筆のように文字を消すことができる「消せるボールペン」を悪用した事件である[9]。

　2013年，公務員の男性が勤務管理表にこのボールペンで時間を記入。上司の決裁後に書き直して，不正に手当てを受給し懲戒免職となった。

　アメリカの経済学者でノーベル賞受賞者の2人が『不道徳な見えざる手―自由市場は人間の弱みにつけ込む―』を出版している[10]。

　企業側で作ったモノが善意であろうと悪意であろうと，事が起これば訴訟が起こり罰せられることもあるが，訴訟が起こらなければ何事もなし，というのが現代の1つの考え方である。本来，やってはならないこともそれが何事もなければ「やり得」という風潮も出ている。新聞のコラム欄に，企業に対する1つの疑念が書かれているのを見つけた[11]。

　一方では，「マーケティングは危機を迎えている」と言うのは，マーケティング研究者の須永 努である[12]。

　マーケティングの危機と言う場合，2つほど意味があると思われる。

（1）これまで提起されているいかなるマーケティング戦略も，現実の経営実務には当てはまらなくなっているということである。その意味で，マーケティング（戦略）は進化を遂げなければならないという

ものである。もっと役立つものを探さねばならない。

(2) 文字通り，マーケティングの存在そのものが否定され，この世から消える運命にあるということである。マーケティング不要論である。

　須永は，(2) の例として，「"うちはマーケティングをしない"と公言する企業や経営者もあらわれるようになってきた」と書いている。

　結局，須永は，こうした不要論に反論すべく自著をあらわしたのだと述べる。つまり，マーケティングの進化に関連することとして，通常のコア学問の秀逸な理論を活用することである。それは，近年，研究と実務の双方から注目が集まっている，「感覚マーケティング」を採用することであるという。この心理学で研究されている感覚マーケティングとは感覚（sensation）と知覚（perception）に関する理解をマーケティングへ応用しようとする取り組みのことであるらしい。これまでの「○○マーケティング」に，また1つ優れた「マーケティング」が加わることになるのだろう。

　実は，須永のような考え方は，従来から学際的学問（領域学とも言う）の一環として認知されているものである。しかしながら，マーケティングを学際的学問とするかどうかは，意見の分かれるところである。むしろ，数理経済学者の森嶋通夫（2010）が試みて失敗している点を十分に勘案しておく必要があるだろう[13]。1つの問題は，「共約不可能性」（incommensurability）の存在である（この点については，本書第5章【5－5】で説明している）。

　今日の事態を評してか，社会学者などからは，「マーケティング化する民主主義」とか「マーケティング至上主義」とかの言葉が生み出されている[14][15]。

　これは，どちらかと言えば，マーケティングを否定的に受け止めている言葉と考えられる。諸悪の根源にはマーケティングがある，という意味もあるかもしれない。つまり，悪いことは，マーケティングの所為であるかのごとくである。

1-3.　経営学からは，マーケティングは期待されている

　経営学者の加護野忠男（2010）は，これからの経営には，「ビジネス・システム」の変革の必要性，特に企業間協働が欠かせない，としている[16]。

　わが国のコトラー人気は衰えを知らない。2013年6月17日「コトラー・カンファレンス2013」が，日本マーケティング学会などの主催で，東京ビッグサイト国際会議場で行われた。そのときのテーマは，「マーケティングの未来：成熟市場下で日本企業がとるべき8つの方法」であった[17]。

　このコンファレンスで，加護野忠男も登壇し，「マーケティングへの期待」と題して講演している。そこで加護野は，以下のような趣旨のことを述べていた。

> 　これまでの経営は，コストパーフォーマンス戦略であり，後発企業が有利であった。これからは，「薄利多売から厚利少売へ」が重要となる。たとえば，ロイヤルブルーティ（お茶），沢の鶴（日本酒）などに見られることである。

　加護野のこうした見解は，「マーケティング」は「売り方・儲け方」を中心とする「実践に役立つ戦略ないし方式」と見做しているように見える。一方で，こうした見方は，現行マーケティングに対する一般的な受け取り方に通じているとも言える。その結果，「○○マーケティング」の花盛り現象へとつながっていると考えられるのである。

　しかしながら，もう一歩進めてみると，こうした見解は，「実際に起こったことの解説」か「受け売りの考え方」に過ぎないのではないか，という面もある。

　もっと原理原則に基づいた形で，「こうだから，そうなるのだ」というように物が言えないのか，という観点であり，そのことがマーケティングを学問にしたいという，筆者の出発点になっている。

1-4. アメリカにおける19世紀半ばから20世紀初頭における 流通状況

　「マーケティング」は，いつ，どこで，どのような状況下で生まれたのか を考えてみよう。

　"marketing" という言葉は，20世紀の初頭，アメリカで発生したもので ある。その経緯を追ってみる。

　まず，18世紀半ばからの産業革命によって，ヨーロッパでは，大量生産 体制がとられ，大量販売が必要となった。市井の一末端組織として細々と物 資の提供の役割を担ってきた中小零細雑貨店や専門店では，大量商品を賄い きれなくなっていった。1852年に，フランスのパリに世界初の百貨店「ボ ン・マルシェ」が登場している。

　　　映画『貴婦人たちお幸せに』（監督・脚本，アンドレ・カイヤット Andre
　　Cayatte，1943年作品）は，その当時，花の都に出現した百貨店に来店する
　　婦人や女性店員達と，その出現に困惑する商店街の人々の織り成す，人間
　　模様を描いたものである。主人公の一人である商店主の反発の姿は，150年
　　の時を経て，日本における大型小売店舗の進出に反対する地方の中小零細
　　な商店や商店街の状況を彷彿とさせた。

　一方，19世紀半ばぐらいまで，アメリカにおいては，ヨーロッパとは 違った流通構造が存在していた。先住民族としてのインディアンは，狩猟民 族で1ヵ所には定住しないこともあり，荘園の成立しない土地柄であった。 このため，手工業の職人が育ちにくい土壌であったことから，アメリカには， もともと諸道具や消費用製品の地域的自給自足体制がなかったと言われてい る[18]。

　中部・西部のフロンティアでは，農鉱業による経済的成功が実現して購買 力も高まっていった。しかし，それに応ずる中小工業は未発達であった。や がて工業製品に対する国内消費需要が国内生産能力を上回ることになるが， その間の製品供給はヨーロッパよりの輸入で賄われていた。

　一方，西漸運動は思うように進まなかったこともあり，中部・西部の農鉱 民は広大な地域に散在していたに過ぎない。消費者が散在しすぎると，個々

人の所得が大きくても，小売店舗は成立しにくい（米国が車社会になるのは20世紀に入ってからである）。

　また，メーカーの立地点は東海岸の北部地域に集中していたし，卸売商も東部に集まり，結果的に，小売商人は駅馬車や列車に乗って大旅行しなければならない状況にあった。

　このころの小売商人と言えば，「セールスマン」（salesman）と呼ばれる人々である。広大な国内を一周してくるのに長期間を要し，散在する消費者に対しては，年に1，2回の訪問がやっとであったこと，1回に所持できる量も品揃えも大したものでなかったことが想像される。それでも，メーカーは自らセールスマンを雇用し，販売（sales）を委ねる手段を採っている。

　初期のセールスマンは，単なる「説得専用要員」というのではなく，言わば「移動店舗」の役割を果たしていたのであり，販売と同時に商品輸送，すなわち「物流」の役割も担っていたわけである。メーカーは，セールスマンが独立店舗より統制し易く，したがって統制可能な販売ルート（流通チャネル）を確保できるという利点もあることから，大量に雇用することとなる。

　こうして，19世紀半ばまでのアメリカの流通は，ひたすら「流通空間の克服」に費やされていたと言えよう。

　19世紀の半ばになって，国内に近代様式の消費財メーカーが出現している。これは，大規模工場よりなり，これによって大量生産体制が確立されている。このため大量販売も必要となり，百貨店，チェーンストアなどが各地に出店を始める。また，ほとんど同時に，通信販売の企業も出現している。

　このように，アメリカにおける大規模工場のはじまりは，ヨーロッパにおける地域的中小工業との長い間の競争を経て大規模化していったのとは様相を異にしている。とはいえ，この大規模な生産工場より生産される消費財をさばくため，百貨店はじめさまざまな小売業態を生み出すこととなった。

　いずれにしても，米国では19世紀後半になって，それまでの流通空間問題はほとんど解消するとともに，一気に小売業における販売競争状況へと突入していったのである。

　それをまた，メーカー側が生産数量増大で後押しするという構図となっていったと言える。

マーケティングという言葉の誕生

　「マーケティング」の発生は，20 世紀初頭のアメリカにおいてである。前項でも見たごとく，19 世紀半ばあたりまでのアメリカの商業界の関心は，主として広大な地域に散在する消費者へいかに「手渡すか」(delivery) であり，また「モノをいかに流すか」(distribution) だけを問題としていればよかった時代であった。

　しかし，さらに購買力が増し，ついにアメリカ東部に消費財を大量生産する大工場が続々出現し，しかも一斉であったため，販売競争は一気に競争激化の様相を呈することとなり，メーカーは，大量販売用の大量のセールスマンを雇用することになる。

　ここで，移動途中の商品の持ち逃げや他のメーカーからの引き抜きといったセールスマンにまつわる問題も出てきて，メーカーは，「いかにセールスマンを操作するか」を考えねばならなくなった。この議論が「セールスマンシップ」へと発展している。

　アメリカにおける流通研究の最初は，表向き「販売管理」ではあったが，実際にはセールスマンの管理を強く意識した「セールスマンシップ論」であったというのも頷けるのである。

　競争激化とその後の社会・経済的変化により，「販売」(sales) は，製品差別化や市場調査を駆使したさらにきめ細かい市場対応をしなければならなくなっていった。そしてこうした内容を表すものとして“marketing”(マーケティング) という用語が作り出されたと考えられている。

　つまり，それまで販売管理において重要視されていた，人的セールスマンシップと広告は，単なる販売計画の最終的表現に過ぎず，実際は，それが実行される前にもっとさまざまなことを考慮し，解決しておかねばならないことがあるという認識に端を発している。

　R. バトラー (Butler, R.) (1917) は，そうした点に配慮した“*Marketing Methods*”(マーケティング諸法) という書物を出版している。

　販売店舗も各地域に設置され，19 世紀半ばには，百貨店 (Macy：1858 年) が生まれている。また，広大な地域をカバーするため，通信販売 (A&P：1869 年) やチェーン・ストア (Woolworth：1879 年) といった

販売形態も出現している。最近倒産して話題となった大手通信販売業シアーズ・ローバック（Sears, Roebuck and Company）も1893年に登場している。

　20世紀に入って，アメリカ・テキサス州の氷販売店「サウスランド・アイス社」が，1927年，"Seven-Eleven"（セブン・イレブン）というコンビニエンス・ストアを出店している。また，マイケル・カレン（Cullen, Michael J.）という人が，1930年，世界初のスーパーマーケット（安売り食料品店）のキング・カレン（King Kullen）を開店した。

　これらは，米国における「業態開発競争」の幕開けとなる業態とされている。それ以後，スーパーマーケット，バラエティ・ストア，ショピング・センター，ディスカウント・ストアなどの業態が続々と登場し，販売競争に拍車が掛かっていったからである。識者によっては，米国における20世紀初頭以降の販売面の特徴を，小売業態開発と多業態間競争とにまとめているが，こうした状況を表現したものである[19]。

　このように，マーケティングという言葉は，20世紀の初頭に生まれた。そしてこのとき競争を乗り切る手立てを研究する「ケーススタディ」も生まれている。そうこうしているうちに大不況期に突入する。

1-5.　マーケティング・リサーチを重要とする認識のきっかけ

　マーケティング・リサーチがきわめて重要なものであると認識させたのは，米国の大不況下である。深見義一（1971）によると，当時の米国の不況は，1929年に比して1932年の賃金収入に60％減，配当収入に57％減をもたらした。前者が労働階級の購買力の減退を示すとすると，後者は資本階級の購買力の減退を示していた。もう何をやってもだめだと思わせるものがあった，という[20]。実際にも販売競争激化前提のマーケティングどころではなくなり，またそうした研究も頓挫せざるをえなかっただろう。

大不況期にあっても利益を上げた企業が存在した

　一方で，こうした不況期にありながら利益を上げた企業が存在した。たと

えば，前節で述べたように，この時期業態間競争の幕開けとされた小売業態のマイケル・カレンによる〈食べていくための安売り食料品店〉，

　　　　　　スーパーマーケット：「キング・カレン」：創業 1930 年（日本第 1 号
　　　　　　　店・青山紀ノ国屋：1953 年，主婦の店ダイエー創業：1957 年）。
　また，同じ小売業態の，〈喉の渇きを癒すための「氷小売販売店」〉，

　　　　　　コンビニエンスストア：創業 1927 年，後の「セブン・イレブン」：
　　　　　　　創業 1946 年（日本上陸第 1 号店：1974 年）。
などである。

　これらの成功は，「消費者の欲求」に応えた結果と考えられた。こうして，不況の深刻さは，人々に業者に，リサーチの重要性を一層痛烈に認識せしめたのである。

　筆者としては，この「マーケティング・リサーチ」の始まったことが，マーケティングであるというに相応しいと考えている。つまり，マーケティングとは，（ドラッカーも"ビジネスの根底にはマーケティングとイノベーションがある"と言ったように），すなわち，マネジメント（management）を行う前に，どういう事業をするか，どういうビジネスを始めるか，という問題があったということである（この点は，本書序の『もしドラ』で解説している）。

　ビジネスは，天から降ってくるものではない。座して沈思黙考から生まれるものでもない。それはリサーチをしてみてはじめて分かることである。リサーチから得た情報を解析して 1 つの判断を導き出し，最終的に自己のビジネスとして決断し実行に移すものなのである。

　こうした何もないところから自己のビジネスを見出していくというのは，アメリカでは大不況期からとなるのであるが，世界史の上からは，ずいぶんと昔にさかのぼることが可能であると考えられる。

　今から一万年前に生まれたというメソポタミヤ地方における「マーチャント」（merchant：商人）が生まれた時期と大いに関係があるということである。

　このことは実際上，紀元後の 17 世紀あたりに"commerce"として認識されることになる事柄である。取引に関する重要事項を網羅的にまとめたも

のという説が有力である。日本では学問的には「商学」に属するものとなる（ここにおける"commerce"や「商学」とは，現代の「卸・小売」といった狭い概念ではなく，ビジネス全般を指す言葉であり，ビジネスが貿易や取引を行う際して採るべき考え方や方法を網羅的にまとめたものであった）。

　とすれば，コトラー（Kotler, Philip：以下，コトラー）の"Marketing Management"も同じ内容を持つものであって，"commerce"の発展形と考えてもあながち間違いとは言えないと考えている。

1-6.　販売競争は国内から海外へ

　しかしながら，アメリカの場合，この販売競争は国内にとどまらなかった点が重要である。歴史学者のポール・ケネディ（Kennedy, Paul）（1987）は，1900 年前後の米国の状況を次のように述べている[21]。

> 　19 世紀から 20 世紀初めにかけて，世界の勢力のバランスに生じた大きな変化のなかでも，その後の展開に最も決定的な役割をはたしたのは疑いもなくアメリカの成長だった。……。
> 　新しい産業ではゼロからのスタートではあったが成長率は莫大になり，その数字にはほとんど意味はないが，巨大な国内市場と規模の大きい経済に支えられており，工業力の大きさを意味していた。……。
> 　20 世紀初頭には，アメリカの工業製品輸出の増大は最も重要な変化を示し，「輸送革命」によってアメリカの農産物の輸出も急激に増大した。アメリカの農産物は大西洋を越えてヨーロッパに流れ込んだ。……。この農産物輸出の流れには，穀物や小麦粉，食肉，食肉製品なども含まれていた。……。
> 　アメリカの工場と農場の生産性がきわめて高いことから，いかに巨大な国内市場もまもなく製品を吸収しきれなくなるのではないかという不安が広がり，強力な利益団体（中西部の農民やピッツバーグの鉄鋼業者など）が政府に圧力をかけ，あらゆる手段を講じて海外の市場の扉をこじ開けるか，あるいは開かせたままにしておくべきだと働きかけたのである。

　アメリカでは，かつて輸入オンリーであった生活用品は，逆に輸出をしなければならない状況へと進んでいったことになる。こうして，やがては 1970 年代に頭角を現し世界国家を脅かすアメリカ型多国籍企業の活発化へ

とつながっていったのである[22]。

　日本において，「マーケティング」という言葉が聞かれるようになってから，まだ半世紀程度である。研究としての「マーケティング」の移入は，大正時代までさかのぼるとされているが（当初の訳語は，「マーケッティング」であったという），一般的に認知されるのは，昭和30年代以降のことである。

　もはや戦後は終わった，とされた昭和30年（1955年）に，日本生産性本部の代表団がアメリカ視察より帰国して「なにより顧客を大事にするアメリカ」との報告を行った。これが，日本における企業側の「マーケティング」注目の始まりであるとされている[23]。

　折しも，ドラッカー（Drucker, Peter F.）（1954）の経営の指針書『現代の経営』が，日本では，1965年に翻訳出版され，いわゆる経営学ブームが起こっている[24]。

　その本の中で，ドラッカーが，「事業（business）とは，顧客の創造を目的とするものであり，したがって，いかなる事業も2つの基本的機能 ── マーケティング（marketing）とイノベーション（innovation）── を持っている」と述べたことにより，マーケティングへの関心が一段と高まったと見られる。

　また，ソニーの盛田昭夫（1987）も，「これからの経営においては，技術（technology），製品計画（product planning），マーケティングの3つについての創造性（creativity）が重要となる」とし，マーケティングの重要性を強調した[25]。

　一方，未来学者のアルビン・トフラー（Alvin Toffler）（1985）は，「現代は，いかなる企業も，その営業技術，社内構造，企業使命，存在意義を問い返さねばならない危機の時代である」と述べた[26]。こうした持論で，巨大企業AT&T（アメリカ電信電話会社）の分割・分社化の計画にも参画し，改革を行っている。

　今日，日本においても景気（消費）浮揚における企業の役割，企業経営の

重大性が高まって，企業にとって必須の課題は，徹底した市場（購買者集団）対応の経営戦略，すなわち，マーケティング戦略をいかに行っていくかということになっている，と言っても過言ではないであろう。

1-8.　結語

　日本へのマーケティングの導入は，アメリカ・マーケティングの直輸入であった。その結果は，いろいろなところに功罪をもたらしている。

　アメリカでは，マーケティングが発生以来1世紀を経て，いまだ「マーケティングとは何か」とか「マーケティングの定義」は定まっていない状況にある。たとえば，AMAの定義も幾度も改定され，2004年の改定から早3年で改定されている始末である。

　一方で，講義する側には理論性よりも実務性が重んじられるべしというプレッシャーもかけられる。いきおいケーススタディが多くなって，ケースごとに学生には自分なりに，どうすれば成功するかといった性急な考えや結論を述べることが要求される。この場合教える側には正解はなくてもよいとされる。これは，アメリカのビジネス・スクールで行われている講義スタイルの一典型の踏襲である。そこでは，考えるプロセスが大事であり，いろいろな背景を持つ企業行動の盛衰や意思決定のあり方を数多く知ることにより，自社の場合の問題に対処できると考えてのことだとされる。この場合，ケースの数は多ければ多いほどよいので，教える側もケース集めに忙殺される現象が起こっている。

　これに対し，一方ではいくら過去のケースをこなしても，自社が直面する新しい時代や環境に対応する方式が出てくることはほとんどない，という反省や反論もある。

　以上の状況を総合すると，やはりと言うべきか，今こそ，意思決定時の判断の基準となる理論や拠り所となる学問が求められているということである。

　日本において齟齬をもたらしている原因の1つには，マーケティングの本質を誤って受け取っていたことも考えられる。すなわち，アメリカにおけるマーケティングという言葉の発生は，19世紀後半からの流通における流

通激化にあるのではなく，大不況期に端を発するマーケティング・リサーチのはじまりに注目すべきであったということである。

　つまり，「マーケティング」というのは，文字通り，「ある製品の市場を創り出すためにどういう戦略を行うか」という解釈が一般的であろうが，「市場が求めている製品を創り出すためにはどういう仕事をすればよいのか」という考え方に変える必要があるということにほかならない。人は，生まれたからには，まずもって，自己の仕事を何にするかを探索し，決定し，実行していかなければならないということである。

　こうしたことに関する研究状況について次章で検討する。

●第1章の注と参考文献

(1) 平久保仲人（2000）『マーケティングを哲学として経営に取り入れるということ』，日本実業出版社，pp.14-20。
(2) 黒田重雄・菊地均・佐藤芳彰・坂本英樹（2001）『現代マーケティングの基礎』，千倉書房, pp.22-24。

これまで数えあげられた「マーケティング定義」:
　(a) American Marketing Association（AMA）, 1948.
　　　　「商品およびサービスを生産者から消費者ないし使用者に流通させる企業活動の遂行」　　　　　　　　　　（懸架・流通部門の活動の総称）
　(b) Duddy, Edward A. and David A. Revzan, *Marketing: An Institutional Approach*, McGraw-Hill, 1953.
　　　　「商品またはサービスを交換したり，それらを貨幣価値で価値づけたりする過程（方式）であるが，単にそれらの物理的移転だけでなく，消費者の欲求をできるだけよく満足させるような方法で，生産地点から最終の消費地点にまで流すための経済過程（方式）である」
　　　　　　　　　　（流通部門の価値の移動に際しての経済的方式）
　(c) Howard, J. A., *Marketing: Executive and Buyer Behavior*, 1963.
　　　　「マーケティングは，人間が行う選択の問題である。すなわち，多くの択一的手段からマーケティング方針を選択するマーケティング担当のエグゼクティブ（経営者）の問題，あるいは，多くの択一的製品やサービスの中から特定の製品やサービスを選択する購買者の問題を取り扱う」　　　　　　　　　　（人間が行う製品やサービスの選択問題）
　(d) Bell, Martin L., *Marketing: Concepts and Strategy*, Houghton Mifflin

Co., 1966.

「マーケティングとは，顧客満足をしうるプロフィット・メイキング・プログラムに対する企業努力の適用を戦略的に計画し，監督し，また統制することのマネジメント課業―行動の統一されたシステムの中にあらゆる経営活動（製造，金融，ならびに販売を含む）の統合を意味する課業―である」　　　　　　　（全ての企業のマネジメント課業）

（以上，出牛正芳編著『新版マーケティング論』ダイヤモンド社，1975. 7）

(e) Mazur, Paul, Definition. :

「生活標準の配達（送出）(delivery of a standard of living)

（価値の移動）

(f) McNair, Malcolm P., Definition,

「生活標準の創造と配達（送出）(creation and delivery of a standard of living)」　　　　　　　　　　　　　（価値の創造と移動）

(g) American Marketing Association (AMA) (1960), Marketing Definition,

"The performance of business activities that direct the flow of goods and services from producer to consumer or user."

「生産者から消費者ないし使用者へ，商品やサービスの流れを導くところの，もろもろの実務活動の遂行」　　　（懸架・流通部門の活動の総称）

(h) American Marketing Association (AMA) (1985), Marketing Definition,

"Marketing is the process of planning and executing the conception, pricing, promotion, and distribution of ideas, goods, and services to create exchanges that satisfy individual and rganizational objectives"

「マーケティングとは，個人と組織の目標を満足させる交換を創造するために，アイデア，財，サービスの概念形成，価格，プロモーション，流通を計画・実行する過程（方式）である」

（全ての個人や企業が満足のいく交換のための意思決定を実行する過程（方式））

(i) 日本マーケティング協会 (JMA) (1990)，「マーケティング定義委員会の定義」：

「マーケティングとは，企業および他の組織 1) がグローバルな視野 2) に立ち，顧客 3) との相互理解を得ながら，公正な競争を通じて行う市場創造のための総合的活動 4) である」

注) 1) 教育・医療・行政などの機関,団体を含む。
2) 国内外の社会,文化,自然環境の重視。
3) 一般消費者,取引先,関係する機関・個人,および地域住民を含む。

　　　　　4) 組織の内外に向けて統合・調整されたリサーチ・製品・価格・プロモーション・流通，および顧客・環境関係などに係わる諸活動をいう。

（全ての企業が市場創造のため実行する活動の総称）

(j) Kotler, P. (1997), Definition: *Marketing Management: Analysis, Planning, Implementation,and Control*, Ninth Edition, A Simon & Schuster Company, p.9, 1997.

　　　"Marketing is a social and managerial process by which individuals and groups obtain what they need and want through creating, offering, and exchanging products of value with others." (Products = Goods, Services, Ideas)

　　　「マーケティングとは，個人や集団が，価値あるモノを創造したり，提供したり，また他者と交換したりして，必要とする，あるいは欲するモノを獲得する社会的，管理過程（方式）である」

（全ての個人や企業が欲するモノを獲得する過程（方式））

Kotler の A Simple Marketing System では，Indusry は，a collection of sellers となっている（p.13）。

(k) 深見義一（1973）『マーケティング』（増補改訂版），有斐閣双書。

　　　「マーケティングとは，富裕のアメリカの，生産と消費にまたがって，らせん形を以て上昇する，経済循環を，製品計画を中心とする，一連の関連活動によって，推進する，そうした一連の諸活動の総合概念である」

　　　「このような概念のとらえ方は，マーケティングが，消費者の欲求を探索して，これを製品計画にうつし，そうした製品を市場に提供して，これに，消費者の裁量購買力の向かうことを期待することは，同時に，需要による投資の刺激，したがっては，雇用の促進，またしたがっては，所得の増大という，一連の経済成長の循環を，促進するものであることの理解を，伝い得るもののように，考えられる」

　　　　　　（経済の成長と循環に関わって全ての企業が行う実務活動の総称）

　　ケイナックの，経済発展段階を促進するという考え方に一致する：

　　　(Kaynak, Erdener (1986), *Marketing and Economic Development*, Praeger Publisher,)

(l) 東 徹（1990），「拡張されたマーケティング概念の形成とその意義（1）」『北見大学論集』，第 24 号，1990 年。9 月号。

(m) Kotler, Philip and Sidney J. Levy (1969), "Broadening the Concept of Marketing", *Journal of Marketing, Jan.* Vol. 33, Iss. 000001,pp.10-15.

(n) Luck, David J. (1969), "Broadening the Concept of Marketing--Too Far", *Journal of Marketing*, July, Vol.33, Iss. 000003, pp.53-55.

(o)　東 徹（1991）「拡張されたマーケティング概念の形成とその意義（2）」『北見大学論集』，第 26 号，1991 年 9 月号。

1988 年 Kotler の定義：

「マーケティングは，個人や集団が，製品および価値を創造し，他者と交換することを通じて，欲求するものを獲得する社会的，経営的過程（方式）である」

交換取引 trasaction：価値のやりとり。

trade：貨幣による物々交換による取引 transfer。

マーケティング概念拡張論：一般的価値物交換あるいは社会交換といった極めて外延の広い交換概念（交換の様式で体系的にとらえることを考えているという点で，商学の体系に近い）。

Luck（1969）：市場取引をもたらすような活動ないし過程（方式）に特定化すべし（取引活動でみるということであれば，取引の方式からシステマテックにとらえる商業学とも相違する）（東，1991）。

Bartels（1974）：(学説史的にみて）マーケティングが，経済的分野と非経済的分野の両方を含むのだとしたら別の名称にすべきであろう。（東，1991）。

(p)　韓 義泳（2000）「マーケティング論の意義とマーケティング定義」『地域経済政策研究』（鹿児島国際大学大学院経済学研究科），第 1 号，pp.1-37。

ここで韓（2000）は，「収益」や「社会的責任」を明示的に導入した定義を示している（下図）。

図表 1- 注 -1　マーケティング定義の 4 大支柱

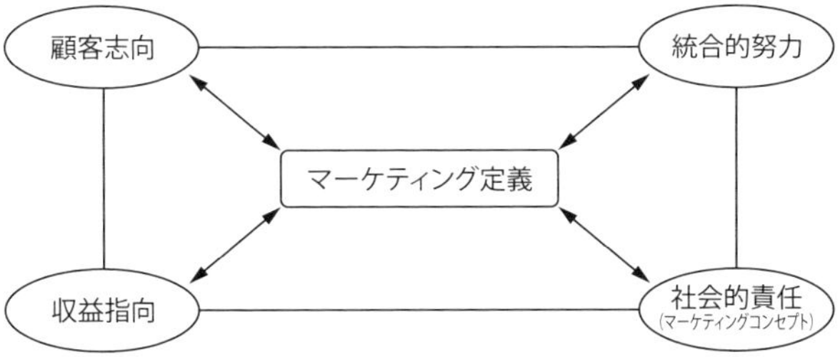

出所：韓 義泳（2000）の図 6

(3)　須永 努（2019）「マーケティングの危機と感覚マーケティングの台頭が意味するもの」『書斎の窓』，No.662（2019 年 3 月号），pp.73-77。

(4)　椎名 誠（1996）「新宿歌舞伎町よろこびの午前 11 時」『おろかな日々』，文春文庫，pp.201-207。

(5) 秋元 康（2010）「ヒットを生み出す企画力」『仕事学のすすめ』, NHK 出版, pp.25-42。

(6) 「永平寺門前差異性「ヒルズ流」で挑む」『日経流通新聞』, 2016 年 1 月 20 日付, 1 面。

(7) 「SMAP, 一転存続へ―売り手の常識に風穴―」『日経流通新聞』, 2016 年 1 月 20 日付, 5 面。

(8) 「問題起きて対処もう通じずザッカーバーグ氏に聞く」『日本経済新聞』（電子版）, 2019/9/26 2:30。

(9) 「消せるボールペンで不正受給」『週刊ダイヤモンド』, 2014 年 10 月 11 日号, p.51。

(10) Akerlof,George A. and Robert J. Shiller（2015）, *Phishing for Phools: The Economics of Manipulation and Deception*, Prinston Univ. Press.（山形浩生訳（2017）『不道徳な見えざる手―自由市場は人間の弱みにつけ込む』, 東洋経済新報社, pp.3-4）。

(11) 館沢桂一（2012）「朝の食卓・タイタニック」『北海道新聞』, 2012 年 5 月 3 日（朝刊・28 面）。

> 　今年は大型客船「タイタニック号」が北大西洋で沈没してちょうど 100 年になります。先日, 沈没の謎に今なお挑んでいる専門家の姿を追った外国の特集番組を見ました。
>
> 　番組によると, 年月がたつにつれ, その巨大な船体を造船する技術が, 当時は不足していたことが解明されてきているようです。現代に例えるなら, 宇宙船を造ることに等しいほど困難であったことでしょう。就航わずか 5 日にしての沈没に, 造船を担当したアイルランド人技術者たちの受けた衝撃は大きかったそうです。
>
> 　約 1500 人の人命が失われた悲劇の事故でした。船会社も造船会社も既になくなって久しいのですが, 救助された乗客の, 特に心神喪失状態の方々に対して, 船会社は 25 ドルでの和解を迫り, 誓約書にサインさせたそうです。帰りの交通費程度にすぎなかったのではないでしょうか。
>
> 　そうした交渉をまとめた社員は, 会社にとっては「有能な社員」だったかもしれません。ただ, 「企業の本質は何なのか」を考えさせられます。確かに当時は人命軽視の時代であったかもしれません。しかし, 現代もどこかで同じような事が平然と繰り返されているのではないか―そんなことを思うと, 本当に胸が痛みます。
>
> （刀剣の柄職人・札幌）

(12) 須永 努（2019）,（文献（3）に示す）。

(13) 森嶋通夫（2010）「付記・社会科学の暗黒分野」『なぜ日本は没落するのか』, 岩波現代文庫, pp.197-206。

(14) 西田亮介 (2016)『マーケティング化する民主主義』, イースト・プレス新書。

(15) 上田紀行 (2016)「不正にあらがう自己育てよ―マーケティングが覆う世界―」『北海道新聞』, 2016年1月18日（夕刊）」, 5面。

(16) 加護野忠男 (2010)「変革期“ビジネス・システム”」『これからの経営学』（日本経済新聞社編）, 日経ビジネス人文庫, pp.222-238。

(17)『コトラー・カンファレンス　2013』, 日本マーケティング学会・（公社）日本マーケティング協会・ネスレ日本株式会社主催（全日本空輸株式会社：IMD：ケロッグ・クラブ・オブ・ジャパン協賛）, 2013年6月17日, 東京ビッグサイト国際会議場。

> 　定員1000名ということであったが, 当日はすべての席が埋まっていた。案内状には, 参加者には, コトラー最新著『コトラー　8つの成長戦略』（碩学舎2013年5月発売）をお渡しします, とあり, パンフレットには, コトラーは, 以下のように紹介されていた。
> 　ノースウエスタン大学ケロッグ経営大学院インターナショナル・マーケティングのS・C・ジョンソン・アンド・サン・ディスティンギッシュト・プロフェッサー。「現代マーケティングの父」としてマーケティング理論と実務の発展にその功績は絶大。ウォールストリート・ジャーナル紙の経営思想家ランキングでトップ6入りし, 世界最高峰の経営学者として世界的に高い評価を得ている。
>
> ....
>
> 　近代マーケティングの父と日本のマーケティング・リーダーがマーケティングの未来を議論！！
> 　世界で今, 最も影響力のある経営学者のフィリップ・コトラー教授。最新著『コトラー　8つの成長戦略（原題：*Market Your Way to Growth: 8 Ways to Win*）』の発刊にあわせて約10年ぶりに来日します。
> 　全世界で, マーケターだけでなく情報通信やCSR, BOPなどの分野のビジネスにも影響を与えた『マーケティング3.0』の発表から3年, 先進国の成熟化と途上国の台頭, デジタルメディアの普及, 社会のソーシャル化など市場環境が新しい局面を迎えている中, 日本を代表する企業経営者, 研究者をゲストに招いて, 日本企業が厳しい市場環境の中で成長を遂げるための方策を議論します。
> 　ソーシャルやサービス, NPOなど, 社会の変化とともに自らの『マーケティング論』を革新し続けてきたコトラー教授の最新の『マーケティング論』を直接聞く事ができる貴重な機会です。

(18) 肥田日出夫 (1979)『現代マーケティング論考』, 中央経済社, pp.4-6。

(19) 黒田重雄・菊地均・佐藤芳彰・坂本英樹著 (2001)『現代マーケティングの

　　　基礎』, 千倉書房, pp.17-20。

(20)　深見義一（1971）「マーケティングの発展と体系」（古川栄一・高宮晋編『現代経営学講座　第6巻』, 有斐閣, pp.23-25）。

(21)　Kennedy, Paul（1987）, *The Rise Fall of the Great Powers*, David Higham Associates Ltd.（鈴木主税訳（1988）『大国の興亡―1500年から2000年までの経済の変遷と軍事闘争―草思社, 訳本上巻, pp.362-366）。

(22)　Vernon, Raymond（1971）, *Sovereignty at Bay: The Multinational Spread of U.S. Enterprises*, Basic Books.（霍見芳浩訳（1973）『多国籍企業の新展開―追いつめられた国家主権―』, ダイヤモンド社）。

(23)　1955年日本生産性本部米国派遣の最高経営管理視察団長は, 経団連会長の石坂泰三氏であった。

(24)　Drucker, Peter F.（1954）, *The Practice of Management*, Harper & Brothers.（現代経営研究会訳（1965）『現代の経営（上）（下）』, ダイヤモンド社）。

(25)　盛田昭夫（1987）『メイド・イン・ジャパン』, 朝日新聞社。

　　　　なお, この場合の「創造性 creativity」は,（「独創性 originality」プラス「有用性 usefulness」）と理解される（今井四郎（1989）「創造性―現代社会の原動力―」『創造性―文化を築き科学を進める力―』
　　　　　　　　　　　　　　　　　　　　　　（北海道大学放送教育委員会編, p.5）。

(26)　Toffler, Alvin（1985）, *The Adaptive Corporation*, McGraw-Hill Book Company.（徳岡孝夫訳（1987）『未来適応企業』, 中公文庫, p.15）。

マーケティング研究の現状

はじめに

　現在のマーケティングの研究状況を概観する。そこでは2つの潮流があること，1つは実務上のもの，もう1つは文字通り理論研究のものである。後者について，オルダーソン理論の再登場の重要性を考える。そして，マーケティングを日本に導入するにあたって，日本に相対化の視点がなかったという「苅谷説」を紹介する。

2-1. マーケティングの研究対象は何か

　一般には，「定義」から入っている。そして，その定義に基づきながら，企業が，「一円でも多く利益を得るため」の「儲ける仕組み」や「4Pなど適切なテクニック（技術）」を考えることである。

　しかし，テクニックなら実務家の方がはるかによく知っているのにという気持ちは常にぬぐいされない。

　問題解決を図る場合の考え方として，大きく2つあって，「法則を前提とする大陸型」と「問題解決志向型」とがある。現行のマーケティングでは，どちらかというと，対象を決めてそれについて，これまでの各学問的知識や知見から問題解決を図るという「問題解決志向型」を取ることが多い。これは典型的には，領域学ないし，学際的学問と考える場合に属する。

　この考えでいけば，今日見られるような，さまざまな「○○マーケティング」が出てきてもおかしくない。どれでも当てはまるであろうが，またどれ

も当てはまらないとも言えるものになる。判断基準がないからである。した
がって，際限なく「○○マーケティング」が増えることもありうる。

　もし，単独の学問とするならば，定義だけではマーケティングは学問たり
えない。文芸評論家の加藤周一は，「学ぶ」とはどういうことかについて，
孔子を例にとりながら説明している[1]。基本的には，いろいろ知識を増や
すことであるが，それだけではだめで「思う」ことがなければならない。つ
まり，「思う」ために「学ぶ」のだという。この「自分」で考えて，判断し，
決断し行動することのために「学ぶ」（知識を増やす）のだ，と述べている。

　では，マーケティングが学問になるということは，どういうことなのか。

　ビジネスに関係する問題が発生したとき，それを「どういう知識を使い，
どう考え，どう判断し，どう行動するか」（すなわち，「思う」こと）の拠り
どころになるようなものが「学問」というものであろう。

　この場合，学問を「定義」のみで考えようとすると，あるビジネス問題に
対して，その定義に当てはまることなら何でも良くなってしまうことが考え
られる。大量に，「○○マーケティング」が出てきているのもそこに原因が
あると考えられる。

　それを避けるためには，学問の必要十分条件である，独自の概念やフレー
ムワークや分析方法などが一体的に揃っていることが必要となる。ある個別
のビジネス問題を考えるに際して，「どのようにして考えて，結論にもって
行けばよいのか」に対する1つの指針を与えるためである。

　つまり，仮に「定義」が出来たとして，独自の概念や定義を包み込むよう
な理論的枠組み（フレームワーク）と，その枠内で個別問題を分析・検討す
るための用具（分析方法）が必要となるということである。

　マーケティングでは，現在，「定義」すらも確定していない状況にある。
まったく，マーケティングは学問になっていないし，このままでは何が何だ
か分からないもの，と言っても過言ではない状況にある。一体全体，「マー
ケティング」が問題とするものは何なのか，研究対象は何なのかである。
「儲ける仕組みを作ること」，「一円でも売り上げを上げること」なのか。

　マーケティングが社会科学の範疇にあることは，ほぼ，大塚久雄の「動機
の意味理解」という観点から大丈夫であろう[2]。

　社会科学の一分野と認知されるためには，人々が生きていく上にきわめて重要であるが，他の学問分野で取り扱っていない，あるいは取り扱いえない問題（ビジネス問題）を取り扱っていることが前提となる。

　人が生きていく上で最も大事なものは，働いて報酬を得てそれで自己の生活を営むことであろう。人が社会に出るとき，まずやらねばならないのは「仕事」探しである。言い換えれば，どんな事業をするか，そこでどのような製品（サービス）を作るかである。

　このような問題に対して適切なアドバイスを与えてくれる学問は現存しているか。分配理論が中心の経済学にはない。また，経営学ではどうか。どんな事業をするか，どのような製品を作るかが決まると，それを推進したり，作るため適切な運営方法は，「経営学」で管理化や組織化，調整化の知識や知見を得ることができる。

　しかし，人が，はじめに，「どういう事業をするか」の問題は，「経営学」には出てこない。先に紹介した経営学者の加護野は，「マーケティングに期待する」という言葉を発している。つまり，ドラッカーの"*Management*"は，事業を始めた後の経営管理運営ということと同じである。

　たとえば，序でも述べたが，『もしドラ』ではある高校の弱小野球部が甲子園出場を果たすまでの管理問題を取り扱っている。しかしなぜ，「野球部なのか」は教えてくれない。それは，高校ではクラブ活動の一環として「野球部」が必要だったということになるのであろうが，なぜ「サッカー部」や「新聞部」ではなかったのか。つまり，『もしドラ』では，「野球部」が前提であったということである。高校生にとっては，「どのクラブに入るか」が第一の問題のはずである。

　この第一の部分こそが「マーケティング」が取り上げる事柄であり，研究対象なのである。ドラッカーが言う「企業であれば，マーケティングは当然のこととしてあるのであるから，後は「管理」（management）が重要なのである，と言ったのはこのことである。ベンチャー企業の9割は挫折しているというが，その大半は，マネジメントの失敗だという。ドラッカーが強調するのはこのことであり，マーケティングの後の問題処理のことなのである。

　したがって，ドラッカーでは，基本的に，「企業すること＝マーケティング」となっている。

　筆者は，これまでのマーケティングを研究する視点として，5つの研究の方向性を示してきた [3]。すなわち，

　(a) マーケティング理念，(b) マーケティング機能，(c) マーケティング戦略，(d) マーケティング組織，(e) マーケティング管理，である。

　これらのそれぞれに検討が進められ，各種理論として研究されてきた。その結果，マーケティングには，数多くの理論が存在している。

　それらを単純に列記してみよう。

(1) 消費者（市場）の意識や行動にかかわる理論：

　　消費者行動論：(経済学，心理学，社会学，文化人類学などの消費者行動理論の援用)

　　　　購買意思決定過程論

　　　　消費者の行動科学的理論（システムズ・アプローチ）：(ハワード＝シェス・モデル，ニコシア・モデル，エンゲル＝コラート＝ブラックウェル・モデルなど)，

　　市場細分化理論：エリア・マーケティング，比較マーケティング

　　銘柄・店舗選択行動論

　　市場調査論（マーケティング・リサーチ）

(2) 企業の戦略にかかわる理論：

　　4P (Product, Price, Place, Promotion)，5P，7P 理論

　　価格理論，製品・サービス計画論，広告論

　　製品ライフ・サイクル理論

　　業態論

　　SWOT 分析

　　ポジショニング理論：(PIMS (Profit Impact of Market Strategy) 理論，マイケル・ポーター理論)

　　PPM (Product Portfolio Management) 理論

　　クラスター理論

複雑系の理論

価値創造・伝送連鎖モデル

流通システム論：

　　サプライチェーン・マネジメント（SCM），ロジステックス

CRM（Customer Relationnship Management）：関係性マーケティン
　　グ，データベース・マーケティング，ワン＝トゥ＝ワン・マーケティ
　　ング

中小企業論

インターネット・ビジネス

ミクロ・マーケティングとマクロ・マーケティング

国際マーケティングとグローバル・マーケティング

　これらの理論はそれぞれ実態を反映しており，それなりに理解可能である。しかし，筆者には，ほとんどの場合，同義反復理論か，もしくは統一性のないばらばらに提起されている理論になっているように見えて仕方がない。

　たとえば，「製品ライフ・サイクル理論の成長期」と「複雑系の理論における急速な進展」との違いを説明することは難しい，などである。

　しかしながら，上記の諸理論を統一的に説明できるもの（すなわち，学問）があったらと考えてしまうのは筆者だけではないだろう。

　ただ，（独自の）学問にするためには，（独自の）概念の設定や定義の確定，理論体系の確立，分析方法の選択などを一体的に示さねばならないのである。

2-2.　現代マーケティング研究の潮流（2つ）

　ここからは，マーケティングの研究上これまで論争を生んできた2つの点について検討したものを記してみたい。

　1つは，「マーケティング定義」論争である　→（1）。もう1つは，コトラー等による「マーケティング理論」論争である　→（2）。

（1）マーケティングの定義の論争

（a）定義の出現と多様性

　一般の「マーケティングの定義」の変遷については，『現代マーケティングの基礎』（以下，『基礎』）（2001）の中で，筆者が検討している [4]。すなわち，

> 　19世紀後半から20世紀の初頭にかけて，まずマーケティングの父と言われる A.W. ショー（1912），（1915）の論文や書物に "Distribution" という用語が使われていたが，1914年に，R.S. バトラー＝ H.F. デ・ボアー＝ J.G. ジョーンズによる *Marketing Methods and salesmanship* が出版され，書物のタイトルに「マーケティング」の言葉が冠された最初のものとなった。1916年に，L.D.H. ウェルドによって *The Marketing of Farm Products* が出版された。翌1917年には，R.S. バトラー自身によって *Marketing Methods* が上梓された。

　マーケティングが，1つの学問としての体系化を目指すとき，その「中心概念」は何だろうか。「商学」のそれは，後の項で見るように，基礎的には，「交換・取引仕様」としている。その意味で，東　徹（1990）による，コトラーの「マーケティングの定義」は，「商学」の定義に組み込まれるとしている [5]。

　しかし，「マーケティング学」を主張するためには，まず，固有の概念がなければならない。この概念を，筆者等の書いた，『基礎』では，「個々の企業の活動」としている。そして，この「活動」には，「企業が，時々の市場（購買者集団）の欲求や変化に迅速に対応するべく，持てる活動（持たざる活動をも含む）を組み合わせる」という意味が込められている。

　企業が，「消費者志向」理念に立脚する限り，消費者の満足や利便性に呼応する必要がある。マーケティング担当者は，自己企業にとって重要と思われる機能，組織，戦略を念頭に置き，各種活動の取捨選択や新しい活動の付加などを勘案しながら，諸活動を組み合わせて消費者に対応していかねばならない。このことはまた，個々の企業が，需要と供給を巧みに結びつける機能も求められていることを意味している。

　一般に，この定義に込められるものは，「いつ，いかに，誰のために，ど

うするか」という形を取っている。この点で，『基礎』におけるマーケティングの「主体」は，「組織（企業）」である（コトラー流の個人ないし消費者は含まれない）。そして，企業が，「市場」や「消費者」に対して適切な「活動」ないし「活動の組み合わせ」を対応させていくものと考えている。

　以上のような検討から，『基礎』における定義は，次のようなものとなる。

> マーケティングとは，企業に代表される組織がその目的を達成するために，市場の創造，維持，拡大を図る活動である。言い換えると，人々（消費者）の欲求を満たすべく製品（商品）やサービスを計画し，製造加工するとともに，それを彼らに効果的・効率的に届けるための活動のすべてである。

　これは，大部分の産業に属する企業における多種多様な「実務活動」の総合概念であると同時に，生産する側と購買する側とをスムーズに結びつけられない齟齬，いわゆる「経済的隔離」を除去し，供給と需要を巧みに結びつける機能を果たすもの，と理解されている。

(b) これまでのアメリカにおける主な「マーケティングの定義」
（1935年〜2007年）

「アメリカでも，マーケティングとは何かを的確に答えられる人はそう多くありません」と言ったのは，平久保仲人（2000）であることは第1章【1-1】で述べている[6]。

　そもそも「マーケティング」というものは，「何か」，また「学問なのか」ということであるが，未だ体系化されていないということは研究者間でもほぼ一致した見解だと思われる[7]。

　しかしながら，学問になっていると言わないまでも，共通する「マーケティングの定義」ぐらいは存在しているはずだ，と考えているのかもしれない。ところが実際は，数多くの定義が存在している。つまり，学問の要件と考えられるマーケティング独自の概念や定義の確定についても研究途上であるということである。また，マーケティングという言葉の発生元であるアメリカにおいても，現在のところ「マーケティングの定義」は確定していると

は言い難い状況にある。

1935 年，米国マーケティング協会（American Marketing Association：AMA）の前身，全国マーケティング教師協会が「マーケティングの定義（marketing definition）」を発表している [8]。

1937 年に非営利団体として結成された AMA の最初の公式定義は，1985 年に提起されているが，それ以来，2004 年，2007 年と改定されてきている。

2004 年までの AMA における主な定義の変遷については，ダローとその他（Darroch, Jenny and Others）（2004）が整理している。それをまとめたものが図表 2-1 である [9]。

このうち，2004 年にアメリカ・マーケティング協会（AMA）が，1985 年以来 19 年振りとなる定義の改定を発表した。

2004 年の定義（英文）は，以下のようにあらわされている。

> *Marketing is an organizational function and a set of processes for creating, communicating and delivering value to customers and for managing customer relationships in ways that benefit the organization and its stakeholders.*

> 【筆者訳例】：マーケティングとは，組織とステークホルダー（利害関係者）両者にとって有益となるよう，顧客に向けて「価値」を創造・伝達・提供したり，顧客との関係性を構築したりするための，組織的な働きとその一連の過程である。

AMA の 2004 年の定義が，それ以前のものと違っているのは，基本的に大きく 2 つである。1 つは，行為主体の中に入っていた「個人」が抜けて「組織」のみになったこと，もう 1 つは，ベネフィットを得るのは，「組織」のみならずその「利害関係者」にも及ぶことを明記したことである。

（c）2004 年の定義をめぐるいくつかの論点

クーク＝レイバーン＝アバークロンビ（Cooke, Rayburn, and Abercrombie）（1992）は，マーケティングにおける 4 つの学説を掲げている。それに，2004 年定義提起の理由を表すことが可能と考えて，図表 2-2 のようにまとめてみる [10]。

図表 2-1　AMA の公式定義とその時間的変化

AMA の定義	定義の焦点
1935 　マーケティングは，生産者から消費者への財・サービスの流れに関連する企業活動の遂行（performance）である。	1. 需要と供給をコーディネイトする管理機能である。 2. 財とサービスの生産。 3. マーケティングは一つの企業活動である。
1985 　マーケティングは，個人や組織の目標（objectives）を満たすような交換（exchanges）を行うべく概念化，値付け，販売促進，そして，アイデア，財・サービスの流通などを計画し実行する過程（process）である。	1. 管理機能としてのマーケティング 2. マーケティングの目的（purpose）は，彼らの目標を満足化させる変化である。 3. マーケティングは，個人と組織の両方の機能である。
2004 　マーケティングは，一つの組織的機能であり，顧客に対して価値を創造し，コミュニケートし，引き渡すための，また，組織とその利害関係者を benefit するように顧客関係を取り扱うための一組の過程（a set of process）である。	1. マーケティングは，組織機能であって，個人機能ではない。 2. マーケティングの目的は，価値の創造にある。 3. すべての利害関係者との関係を管理することの重要性。

（出所）Darroch, Jenny Morgan P Miles, Andrew Jardine, Ernest F Cooke（2004）（文献（9））。

　2004 年の「マーケティングの定義」をめぐっては，黒田（2007）で検討されている[11]。たとえば，グランルース（Gränroos, C.），ジンカーマン＝ウイリアムス（Zinkhan, G.M. and B.C. Williams），ウイルキー（W.L. Wilkie）等の見解が紹介されている[12][13][14]。

　その中の 1 つ，ウイルキー（2007）によると，「これらの定義を見ていると時間が立つにつれて焦点を狭くしてきていることは明らかである」と述べている。

　さらに，「マーケティングの定義を作る基準（Criteria）について検討する。学問の定義は，実行者とアカデミー会員の両方に関連しているべきであり，記述と処方箋の目的のバランスをとらなければならない。その上，適切な包括性を有し，適度の排他性を持たねばならないし，適切な活動を記述するものでなければならない。

図表 2-2　Cooke, Rayburn, and Abercrombie（1992）の 4 つの学説の
　　　　　2004 年 AMA によるマーケティングの定義への適用

マーケティングの学説	鍵概念
経済的効用の観点 economic utilities viewpoint	財・サービスの流れ（flow of goods/services）；取引（transactions）；流通（distribution）
消費者（購買者）の観点 consumers'（buyers'）viewpoint	満足；欲求（wants）；必要性（needs）；標的市場と顧客（target markets and customers）；消費者（consumer）
社会的影響の観点 societal viewpoint	関係性（relationships）：マーケティング活動の社会的影響；社会（集団）（society）；交換（exchanges）；生活標準（standard of living）
管理的観点 managerial viewpoint	需要管理（demand management）；組織目標（organizational objectives），戦略，利益（profits）
利害関係者観点 stakeholder viewpoint	知識管理（knowledge management）；利害関係者優先（stakeholder priority）；戦略的会話（strategic conversations）；企業家戦略の表明と戦略の実行（open entrepreneurial strategy making and strategy implementation）

（出所）Cooke, Rayburn, and Abercrombie（1992）（文献（10））。

　マーケティングの概念（the concept of marketing）と定義で述べられた用語（the terms stated in the definition）との明確な結合があるべきである。21 世紀に，個人が市場経験にかかわらない時を想定するのは困難である。したがって，どんな公式の定義もマーケティングの膨張性の，そして，ダイナミックな本質を得るほど広くなければならない。一般的に述べられた定義は，一定の改正の必要性を回避するであろうが，同時に，あいまい過ぎると考えられるかもしれない。最も実際的な定義は，簡単に述べられていて，容易に覚えられて，包括的であることによって，教育（学）を容易にしなければならない。そのうえ，どんな定義でも専門家の社会的側面を考慮していなければならない。しかし，残念ながら，現在の新定義はこの領域では短か過ぎる」というわけである。

　「その上，それらの学問は，出来る限り広い研究と実行の範囲を取り込んでいる。マーケティングの定義も，形式的でアカデミックな用語を指定して，広い社会の現象として領域を概念化するべきである。現在の，そして，将来

の研究者にとって，そのような位置付けのシンボリックな含意は重要である。マーケティングの新しい定義を作ることは，直接学問の未来に影響を及ぼす。定義開発過程は，様々な構成要素が教育，研究，習慣，および結局社会の，より大きい福祉でどのように特定の用語とこれらの選択の含意を解釈するかを慎重に考えなければならない。この論稿がこの切迫した課題に関するさらなる討論を刺激することを願っている」と結んでいる。

(d) AMA の 2007 年の定義

2004 年の定義が発表されて 3 年後，AMA の web サイト marketing-power.com では，2008 年 1 月 14 日付けで，マーケティングの新定義を発表したと報じた。

こんなに早く改定した理由を，2004 年の定義をめぐって相当な議論が巻き起こったからと説明している。とにかく 3 年という異例のスピードでの再改定となった。

2007 年の定義（英文）は，以下のようになっている。

> *Marketing is the activity, set of institutions, and processes for creating, communicating, delivering, and exchanging offerings that have value for customers, clients, partners, and society at large.*

【筆者訳例】：マーケティングとは，顧客，依頼人，パートナーおよび一般社会に対して価値あるものを創造し，コミュニケーションを行い，送り届け，交換する一連の組織の活動であり，方法（手順，おきて）である。

第 2 回目の改定（1985 年）から第 3 回目（2004 年）まで 19 年あったが，今回（2007 年）は，わずか 3 年である。なぜだったのか？

それだけ 2004 年の定義の反響が大きかったということであろう。

（この新定義制定のため 2006 年にコロンビア大学ビジネススクールの D.R. Lemann 教授を座長とする 9 人の委員会が発足し，AMA の会員約 2 万人にアンケート調査を実施したという。この調査では前回の 2004 年の定義について改定すべき点などについて意見を求めた。2500 人から回答が寄せられたが，organization（組織）という言葉を忌避する意見も多かったこ

とが紹介されている）

　結果的に，筆者は，2004 年と 2007 年の違いは，3 つと考えている。

1)「組織の機能 an organizational function」が消えている。それは，組織人（組織構成員）一人ひとりの機能を重視すべきだと考えたことによる。

2) マーケティングの及ぶ範囲が広がって，個人のみならず社会（society）レベルの価値増大も含む。

3) 交換 exchanging が明示された。

　まとめると，AMA における現在の「マーケティングの定義」は，以下のようになると考えている。

> マーケティングとは，組織が従業員と一緒になって，提供物（offerings）を引渡し（delivering），交換する（exchanging）ことで顧客のみならず，広範囲にわたる社会の価値増大を目指す活動である。

(e) 日本マーケティング協会（JMA）の定義

　まず，マーケティング研究者の深見義一は，1973 年に，以下のような定義を下していた[15]。

> マーケティングとは，富裕のアメリカの，生産と消費にまたがって，らせん形を以て上昇する，経済循環を，製品計画を中心とする，・連の関連活動によって，推進する，そうした一連の諸活動の総合概念である。
>
> このような概念のとらえ方は，マーケティングが，消費者の欲求を探索して，これを製品計画にうつし，そうした製品を市場に提供して，これに，消費者の裁量購買力の向かうことを期待することは，同時に，需要による投資の刺激，したがっては，雇用の促進，またしたがっては，所得の増大という，一連の経済成長の循環を，促進するものであることの理解を，伝い得るもののように，考えられる。

　また，『日本マーケティング協会・50 年史・半世紀のあゆみ』（日本マーケティング協会）によると，協会では 1987 年からマーケティングの定義を発表すべく準備していたが，1985 年の米国の定義（第 4 回改定）がなお日

本には「そぐわない」とのことで1989年，学者実務家からなるマーケティング定義委員会を発足させた。そして，一年間かけてマーケティング学の定義を作成し，公表した[16]。その日本マーケティング協会（Japan Marketing Association：JMA）が1990年に出したマーケティングの定義（英訳付き）は，以下のようなものである。

　マーケティングとは，企業および他の組織[1]がグローバル[2]な視野に立ち，顧客[3]との相互理解を得ながら，公正な競争を通じて行う市場創造のための総合的活動[4]である。

　　　注：(1) 教育・医療・行政などの機関，団体を含む。
　　　　　(2) 国内外の社会，文化，自然環境の重視。
　　　　　(3) 一般消費者，取引先，関係する機関・個人，および地域住民を含む。
　　　　　(4) 組織の内外に向けて統合・調整されたリサーチ・製品・価格・プロモーション・流通，および顧客・環境関係などに関わる諸活動を言う。

【英訳】

Marketing refers to the overall activity [1] where businesses and other organizations, [2] adopting global perspective, [3] creative markets along with customer satisfaction [4] through fair competition.

Japan Marketing Association, 1990

JMA の定義に対するコメント

　JMA の定義の"グローバルな視野に立ち"と"公正な競争を通じて"の2点は，AMA 定義では含まれていない。言わば今日ではグローバルな視点や"公正競争（fair competition）"は当然のこととして，あえて入れていないのであろう。JMA 定義で「公正な競争」をあえて入れたという点は，日本的な定義と言えそうである。

　ただし，「公正な」の英訳が"fair"だと，AMA の定義と同じ内容となり，"justice"（just）とする方が良かったのではないかと考えている。

（2）コトラーによる「マーケティング理論」の考え方

（a）コトラーは現代マーケティングの第一人者

　マーケティングについて語る場合，まずもって，マーケティング研究の第一人者として名高いコトラーについて書かねばならないだろう。コトラーを紹介したものとして，『DIAMOMD ハーバード・ビジネス・レビュー』（*Harvard Business Review* の日本版）（2008 年 11 月号）がある。

　その表題は「マーケティング論の原点」である。その中に，コトラーとの対談が掲載されているが，その対談に先立って，コトラーについて次のような紹介文がある。

> マーケティング・マインドの追求：
> 　マーケティングを唱える者がマーケティングの何たるかを知らないことは多い。しかも，「マーケティングはビジネスそのものである」がゆえに俗説や無手勝流の解釈が横行しやすい学問のようだ。そもそも顧客という‘人間’を対象とした分野であり，その登場以来，不定形に進化し，いまなお続いている。マーケティングとは何か，その本質を見失いつつある現在，**マーケティングを体系的に研究し，理論化を試みてきた**コトラーにその再発見のカギを求める。（注：太字は筆者）

　つまり，ここでは，マーケティングは単なる売り方や販売の仕方といった「ハウ・トゥ」（how-to）を示すものではないのである。コトラーをはじめとして多くのマーケティング研究者は，「マーケティングを学問として‘ビジネスの体系化’を目指す研究」と考えていることを窺わせるものがある。

　しかし，どうやらコトラーはマーケティング独自の理論化・体系化を目指していたのではないらしいことが分かってきた。2007 年に出版された書物『マーケティングをつくった人々―マーケティング・マスターたちが語る過去・現在・未来―』の中のインタビューで，コトラーが彼の研究している「マーケティング」を「経済学の一部分と考えている」と発言しているからである[17]。

　コトラーやアーカーなど有名なマーケティング研究者 9 人が名を連ねている。そのうちコトラーについては，"The founding father"（マーケティングの創始者）とされている。

　鹿嶋春平太（2000）では，本の帯に「経済学を知らない高校生に，マーケティングの教授がマンツーマンで講義」とあり，（経済学の範疇にありとする）コトラーの考え方の解説書となっている[18]。

(b) コトラー・ブームを象徴する書物の登場

　西内 啓・福吉 潤（2010）[19]は，"もし，はじめてバンドを組んだ女子大生が，マーケティングの神様と言われるフィリップ・コトラーの「マーケティングコンセプト」を学び，実践したら――"という内容のものである。

　この本についての読者からの感想（Amazon.co.jp）として，以下のようなものある。

> 『もしドラ』[20]のドラ（ドラッカー）をコトラーに変えたつもりなのでしょうが，ちょっと内容が強引すぎてかえってコトラーが何をいいたいのかぼやけている印象。ゼミ全体で読みましたが，入門書としても未熟だし，もちろん専門のひとにも勧められない。マネすれば儲かる，と思ったのでしょうが残念。

　コトラーの"*Marketing Management*"（マーケティング・マネジメント）は，世界の研究者の間で最も有名なテキストとなっている。初版は，1967年で，ほぼ3年に一度改定版を出す。（Amazon.co.jp）によると，"*Marketing Management*"は，第15版が2015年（2015/1/6）に出版されるとあった（ハードカバーの総ページで816ページとのことである）。

　筆者が北大経済学部に勤務していた時，"*Marketing Management*"を3年生のゼミで原書を使って輪読している（1993年以来のほぼ8年間であったが，その間，4回版が変わっている）。

1993年出版：Seventh Edition
1994年出版：Eighth Edition
1997年出版：Ninth Edition
2000年出版：The Millennium Edition

　現実には，分厚い原書（700頁前後）ということもあり，ゼミでは毎年4

分の３程度しか進まなかった（しかし，筆者は一応最後まで読むようにした。つまり，こちらはいろいろ研究材料として活用したかったからである）。

(c) コトラーの４部作を解剖し比較する

コトラーの４部作とは，以下の４書である。

(a) Kotler, P. and G. Armstrong（2003），*Principles of Marketing*, Tenth Edition.

(b) Kotler, P.（2003），*Marketing Management*, Eleventh Edition.

(c) Kotler, P.（1999），*Kotler on Marketing*.

(d) Kotler, P.（2003），*Marketing Insight from A to Z: 80 Concepts Every Manager Needs to Know*.

これら４部作における内容（章立て）は以下のようになっている[21]。

1. マーケティングの重要性，マーケティング方式の認識，変貌する世界（グローバル化），戦略計画の立案，市場志向戦略計画。
2. マーケティング機会の発見，マーケティング・リサーチ，市場細分化。
3. 製品計画（戦略）
4. 流通チャネル（管理）
5. 販売促進（戦略）
6. 営業の重要性，組織化（管理）
7. 顧客，社会，世界との関係の維持（管理）

(d) 比較検討を通しての感想

コトラーがマーケティングの第一人者で，戦略論の大家だが，理論化や学問体系化研究者ではないとも感じていた。

その第一の理由は，理論や体系化についての議論を行っていなかったことである。「定義」についても自分の定義は書くのであるが，定義論争にほとんど関与していない。経済学の範疇でならば，それは必要のないことであったということになろう。

コトラーの著書に対する筆者の評価（2003 年時点）：

(1) 著書は依然として，体系的と言うよりは，戦略重視の内容である。

(2) 改訂版では，章立ての編成替え，章の扉，内容の説明，カンパニー・ケースを頻繁に変更している。

(3) 用いられている概念の大半は，経済学の用語から拝借している。企業と消費者が中心である。マーケティングの定義，機能，計画，戦略，管理，組織などであり，戦略計画とマーケティング方式，マーケティング機会，マーケティング情報，バリュー・オファー，マーケティング・ミックス，ポジショニング，流通チャネルとロジスティックス，ブランド・エクイティ，統合型マーケティング・コミュニケーション，マーケティング管理，顧客関係維持，グローバル・マーケティング，インターネット・マーケティング，などはかならず登場している。

(4) 近年，「インターネット・マーケティング」，「グローバル・マーケティング」，「人間の意識」などを強く意識した内容になってきている。

コトラーの限界

　以上のように，マーケティングにおけるコトラーの業績を数え上げたら切りがないほどである。しかしながら，コトラーがマーケティングを経済学の範疇に位置づけているのであれば，筆者としては，これからはコトラーに関する評価を若干変えなければならない部分もあると感じるのである。

　なぜそうなのか。彼が大学で修めてきた経済学や数理経済学などの応用を試みてみたかった，実際の企業に適用してみたかった（多くのコンサルタントを経験している）などがその理由かもしれない。読む方も，戦略的なものを求めていたこともあろう。コトラー・マーケティングは，単に「戦略の基礎」を与えるもの（この局面では，こういう考え方で行ってみてはどうか）と考えておいた方がよいのかもしれない。

　また一方では，現行マーケティング（コトラー・マーケティング）は，"commerce"（商学）の延長線上にある，という見方もあるということに注意を喚起しておきたい（たとえば，林 周二著『現代の商学』，有斐閣，1999 年）。

2-3.　マーケティング研究の現状

　今日，商学部の人気がなくなったのか，経営学部に名称変更する大学も出ている。その経営学部の中での「マーケティング」という科目の重要性が高まっている。

　しかしながら，重要性が増せば増すほど，この科目を講義する側には，マーケティングには，依って立つ基盤（学問）がないのではないかという疑念が湧いてくる。それというのも，アメリカでは，マーケティングが発生以来1世紀を経て，いまだ「マーケティングとは何か」とか「マーケティングの定義」は定まっていない状況にある。たとえば，すでに述べたとおり，AMAの定義も幾度も改定されているばかりか，2004年の改定から3年後の2007年には改定される始末である。

　一方で，講義する側には理論性よりも実務性が重んじられるべしというプレッシャーもかけられる。いきおいケーススタディ（事例研究）が多くなって，ケースごとに学生には自分なりに，どうすれば成功するかといった性急な考えや結論を述べることが要求される。この場合教える側には正解はなくてもよいとされる。これは，アメリカのビジネス・スクールで行われている講義スタイルの踏襲である。

　そこでは，考えるプロセスが大事であり，いろいろな背景を持つ企業行動の盛衰や意思決定のあり方を数多く知ることにより，いずれ職に就くであろう組織での問題解決に対処できると考えてのことだとされる。この場合，ケースの数は多ければ多いほどよいので，教える側もケース集めに忙殺される現象が起こっている。

　これに対し，一方ではいくら過去のケースをこなしても，その会社など組織が直面する新しい時代や環境に対応する方式が出てくることはほとんどない，という反省や反論もある。

　以上の状況を総合すると，やはりと言うべきか，今こそ，マーケティングには意思決定時の判断の基準となる理論や拠り所となる学問が求められていると筆者には思えてならないのである。

マーケティングは社会科学に入り得るか

　マーケティングは学問であるのか，また，学問たり得るのか。われわれマーケティング研究者（と称している者）に課せられたものとは何なのか。

　われわれの当面の課題は，マーケティングは学問として体系化できるのか，できるとすれば何を基本概念としいかなる方法論を用いる学問となるのか，ということである。その場合，まず最初に浮かんだのは，マーケティングというものは，よもや自然科学ではあるまいが，「社会科学」として出発できるのか，ということであった。

　では，「社会科学」とはどのようなものと考えられているのであろうか。

　上記された（文献（2））西洋経済史家の大塚久雄は，「自然科学」における因果性に対応する「社会科学」の成立について，マックス・ヴェーバーの社会学説に即しながら検討している。

　大塚によれば，次のようになる。

　《組織も人間の集まりであるから，人間の営みということができる。マーケティングも人間や企業や組織の意思決定に関わる問題を取り扱っている。もし，マーケティングが，「社会的行為（ビジネス）の〔主観的に思われた〕意味を解明しつつ理解し，それによってその経過と影響を因果的に説明することができれば，（換言すると，そうした自然科学にはみられない，"動機の意味理解"ということを加えることができれば）」，社会科学の分野に属する学問として形成することは可能である》と。

　大塚流に，もし，ビジネスにおける「目的─手段の関連」（この関係をあらわすことはなかなか難しいが）を「原因─結果の関連」に置き換える"動機の意味理解"を成立させることができるならば，マーケティングを社会科学の一分野に位置付けることは可能であるということになる。

　とした場合，マーケティングが他の社会科学の学問と峻別される要素はあるのだろうか，あるとすればそれはどのようなものなのかということである。

　われわれとしては，そのカギは，人間や組織（企業）が日常行動をするにあたって重要な要素であり（学問として高められる要素を持ち），他の学問で抱えていない，また，抱えきれないものがあるのかどうかにかかっている。

　そのため，マーケティングと関連の深いと思われる学問，たとえば，商学，

経営学，経済学，はたまた文化人類学，工学などの特性を調べておく必要がある。そのうえで，もし，それらで取り扱われていない，また，避けて通っている重要課題があれば，それをマーケティングに取り込み，ひいてはそれを中心に体系化までもっていけるかどうかの検討を行わねばならないということである。

　筆者は，40年ほど「マーケティング」を研究テーマにしてきた。大学・大学院で「マーケティング」や「マーケティング戦略特論」，「マーケティング・リサーチ」を講義してきた。そういう筆者が，なぜ，マーケティングを学問にしたいのか。筆者によるただ馬齢を重ねて来ただけの戯言か，また，マーケティングはすでに学問になっているということを知らないだけなのかもしれない。

　しかし，筆者としては，どうしても現行マーケティングは学問というものになっていないと言うしかないのである。

社会的大問題を分析評価できない

　たとえば，2011年中に経済学からは，「震災からの復興：経済学で未来を描く」が出されたし，法学からは，「東日本大震災―法と対策―」が出されている [22][23]。経営学からは，比較的早いうちにインターネット上にコメントが公開された [24]。

　マーケティングからは，当然と言うべきか，研究のテリトリーにないとか，現地にはいち早く日常生活物資を提供する雑貨屋が必要である，ぐらいのコメント程度であった（これぐらいはマーケティングでなくとも一般的にもすぐ浮かんでくることである）。

　こうした社会的大問題に対して，マーケティングを研究し，それを大学で講義科目の看板に掲げているものが，適切なマーケティング分野独自の分析ができないということに対しては，筆者としては，内心忸怩たる思いであり，我慢ならないことであった。

　マーケティングを『広辞苑』で引くと，

　　　（英語 marketing）状況の変化に対応しながら，消費者のニーズを満たす

　　ために，商品またはサービスを効率的に消費者に提供するための活動。市
　　場調査，商品計画，宣伝，販売など。

とある。
　一方で，われわれ研究者が一般的に使用している「マーケティングの定
義」は，

　　　　市場の創造と拡大のための企業活動ないしその活動の総称

である。
　ところで，『広辞苑』には，経済学，社会学，心理学等は学問として定義
されている。当然と言うべきか，「マーケティング学」は存在していない。
　もとより，いろいろな説（学問にする必要がない，すでに学問になってい
る，学問にする途上にある）があることは承知している。そして，「学問に
なっている」とする説には，各学問における業績を勘案した学際的（イン
ターディシプリナリーな）学問とか領域学とかがある。
　しかし，数理済学者の権威とみられる森嶋通夫の「すべての学問を総合す
るという学際的学問への挑戦」の例に見るごとく，結局，学際的方式の宿命
というか，「基軸をどこにおくか」とか，解釈学的な同義反復（これをマー
ケティングとすると，それもマーケティングである）の考え方から抜けきれ
ないことになって，学際的学問の形成をあきらめている[25]。
　こう見てくると，確かに，巷間でも，研究者間でもマーケティングは学問
になっていないのである。そういうことなので，何のためにマーケティング
を研究しているのか，という問いに，世の中が求めているからだ，外国（特
に，アメリカ）でも一生懸命研究し実践して成功しているから，わが国でも
教える価値がある，といった類の話が出てくることになる。
　また，繰り返しになるが，マーケティングはもうすでに学問になっている
（学問になる途上にある）という説もあるし，また，商学の範疇にある，経
済学の範疇にある，などもある。一方で，マーケティングは俗学である，テ
ンプレートな理論である（こいつは使えそうだ？），ハウトゥものに過ぎな
い，などもある。

　現在,「マーケティング入門」という表題のテキストは数多く出版されている。一方で,書店では,「マーケティング」関連の本が山積みになっている。また,書棚のスペースのかなりの部分を「マーケティング」関連部門用として確保されている。読者は,そのうちどれが自分にとって良い本なのか悩んでいるのではないかと想像する。

　本書のタイトルを『マーケティング入門』ではなくて,『マーケティング学の試み』としたのには訳がある。

　現在,"マーケティング"という言葉の勢いが止まらない。「○○マーケティング」のオンパレードである。マーケティングで「就活でも,婚活でも」,すべての問題を解決できます,というのもある。何でも解決できる打出の小槌の様相を呈している。

　しかし,筆者としては,マーケティングは学問になっていないと考えている。一般には,これだけ多くの「マーケティング××」,「○○マーケティング」の本が出版されているのであるから,すでに「マーケティング」は「学問」になっているはずだと思われているかもしれない。実際,学者・研究者の中にもそう考える人は少なくない。

　しかし,筆者にはそう思えないものがある。繰り返しになるが,マーケティングでは社会的な大問題となるものを分析できないということである。東日本大震災の時,マーケティングからは,わが研究分野の範疇にないと言うか,せいぜい,日常生活用の生活物資を被災地に届ける施設(店舗)が必要である,といった程度である。かく言う,大学や大学院でマーケティングを講義する筆者も現段階で同類項であることを白状しなければならない。

　筆者としては,35歳くらいまでは,近代(理論)経済学と数理統計学をかじってきたが,その後やっと「マーケティング」を始めたという経緯を持っている。一応,長い間社会科学分野の研究生活を送ってきているが,このような人間にとってきわめて重要な問題に対して何も言えない,発言できないような研究をやってきていることに内心忸怩たるものを感じてきていた。

　なぜか。結局,これは「マーケティング」を学問として教えてきていないことに起因しているからだ,とやっと最近になって気が付いたように思っている。

　また，長い間，マーケティングを教えてきた筆者も，マーケティングとは何ですか，と改まって問われるとハタと困ってしまう。また，ある問題をマーケティングで考えるとどうなりますか，と聞かれると答えに窮して考え込んでしまう。ときに教壇で立ち往生は 2 度や 3 度ではない。そんなときついつい「起った現場で経営環境を把握し，持てる情報やスキルを駆使して，自らが考えて判断し，行動するしかありません」という言葉で締める（逃げる）ことにしている。

　再び，これはマーケティングが学問になっていないからに違いない，と考えるようになっている。ずいぶん長い間（マーケティングは 40 年近く）研究してきたように思うが（たとえば，コトラーの "*Marketing Management*" など），自己の不勉強もあるだろうが，学問と理解できるようなものはほとんどお目にかからなかったからである。

　実際上，現行マーケティングは，スキルを教えているに過ぎない，と言えるのではないだろうか。

　そこで，筆者は無謀とも思える冒険をしてみたいと考えている。それはつまりマーケティングを（いわゆる）学問にしたいということであり，それをもって東日本大震災など社会的に大問題や現代の企業行動と思われるものの分析を少しでも可能にしてみたいということである。

　これは，まずもって，マーケティングとは何か，ということの全貌を明らかにすることにほかならない。そのためには，従来の研究の枠組みでは捉えきれないことが山ほどあると考えられる。学問になる条件とは何か。独自の概念，定義，体系化，分析法など一体的に検討することを要するであろう。

　いまでも，コトラーが自身のマーケティングは経済学の範疇にあると述べている[26]。

　三権分立のモンテスキューの『法の精神』も経済学の嚆矢と言われるAdam Smith（アダム・スミス）の "*The Wealth of Nation*"（国富論）も，きわめて商人の行動を重視していた[27][28]。商人の自由行動に任せおけばやがて平和に導かれるということであった（「見えざる手」(un invisible hand) によって）。にもかかわらず，現代経済学は，"merchant"（商人）を抜き去っている。コトラーは，その経済学の範疇にあるというわけである。

　ところで，君主が「利益感情」を強く意識するようになったのは，17世紀あたりからであったという，山崎正和（2011）の興味深い分析もある[29]。

　つまり，経済学には「商人の闊達な意識や行動」は出てきていないのである。"firm"（企業）と"consumer"（消費者）という独自の概念である二分法による価格と数量による均衡理論体系である。市場において取引があった物だけの理論である。当然，取引できなかった人は無視され（人も物も蚊帳の外である），取引されなかった物は除外されている。物の過不足ない状況という限定的な均衡理論体系である。

　この理論の目指すところは，いかに（与えられた）物をいかに効果的・効率的に人々に分配するか，ということになる。つまり，まず，企業が作った物（サービスを含む）は，かならず消費者によって全て購入される。したがって，中間業者の存在は必要ない（あるいは，企業に含まれる）。

　この「過不足ない」という非現実的な仮定に，コトラーはメスを入れようとしたわけである。コトラーは，経済学で足りなかった部分を補ったのだという言い方をしている。しかし，彼の理論は，あくまで経済学の範疇ということである（本人がそう明言している）。結局，「マーケティング」それ自体の学問化は志向していなかったということである。

　ところで，伝統的経済学の嚆矢の1人であるノーベル経済学賞のJ.R. Hicks（J.R. ヒックス）は，後年，"A Theory of Economic History"（『経済史の理論』）という書物をあらわし，「商人」の重要性に言及した[30]。ヒックスは，これでノーベル賞をもらいたかったとも述べていたという。この点を，現在でも経済学は無視し続けているようである。

　今日，日本の経済政策には大いに経済学が活躍している。中心は，金融・財政政策である。アベノミックスという，デフレ脱却のため日銀の貨幣数量や利子率操作と政府の財政政策の一体化によって2%の物価上昇率を達成させようとするものである。そこでは，企業の投資環境の整備が謳われる。企業が物を作れば，消費者はそれをかならず購入するという，経済学特有の理論も垣間見える。

　ここで抜けているものは何か。基本的には，2つである。1つは，消費者は買いたいものしか買わないこと，もう1つは，購入するための所得の裏

付けがあるのか（否か），である。これらが満たされて始めて経済理論が成り立つということである。

　筆者としては，マーケティングを学問にするためには，「経済学にない前提」が必要となると考えている。「（欲するもので，所得の裏付けもあって）消費者が購入してくれるものは何か」である。「作ったものは売れる」のではなく，「売れる物を作る」ということが前提とならねばならないと考えるからである。

　経済学は分配の理論として精緻化が進んでいる。しかし，肝心の「売れる物を作る」方の理論はどうかというときわめて疑わしいと言わざるをえない。

　たとえば，「現代経営学」でもその解答は得られない。まず，事業があって，その事業をいかに効果的に管理，運営，組織化するかが中心問題である。ドラッカー流の“management”（マネジメント）のみである[31]。

　経営学では，どういう「事業」をするのか，はあまり問題とならないが，ドラッカーでは，その部分は，“marketing”（マーケティング）であると言っている。

　考えてみれば，この世に生を受けた人がどうしてもやらねばならないことは，仕事である。仕事をして報酬を得て自己の生活を維持しなければならない。こうして全ての人がもたれ合って生きている。自分は他の人のために何ができるか，何を作れば，どんなサービスをすれば，他の人からお金（生活費）をもらえるか，である。

　これは，自給自足生活の脱却が始まった紀元前8000年前からの問題であった。いわば，慣習社会にあっても，アダム・スミスやヒックスの言う“commercial world”（商の世界）の始まりである。そこから「商人」が生まれ，それからずっと，慣習社会，王侯社会，封建社会，資本主義社会，社会主義社会，混合経済社会を生き延びてきている。

　ただ，個人商売をあらわす“commerce”の言葉は，会社（company）形態が中心となって，18世紀後半“business”という言葉に変わっただけである。

2-4. 日本のマーケティング・テキストの典型例

　最近，日本では，『最新・マーケティングの教科書』(2013 年 12 月発行，日経 BP 社) という名前のテキストが出された。これまでも数多くのマーケティングの教科書・専門書が出版されている。新しいテキストが続々登場している。

> ＊池尾恭一・青木幸弘・南千恵子・井上哲浩 (2010)『マーケティング』，有斐閣。
> ＊久保田進彦・澁谷 覚・須永 努 (2013)『はじめてのマーケティング』，有斐閣ストゥディア。
> ＊宮永博史 (2012)『世界一わかりやすいマーケティングの教科書』，中経出版。
> ＊黒田重雄・佐藤耕紀・遠藤雄一・五十嵐元一・田中史人 (2009)『現代マーケティングの理論と応用』，同文舘。
> ＊黒岩健一郎・水越康介 (2012)『マーケティングをつかむ』，有斐閣。

　池尾恭一他著『マーケティング』では，表題の英訳として，"*Marketing: Consumer Behavior and Strategy*" とあるように，マーケティングでは，企業は，「消費者」の把握が重要であり，そのためさまざまな戦略を駆使して結果的に消費者の購買を手助けすることである，という文脈で書かれている。

　これまで日本で出版されたテキストはほとんどどこれに類するものと考えられてよいであろう。(かく言う筆者等のテキストも同様であった)。間違いを恐れずに言えば，日本で発行されるテキストの大部分は，(上記されたものを含む) コトラーのあらわした 4 部作に即したものということができる。

　「何もないところ」から自己のビジネスを見出していくということを強く意識させたのは，アメリカでは大不況期からとなるのであるが，世界史の上からは，ずいぶんと昔 (たとえば，今から 8000 年前) に遡ることが可能である。今から 1 万年前に最初の文明が生まれたというメソポタミヤ地方で

ある。マーチャント（merchant：商人）が生まれた時期と大いに関係のあるところである。

　このことは実際上，紀元後の 17 世紀あたりに"commerce"として認識されることになる事柄である。取引に関する重要事項を網羅的にまとめたものという説が有力である。日本では学問的には「商学」に属するものとなる（ここにおける"commerce"や「商学」とは，現代の「卸・小売」といった狭い概念ではなく，ビジネス全般を指す言葉なのであり，ビジネスマンが貿易や取引を行うに際して採るべき考え方や方法を網羅的にまとめたものであった）。とすれば，コトラーの"*Marketing Management*"は，その発展形と考えてもあながち間違いとは言えないだろう。

　このような市場開拓技術と実態調査の歴史的経緯を持つアメリカ・マーケティングの内容を概観すると，大雑把に言えば，2 つの方向性を示してきたように見える。

　　（あ）営業・販売活動の推進を図ること。
　　（い）実態解明を効果的に行うために，マーケティング・リサーチの一
　　　　層の深化を図ること。
である。こうした研究の蓄積を背景に，1970 年代からアメリカの多国籍企業が各国へ進出活動を活発化させるとともに，世界各国においてもマーケティングの重要性が一段と増していったと言えるだろう。

　コトラーのマーケティングは，基本的に「戦略論」である。また，コトラー自身も，自分は「経済学の範疇にある」と言っている[32]。

　2006 年にオルダーソン思想を肯定する論文集が出版され，コトラー批判を行った[33]。これについては，第 8 章【8-4】を参照されたい。

　基本的には，現行のマーケティングは，概念から体系化にいたるまでどっぷり経済学に浸っている。このことは，筆者もそれまでは理論経済学（近代経済学）の勉強を進めていたこともあり，マーケティングの研究を始めたころ（1970 年代後半）に最初に感じたことであった。したがって，初期の頃の論文では 1 つの問題（「消費者志向のパラドックス」）を経済学のテクニックを用いて論じていたほどである[34]。

久保田進彦等の『はじめてのマーケティング』の場合

　日本におけるマーケティングの教科書を考えるに当たって，マーケティング研究者の久保田進彦（2014）が自著について語った紹介文を見てみよう[35]。

　まとめると以下のようになる。

(1) マーケティングは，ビジネスパーソン（非営利組織で働く人々も含む）にとって基礎的な知識（の１つ）である。

(2) マーケティングは，相手に何かを提供し，代わりに対価をもらう交換活動を実現することである。

(3) マーケティングの適用範囲は無限である。幅広い「市場」を抱えている。マーケティングを教えるには，セグメンテーションとターゲティングが欠かせない。

(4) この本は，これから社会へ繰り出す若い方々にマーケティングの本質を伝える本であり，幅広くビジネスに携わる方々にマーケティング・マインドを理解してもらうための本である。つまりマーケティングを実践する人たちの本であり，単に教養として学ぶ人の本ではない。

(5) 実践する人たちは，限られた時間のなかで，つねに役立つ知識を身につけることである。この望みに応えるには，贅肉を削ぎ落とし，マーケティングのエッセンスを凝縮する必要がある。こうして「ベーシックを論じる」というコンセプトのもと，きわめて骨太の本書ができあがった。

　要するに，マーケティングは，実務家にとって有用な知識の１つであって，この（ベーシックな）知識のエッセンスをコンパクトに説明したものが彼らの書である，となるであろう。

　まず，著者らの著作『はじめてのマーケティング』（有斐閣）の紹介を行う。

　これから社会へ繰り出す若い方々にマーケティングの本質を伝える本であり，幅広くビジネスに携わる方々にマーケティング・マインドを理解してもらうための本である。つまり，マーケティングを実践する人たちの本であり，単に教養として学ぶ人の本ではない，と書かれている。

　人々の望みは，限られた時間の中で，つねに役立つ知識を身につけることである。この望みに応えるには，贅肉を削ぎ落とし，マーケティングのエッ

センスを凝縮する必要がある。こうして「ベーシックを論じる」というコンセプトのもと，きわめて骨太の本書ができあがった，としている。

　また，この本が多くの読者から好評であったことも紹介している。

　マーケティングのベーシックな論理について深く語った本書が，優れた実務家らから高い評価を受けた理由も，ここにあるようだ。人々からの反応の多くは「お客様は神様ではない」であるとか，「ポジショニング・マップでは真のポジショニングはできない」といった箇所を読んで，目から鱗が落ちたという。またセグメンテーションやターゲティングといったマーケティングの定番的論理について，長い間，誤解をしていたことに気づいたという。こうした多くの意見に共通するのは，彼らの書が，いままでの思い込みをくつがえしてくれたということだ，とも書いている。

　一方，久保田は，この本の特徴について述べている。

　　　　マーケティングは，ビジネス・パーソンにとって基礎的な知識の一つだ。いや，ビジネス・パーソンだけでなく，国，自治体，非営利組織で働く人たちにも，とても役に立つ。

　　　　ヒューレット・パッカード氏の「マーケティングは，マーケティング部門だけに任せるにはあまりに重要すぎる」という言葉が示すように，マーケティングは，およそ大半の社会人にとって価値がある。マーケティングとは宣伝のことでもないし，市場調査のことでもない。相手に何かを提供し，代わりに対価をもらう交換活動を実現することである。

　　　　私たちの身の回りは，交換だらけだ。メーカーは製品とお金を交換し，テーマパークは楽しさとお金を交換する。政治家は政策と票を交換し，ブロガーは記事の面白さと閲覧数を交換する。マーケティングの適用範囲は無限である。（筆者注：マーケティング研究者は，講義と学生（親）の授業料と交換する）

　マーケティングを教えるむずかしさは，市場が広いことであり，したがって，マーケティングを教えるには，「セグメンテーション」と「ターゲティング」が欠かせない，としている。

　また，久保田は，マーケティングには 2 つの特徴がある，と言う。

　第一は「実学」である。（林 周二氏（『現代の商学』）も同様の意見であ

る。）

　第二は「再現性を求めない」ということである。

　そして，この第二の「再現性を求めない」ということが，実学であるということ以上にマーケティングを特徴づけていると考えている。つまり，同じ実学であっても，簿記検定には価値があるが，マーケティング検定には（仮に存在したとしても）あまり意味がないことが象徴的だ，というわけである。

　筆者としては，この「再現性を求めない」という言い方は，「科学」ではないこと，「社会科学の範疇には入らないこと」であるが，商学のような体系化は志向している。また，この考え方は，「問題解決型の論法」の中心をなすものとなる。

　理論物理学者の中谷宇吉郎（1958）は，自著『科学の方法』で「再現可能性」について述べている[36]。

　　再現可能性について
　　○今日の科学の進歩は，いろいろな自然現象の中から，今日の科学に適した問題を抜き出し，それを解決していると見た方が妥当である。もっとくわしくいえば，現代の科学の方法が，その実態を調べるのに非常に有利であるもの，すなわち自然現象の中のそういう特殊な面が，科学によって開発されているのである。
　　○科学は再現の可能な問題，英語でリプロデューシブルといわれている問題が，その対象となっている。もう一度くり返して，やってみることができるという，そういう問題についてのみ，科学は成り立つものなのである。（注：太字は筆者）

　「学問とは何か」については，本書第4章で述べるが，久保田等では，マーケティング理論形成は可能であるが，学問ではない，と言っていることに等しいのではないか。事実に対するある理論による分析の優位性云々は言及されないし，それらの理論間の比較性問題も起こらない。

　ところで，彼らの書は大学のテキストとしては，教えるのがやや難しいという意見もあることを紹介している――これには，教員に勉強を強いるという意味で教育的な教科書と言えるかもしれないと付記されている――。

　そういう研究書かどうかという点では，筆者としては，いくつかの問題点

が指摘可能と考えている。それは，久保田等の本の紹介にある特徴の（4）である。マーケティングの本質，マーケティング・マインド，教養として学ぶ人の本ではない，などについてである。実務家に対するこれらの解説という点では理解できるが，研究者が研究する内容（たとえば，マーケティングを学問にしたいと考える場合）としては，十分ではないのである。

　たとえば，大きく以下の3点である。

1. 経済学の二分法（生産者と消費者）によらない，人間概念をどうするのか。
2. 学問としての体系化を求めるに際して，大陸型と問題解決志向型のどちらでいくのか。
3. 分析方法をどう解決するか。

　つまり，筆者などのように，大学や大学院で講義を担当するものにとって，これら3点の解決なしに進めるのは，あまりに寂しいと言わざるをえない。現実はこういうことになっていて，これについてはこういう理論で考えると分かりやすい（現行マーケティングでは夥しいほどの理論（と称するもの）が存在する，しかしこれらの理論間の比較や関係は論じられないから論じない，解釈は自由である）というだけでよいのだろうか。

　マーケティングは学問ではないのか，学問にしてはいけないものなのか，単独の学問にはならないものなのか。つまり，マーケティングは「教養」の1つとはならないのか，ということである。人間が生きていくに当たって重要な問題を取り扱う学問である，と言えないのか。そうでないなら，マーケティングの学問化を阻んでいるものは何か，という問題が浮上する。

2-5.　W. オルダーソンの体系理論の登場

　ひところ（1950年代）盛んであったが，最近は若干鳴りを潜めていた感のある「マーケティングの理論化・体系化」研究の方の揺り戻しの兆しも見えて来た。

　その1つが，第8章で検討されるオルダーソン研究であり，その成果が

2006 年出版の論文集 *"A Twenty-First Century Guide to Aldersonian Marketing Thought"* である [37]。

　この中で，たとえば，ウイルキンソン＝ヤング（Wilkinson, Ian and Louise Young）は，オルダーソン（Alderson, Wroe）は一般に大学院の研究テーマに相応しいと思われているようであるが，マーケティングの基礎的なテキストで教えるべきことを強調している [38]。「オルダーソンの概念を導入した（micro と macro を融合した）」彼等のテキストは，コトラー等の入門的テキストよりも良いとしている。

　コトラーにおける「マーケティング」とは，「（経済学の枠組みでの，）複雑な流通システムにおける売り買いのドラマ」のことであり，結果的に，コトラーのやろうとしたことは，そうした経済学における欠けた部分を補うべく「買い手の立場からの科学的で意思決定論的な基礎を与えること」であった，と言えよう。

　いずれにしても，コトラーは「定義」のみから出発して，その後のマーケティングの幅広い展開が生まれている。コトラーが「マーケティング戦略論」の大家と言われる理由もそこにある。

　確認さるべきは，コトラーの場合は，経済学の枠組みにある。経済学の二分法の採用である。「企業と消費者」概念であり，売り買いの場としての「市場概念」である。これらのことから，コトラーは，マーケティングを単独の学問としようとしていなかったことは明らかであろう。したがって，マーケティングを単独の学問にする際，ここで，人間概念をどうするか，市場概念をどうするか，が問題となるであろうし，さらに，体系化をどうするか，分析方法をどうするか，といった点もクリヤーされねばならないのである。

2-6.　日本にはどういう形で移入されるべきだったのか

　結論を先取りすると，日本の歴史的考察や日本の経済システムなどをより深く考察したうえで導入すべきだったという思いが筆者には強い。

　オックスフォード大学教授の苅谷剛彦（2017）が「輸入学問」について

の論説を書いている[39]。筆者が注目するのは，苅谷の言う，「外国を見る」
と言うとき，オックスフォードにおいては，「日本を相対化する視点」を
持っているということである。すなわち，イギリスにおける日本の研究では，
英語が用意されているという件である。

　これに対し，日本におけるアメリカ（マーケティング）研究では，日本語
が用意されていなかった。つまり，日本にマーケティングを移入するに当
たって，アメリカを相対化する視点を持っていなかったということなのであ
る。結局は，苅谷説は，150 年前に福澤諭吉が『学問のすすめ』で言いた
かったことに他ならないように筆者には見えてくる[40]。

2-7.　結語

　一方で，マーケティングを講義する側には理論性よりも実務性が重んじら
れるべしというプレッシャーもかけられる。いきおいケース・スタディ（事
例研究）が多くなって，ケースごとに学生には自分なりに，どうすれば成功
するかといった性急な考えや結論を述べることが要求される。この場合教え
る側には正解はなくてもよいとされる。これは，アメリカのビジネス・ス
クールで行われている講義スタイルである。そこでは，考えるプロセスが大
事であり，いろいろな背景を持つ企業行動の盛衰や意思決定のあり方を数多
く知ることにより，自社の場合の問題に対処できると考えてのことだとされ
る。この場合，ケースの数は多ければ多いほどよいので，教える側もケース
集めに忙殺される現象が起こっている。

　これに対し，一方ではいくら過去のケースをこなしても，自社が直面する
新しい時代や環境に対応する方式が出てくることはほとんどない，という反
省や反論もある。

　以上の状況を総合すると，やはりと言うべきか，今こそ，意思決定時の判
断の基準となる理論や拠り所となる学問が求められているということである。

●第 2 章の注と参考文献

(1)　加藤周一（2011）『学ぶこと 思うこと』，岩波ブックレット No. 586。

(2) 大塚久雄（1967）『社会科学の方法』，岩波新書，pp.57-64。

　　ヴェーバーのばあい，そうした認識の二つの方向（法則的認識と個性的因果関連）は，自然現象にも，社会現象にも同じように成りたつというわけで，その点では自然科学も社会科学も根本においてかわらない。つまり，社会現象に関する科学的研究の認識方向を本質的に個性認識に結びつけてしまい，そこから法則論的知識の成立の可能性やその本質的な意義を追い出してしまうようなことはけっしてしないわけです。ただ社会科学のばあいには，対象が生きた人間の営みでありますから，**因果性の範疇を用いな**がら，しかしわれわれはどうしても質を，量よりはいっそう質を問題にしなければならなくなる。そういう意味で個性的な因果関連を把握しようとする認識方向のほうが，いっそう前面に出てき，法則論的知識はむしろそれの手段として背後に置かれるといった性質がいっそう顕著になってくるのですが，しかしともかく，そうした点では社会科学は自然科学と原理的に異なるところはないので，それどころか社会科学も自然科学と同じように因果性の範疇を用いて対象を取り扱うのですから，そうした点で当然に科学的認識の名に値することになるというわけです。たとえば，経済学における景気の分析や予測のことをお考えになればよくお判りのことと思います。そして，そういう点では自然科学のばあいとまったく同じことなんですが，ただ社会科学のばあいには，単なる外面的な経験によって得られた規則性というか，そういう法則論的知識に加えて，動機の意味理解という手続きをとることによって因果関連の認識が成りたつばかりか，いっそう確実になると，ヴェーバーはいうのです。というのは，人間の行動のばあいにはそうした行動をとる意味がわかるわけですが，自然現象にはそういうふうな意味などあろうはずがありません。詩人は自然を見て，なにか自然が非常に悲しんでいるとか，怒っているとか，そういうふうに感ずるかも知れませんが，科学的にみるばあいには，自然にはそうした意識などありようはずがないと考えるほかありませんね。そんなこと言い出したら，科学は成り立ちませんから。つまり，自然現象のばあいには，科学者がその意味を問うというようなことはぜんぜんありえないわけですが，人間の営みについては，人々がどういうわけでそういう行動をするのか，その動機のもつ意味がわかるわけで，そしてそれによって，単なる経験的規則性によるよりも，確実に原因―結果の連関をたどり，また将来を予測することができることになる。

　　早い話が，われわれの個人的交際のばあいでも，或る友人のやることをずっと見ているだけでなく，彼はどういう動機でそれをやるのか，その意味がわかると，こんどはこういうばあいに彼はどういう行動をするだろうかということをいっそう確実に予測することができるわけですが，もう少

し別の例をとってみますと，たとえばある街角が何曜日の何時ごろかにいつも人出で混雑するとします。が，そうした経験的にたしかめられる混雑のくりかえしだけではなくて，その人出がたとえばその近くにある野球場へ野球を見にいくためのものだというふうに，そうした意味がわかりますと，その混雑の因果関連が確実にみとおされ，将来における混乱の日時や程度がいっそう正確に予測できるようになるということは明らかでしょう。

そういうふうに，ひとびとが主観的にどういう意味をこめて目的を設定し，手段を選択しつつ行動しているのか，彼らの行為の意味を理解し，いわば追体験することができますと，それを介して，社会現象における因果関連を確実においかけ，また予測することができる。そういう意味で，社会現象を対象として，自然科学のばあいと同じように，十分に科学的と呼ばれてよいような認識が成立し得ることになるというわけなのです。しかもそのばあい，人間の意志の自由が増大するということは，じつは人間がいっそう合理的に行動するようになるということでありますから，人間の意志が自由になればなるほど，ますます彼らの行為の主観的に思われた意味は学問的に解明し理解しやすくなりますから，社会現象における因果関連はいっそう辿りよくなる。

つまり，意志の自由ということは，社会現象を対象とするところの社会科学的認識を，程度の低いものにするどころではなくて，かえっていっそう確実にするものだとさえ，ヴェーバーは言うわけです。（注：太字は筆者）

(3) 黒田重雄（2001）「マーケティングの発生と展開」『現代マーケティングの基礎』（黒田重雄・菊地 均・佐藤芳彰・坂本英樹著），第2章所収，千倉書房，pp.17-73。

(4) 黒田重雄・菊地均・佐藤芳彰・坂本英樹著（2001）『現代マーケティングの基礎』，千倉書房，p.218。

なお，文中の著者・書物名は以下の通り。

Shaw, A.W. (1912), "Some Problems in Market Distribution," *Quarterly Journal of Economics*, Vol. 36, No.3, Aug. 1912, pp.703-765.

Swaw, A.W. (1915), *Some Problems in Market Distribution: Illustrating the Application of a Basic Philosophy of Business*, Harvard University Press. (伊藤康雄・水野裕正訳（1975）『市場支配の若干の問題点』，文眞堂)。

Butler, Bower & Jones (1914), *Marketing Methods and Salesmanship*, Alexander Hamilton Institute (Modern Business Series, Vol. III). (書物のタイトルに「マーケティング」という用語が用いられた最初のもの)

Butler, R. S. (1917), *Marketing Methods*, Alexander Hamilton Institute

(Modern Business Series, Vol. Ⅴ).

(5) 東　徹（1990）「拡張されたマーケティング概念の形成とその意義（Ⅰ）」『北見大学論集』第 24 号，pp.17–30。

　　マーケティング概念拡張の提唱：Kotler–Levy（1969）の「交換説」，Luck, D.J.（1969）の「市場取引説」など。

(6) 平久保仲人（2000）『マーケティングを哲学として経営に取り入れるということ』，日本実業出版社。

(7) 井上哲浩（2009）「科学としてのマーケティング，そしてマーケティング ROI」『季刊・マーケティング・ジャーナル』（日本マーケティング協会誌），Vol. 28, No.3, pp.2–3。

(8) (a) AMA のホームページ（確認日 2020 年 5 月 25 日）：https://www.ama.org/
(b) Keefe, Lisa M.（2004），"What is the meaning of 'marketing'?", *Marketing News,*. Chicago: Sep 15, 2004. Vol. 38, Iss. 15, pp. 17–18.

　　内容要約：1948 年以来，アメリカ・マーケティング協会（AMA）は，マーケティングの専門家が書物の中で用いたり，全国的に大学の講義で教えられたりするため，マーケティングの公式の定義に責任を負ってきた。この一年ほどの間，Robert Lusch 博士は，AMA のマーケティングの公式の定義を書き直し，アップデートすることを委託（特権を付与）され，そのための努力してきた。彼は，1985 年改正時に部分的に関与してきたこともあり，この計画に携わることになったものである。定義を改訂しアップデートすることによって，AMA は専門家各位（professionals）のマーケティングにおけるリーダーシップの地位を強化できると考えている。これはまた，AMA が，今日，組織としていかに現代的であるかについて（ささやかな形ではあるが）表現したものである。

(9) Darroch, Jenny, Morgan P Miles, Andrew Jardine, Ernest F Cooke（2004），"The 2004 AMA Definition of Marketing and its Relationship to a Market Orientation: An Extention of Cooke, Rayburn, & Abercrombie（1992）", *Journal of Marketing Theory and Practice.* Armonk: Fall 2004, Vol. 12, Iss. 4; pp. 29–38.

(10) Cooke, Rayburn, and Abercrombie（1992）（Darroch, Jenny and Others（2004），（文献（9）に示す）。

(11) 黒田重雄（2007）「マーケティング研究における最近の一つの論争— AMA による 2004 年定義をめぐって—」『経営論集』（北海学園大学経営学部紀要），第 5 巻第 2 号（2007 年 9 月），pp.37–58。

また，2007年定義を巡っては，以下で検討している。

＊黒田重雄「"マーケティングの定義"に関する日米比較のポイント」『経営論集』（北海学園大学経営学部紀要），第9巻第3・4号（2012年3月），pp.27-49。

(12) Gränroos, Christian (2006), "On defining marketing: finding a new roadmap for marketing". *Marketing Theory*, Dec 2006, Vol. 6 Issue 4, pp 395-417.

(13) Zinkhan, George M and Brian C. Williams (2007), "The New American Marketing Association Definition of Marketing: An Alternative Assessment" *Journal of Public Policy & Marketing,* Fall 2007, Vol. 26, Issue 2, pp.284-288.

(14) Wilkie, William L. (2007), "Continuing Challenges to Scholarly Research in Marketing". *Journal of Public Policy & Marketing,* Spring 2007, Vol. 26, Issue 1, pp.131-134.

(15) 深見義一編（1973）『マーケティング』（増補改訂版），有斐閣双書。

(16) 日本マーケティング協会（JMA）（1990）「マーケティング定義委員会の定義」。

(17) Mazur, Laura and Louella Miles (2007), *Conversations with Marketing Masters*, John Wiley & Sons, Ltd.（木村達也監訳（2008）『マーケティングをつくった人々―マーケティング・マスターたちが語る過去・現在・未来―』，東洋経済新報社。

(18) 鹿嶋春平太（2000）『マーケティングを知っていますか』，新潮新書。

(19) 西内 啓・福吉 潤（2010）『コトラーが教えてくれたこと 女子大生バンドが実践したマーケティング』，ぱる出版。

(20) 岩崎夏海（2009）『もし高校野球の女子マネージャーがドラッカーの『マネジメント』を読んだら』，ダイヤモンド社。

(21) 4著書における内容と各章の関係：
　　コトラーの4部作とは，以下の4書である。

　　　(a) Kotler, P. and G. Armstrong (2003), *Principles of Marketing*, Tenth Edition, Prentice-Hall International, Inc.
　　　(b) Kotler, P. (2003), *Marketing Management*, Eleventh Edition, Prentice-Hall, Inc.
　　　(c) Kotler, P. (1999), *Kotler on Marketing,* The Free Press.
　　　(d) Kotler, P. (2003), *Marketing Insight from A to Z: 80 Concepts Every Manager Needs to know,* John Wiley & Sons, Inc.

　＊大項目における4著書の比較：

1. マーケティングの重要性，マーケティング方式の認識，変貌する世界

（グローバル化），戦略計画の立案，市場志向戦略計画
- (a) 1 章–3 章
- (b) 1 章–3 章
- (c) 1 章
- (d) 語句

2. マーケティング機会の発見，マーケティング・リサーチ，市場細分化
- (a) 4 章–7 章
- (b) 4 章–9 章
- (c) 2 章–3 章，5 章
- (d) 語句

3. 製品計画（戦略）
- (a) 8 章–11 章
- (b) 10 章–12 章
- (c) 4 章，6 章
- (d) 語句

4. 流通チャネル（管理）
- (a) 12 章–13 章
- (b) 16 章–17 章
- (c) 6 章（p.166 〜）
- (d) 語句

5. 販売促進（戦略）
- (a) 14 章–15 章
- (b) 18 章–19 章
- (c) 6 章（p.171 〜）
- (d) 語句

6. 営業の重要性，組織化（管理）
- (a) 16 章–17 章
- (b) 20 章–21 章
- (c) 6 章（p.181 〜）
- (d) 語句

7. 顧客，社会，世界との関係の維持（管理）
- (a) 18 章–20 章
- (b) 22 章
- (c) 7 章–11 章
- (d) 語句

(22) 尾山大輔・澤田康幸・安田洋祐・柳川範之（2011）「震災からの復興：経済学で未来を描く」『書斎の窓』，609 号（2011 年 11 月号）〜 612 号（2012

年）。

(23)「特集　東日本大震災―法と対策―」『ジュリスト』，1427号（2011年8月1-15日合併号）。

(24) 加登 豊（2011）「東日本大震災からの経済的復興に向けて：常識を超えた常識を創造し，活用せよ」『DIAMOND online』（2011年3月28日付け）

(25) 森嶋通夫（2010）「付記・社会科学の暗黒分野」『なぜ日本は没落するか』，岩波現代文庫，p.197。

(26) Mazur, Laura and Louella Miles（2007），（文献（17）に示す），pp.9-33。

(27) Montesquieu, Charles Louis de Secondat Baron de la Brède et de（1748）, *De l'esprit des lois, Garnier Frére*, Libraires-Éditeurs.（野田良之他訳（2008）『法の精神（上）（中）（下）』，岩波文庫）。

(28) Smith, Adam（1776）, *An Inquiry in to the Nature and Causes of the Wealth of Nations*, The Fourth Edition, London.（水田洋監訳・杉田忠平訳（2000）『国富論（1）（2）（3）（4）』，（第5版（1789年）の訳），岩波文庫，pp.103-117）。

(29) 山崎正和（2011）『世界文明史の試み―神話と舞踊―』，中央公論新社，p.11。

　　ハーシュマンは，マキャベリを始めとする十七世紀の知識人が，とかく熱狂的な感情に走りがちな君主たちを牽制するために，彼らの心をこのインタレストに誘導しようと努めたという。怒りや誇りや欲情が君主を戦争へと駆りたてがちなのにたいして，「利益感情」とも訳されるこの感情だけは，彼らをおのずから平和な取引に向かわせると考えられたからである。「君主は国民に命令し，利益は君主に命令する」という箴言が十七世紀前半に生まれ，あのモンテスキューも「商業は自然に人びとを平和に導く」と述べていた。

（筆者の解釈：アダム・スミスの「見えざる手」（un invifible hand → un invisible hand）も，同じく商人たちの取引に任せておいた結果を意味している）

　　さらに根源にもどって考えれば，近代以前の商業がつねに論証と説得の技術であったことは明らかだろう。市場は身体を持つ人間の対面の場であり，商品の価値はその人びとの合意によって決定された。とくに取引が文化を異にする人びとのあいだでおこなわれる場合，そもそも特定の商品が需要に値するかどうかから議論されねばならなかった。それが「望むに値する物品かどうか」，「他の何と同程度に望ましいものかどうか」が論争されねばならなかった。そこにはときに異言語の知識が必要なのはもとより，同地味や嗜好といった伝統文化を紐える純粋な論理，理性的な弁論術が不可欠なのは当然だろう。

(30) Hicks, John R.（1969）, *A Theory of Economic History*, Oxford Universi-

ty Press Paperback.（新保博・渡辺文夫訳（1995）『経済史の理論』，講談社学術文庫）。

(31) Drucker, Peter F.（2008），*Management*, Revised Edition with Joseph A. Maciariello, Collins Business.

(32) Mazur, Laura and Louella Miles（2007），（文献（17）に示す）。

(33) Wooliscroft, Ben, Robert D. Tamilia, and Staley J. Shapiro（edited）（2006），*A Twenty-First Century Guide to Aldersonian Marketing Thought*, Springer Science +Business Media, Inc.

(34) 黒田重雄（1980）「消費者行動論とマーケティング―理論経済学の応用に関する一考察―」『現代経済学の政策論』（小林好宏，三浦収編），第1章所収，新評論。

(35) 久保田進彦（2014）「自著を語る・『はじめてのマーケティング』―マーケティング・マインドを伝える―」『書斎の窓』，No. 634（2014年7月号），有斐閣，pp.71-74。

(36) 中谷宇吉郎（1958）『科学の方法』，岩波新書。

(37) Wooliscroft, Ben, Robert D. Tamilia, and Staley J. Shapiro（edited）（2006），（文献（33）に示す）。

(38) Wilkinson, Ian and Louise Young（2006），"To Teach or not to Teach Alderson? There is no Question," *A Twenty-First Century Guide to Aldersonian Marketing Thought*,（edited by Ben Wooliscroft, Robert D. Tamilia, and Staley J. Shapiro），Springer Science +Business Media, Inc., pp.529-538.

(39) 苅谷剛彦（2017）「オックスフォードから見た「日本」という問題」『中央公論』，2017年9月号，pp.80-88。

日本を相対化する視点の有無

　政治にしろ，歴史にしろ，あるいは経済や社会，文化にしろ，そこでの議論で期待されているのは，事実に基づく知識だけではない。それらの事実を意味づける概念や理論とのつながりが強く意識されている。そのつながりを論理的に明晰に表現できなければ，よい解答にはならない。しかもそこには自分なりの理解力と思考力が求められる。そのための学習・教育が行われていると言ってよい。

　さらに重要な点は，このような思考に不可欠な概念や理論が英語で与えられることである。日本研究以外で彫琢された概念や理論が活用されることで，理論的に共通の基盤（共約可能性）が与えられる。西洋語圏で発達した社会科学や歴史学の理論や概念とは地続きであり，それと無関係では使用に耐えないということだ。日本を相対化する視点がこうして提供される。

　一見すると，日本の大学での日本人による日本を対象とした研究でも，

しばしば海外産の理論が適用されたり，そこから借用した概念を用いた分析や説明が行われたりすることがある。「輸入学問」と揶揄されながらも西欧の知識を学んできた成果が，日本の社会科学の個性でもある。ただし，そのような場合に，外来の理論や概念の適用の結果が，翻ってその元々の理論や概念にどのような反作用を及ぼすかというねらいは企図されない。日本語で表現され，日本人が主たる読者と想定されるかぎり，そのような反作用を意図した理論化にはなかなか至らない。あえて単純化すれば，理論や概念の「借用」である。その適用が元の理論や概念の彫琢過程に戻されざるをえない海外での研究との違いが，表現する言語の選択によって生じるのである。

　さらに言い換えれば，海外の日本理解の基盤には，もともと比較の視点があるということだ。海外の日本研究においては，日本という対象を自明視できない。先の国際会議のテーマのように「日本はなぜ（何か，いかに）問題か？」を問わざるを得ない。日本で日本人研究者が日本語で日本人読者向けに生産する日本を対象とした学問との違いはここに由来する。

(40) 福澤諭吉（齋藤　孝訳）(2015)『現代語訳　学問のすすめ』，ちくま新書，pp.131-135。

　いま学問する者は何を目的として学問をしているのだろう。

　何者にも束縛されない独立」という大義を求め，自由自主の権理を回復する，というのが目的だろう。

　さて，「自由独立」というときには，その中にすでに義務の考えが入っていなければいけない。独立とは，一軒の家に住んで，他人に衣食を頼らないというというだけのことではない。それはただ「内での義務」というだけのことだ。なお一歩進んで，「外での義務」について考えなければならない。これは，日本国にあって日本人の名をはずかしめず，国中の人と共に力を尽くして，この日本国をして自由独立の地位を得させて，はじめて内外共に義務を果たしたと言えるのだ。したがって，一軒の家の中でただ生活しているという者は，独立した一家の主人とは言えても，独立した日本人とは言えない。

　試しに見てみよう。いまの日本では，文明の名こそあっても，その実はない。形こそ整っていても，内側の精神はダメ。いまのわが国の陸海軍で西洋諸国の軍隊と戦えるか。絶対に無理だ。いまのわが国の学術で西洋人に教えられるものがあるか。何もない。西洋人から学んで，まだその水準におよばないことを悲観しているだけである。

　外国には留学生を派遣する。国内では外国人を教師として雇う。政府の官庁，役所，学校から地方の役所まで，外国人を雇わないところはほとんどない。あるいは，民間の会社や学校であっても，新しくスタートすると

ころは，必ずまず外国人を雇い，高い給料を払って，これに頼るところが多い。

　向うの長所を学んで，自分たちの短所を補うのだ，と口癖のように言われるけれども，いまのようすを見れば，自分たちにあるものはすべて短所で，向こうにあるものはすべて長所であるかのようだ。

　もちろん，数百年の鎖国をといて，急に文明社会のひとたちと交際することになったのだから，その状態はまるで火が水に接するようなものだ。バランスをとって上手くやっていくためには，西洋の人間を雇ったり，西洋の機械などを買ったりして急場をしのぎ，火と水がぶつかっての混乱を収めるのは，やむをえない流れである。一時的に西洋に頼るのも国の失策というべきではない。

　しかし，他国の物を頼って自国の用を足すのは，永久に続けることではもちろんない。ただ，「これは一時的なものなのだから」と考えて，なんとか自分を慰めてはみるものの，その「一時的」がいつまで続くのだろうか。外に頼らずに，自分たちで満たすにはどうしたらいいのか。はっきりと見通しをつけることは，たいへん難しい。ただ言えるのは，いまの学者の仕事が完成するのを待ち，この学者たちによって自国の用を足す以外に方法はないだろうということだ。これがすなわち学者の義務なのだから，この義務は緊急に果たすべきである。

　いま，わが国で雇った外国人は，わが国の学者が未熟であるがゆえに，しばらくその代わりをつとめているのである。いま，わが国で外国の機械などを買うのは，わが国の工業のレベルが低いために，しばらく金で用を足しているのである。外国人を雇ったり，機械を買ったりするのに金を使うのは，わが国の学術がまだ西洋におよばないために，日本の財貨を外国へ捨てているということなのである。国のためには惜しむべきことであり，学者の身としては恥じるべきことだ。

第3章

これまでのマーケティングで
検討不十分な重要事項

はじめに

　本章では，これまでの研究から，マーケティングでは，あまり重要な扱いを受けてこなかった点について検討する。

　「マーケティング学」を冠した本として，上沼克典（2003）『マーケティング学の生誕へ向けて』があるが，これはマーケティング学の先鞭をつけたものとして高く評価される研究の１つと筆者は考えている。上沼は，自著の最後で次のように述べている[1]。

> 　本書は，主目的が「マーケティング学の生誕へ向けて」の方法論議の展開にあることから，そうしたマーケティング環境における新しい事態の出現について論究する機会を持てなかったが，構成概念のほとんどが質的変化を伴うようなかかる時代状況下にあるとするならば，そうした時代の到来に向けて，マーケティング理論が修正ないしは再構築されねばならないと考える。この点も今後の研究課題としたい。

　上沼は，マーケティングを学問に高めるにあたって，まず，方法論について深く考究したことが窺われる。しかし，学問形成には，方法論の検討だけでは済まない。つまり，大きくは，「マーケティングの定義」，「独自の概念」，「体系化」，「方法論（分析方法）」の一体的検討が必要ということである。

　本書では，これらについて随時検討を行っていくが，その一体的検討に入る前に，いくつかの念頭に置くべき重要な事項があることに注意を喚起しておきたい。いわゆる「基底となる事項」ということになろうが，マーケティング学には，次の５点の事項が検討し確定されていなければならないと考

えている。

　すなわち，「マーケティングの定義について」(3-1)，「歴史的考察の必要性について」(3-2)，「倫理・道徳観の導入について」(3-3)，「予測や動態性の組み込みについて」(3-4)，「科学性の有無について」(3-5)，である。

3-1.　マーケティングの定義について

　現在，マーケティングは，「マーケティングの定義」に基づいて検討されている。この定義については，本書第2章【2-2】節で概略説明済みである。そして，「定義」は1つではなく，現在のところ，（第1章の参考文献(2)に示したごとく，16個((a)〜(p))であるように）定まっていない状況にある。

これまでのマーケティングの定義で問題となっているもの

　筆者は，これまでの「マーケティングの定義」で抜け落ちたり，問題として残されていることは以下のようなものと考えられる。

①価値あるもの（offerings）とはどういうものか。

②交換（取引）価値，社会的価値とは何か。

③「自由競争」とは何か。「公正」とは何か（したがって，「公平」との違いは）。

④二分法の是非が問われていない。経済学などと同様に組織（企業，役所，個人など）と顧客（消費者，クライアント，社会など）とを区分する（二分法）方法が採られている。生身の一個の人間は，この両者を兼ね備えている。他に，政治もあり，宗教性なども併せ持つ存在である。その意味では，両者（企業と消費者）の問題は，一個の人間の内面におけるバランス問題と捉えるべきではないか（マーケティングでは）。

⑤体系化は考えていない。

　しかしながら，ここでは，「マーケティング学」としていかなる定義が必

要になってくるのかを考えねばならない。

マーケティングはマーケティング・リサーチを実行することである

　ところで，筆者は，本書の第1章【1-5】節において，マーケティングは，「マーケティング・リサーチ」のことであると述べている。

　米国において20世紀の初頭に生まれた“marketing”（マーケティング）という言葉の出自の背景には，販売競争激化があったと考えられる。そこでは有効な販売方法とはどういうものかが検討されていた。実際に，大学でも営業部長などの成功例が講義されている。

　しかし，それも大不況期に入ると，販売競争もなくなり，それまでの営業成功例は用をなさなくなっている。人々がこれまでのビジネスに万策尽きたと思ったとき，大不況でも消費者に受け入れられ成功している企業のあることが報告された。そのことは，ものづくりするにあたって，消費者に受け入れられるものは何なのか，消費者の望むものはどのようなものか，を知ることが第一ではないかと人々に考えさせるきっかけとなるものであった。

　米国における人々や企業においては，単に自分たちがこれは売れそうだとか，自分本位で作ったものを提供してきた感が深いが，そうでないものの重要性を考えせしめた最初のことであったと言っても過言ではないであろう。それがいわゆる“marketing research”（マーケティング・リサーチ）の登場のきっかけであった。

　一方で，大不況期から新しいマーケティングが始まったと考えると，その出自の背景となった大不況の意味するものは，なにも米国が最初ではない。“merchant”（商人）が発生した時代までさかのぼることができると考えている。

　「マーケティング」という言葉は，米国に生まれたが，それを生み出す元になった状況は，人類が農耕生活をはじめたころ（紀元前8000年前）の，不作時にメソポタミヤ地方の人びとが物資を求めて彷徨い歩いた苦境時と何ら変わることがないのである。

　自己のビジネスを決定することはマーケティングである。自己のビジネスが天から降ってくるわけではない。どうやって探すか。そこでは予測の科学

が必要となる。これは「マーケティング・リサーチ」が問題とするところである。

　書店には，「マーケティング」関連の本が山積みになっていたり，書棚のスペースのかなりの部分を「マーケティング」関連部門用としてとられたりしている。読者は，そのうちどれが自分にとって良い本なのか悩むほどである。

　一般には，これだけ多くの「マーケティング××」，「○○マーケティング」の本が出版されているのであるから，すでに「マーケティング」は「学問」になっているはずだと思われているかもしれない。実際，学者・研究者の中にもそう考える人は少なくない。

　しかし，筆者にはそう思えないものがある。たとえば，すでに述べたが，社会的な大問題となるものを分析できないということである。このようなことに内心忸怩たるものがある。つまりこれは「マーケティング」を学問として教えていないからである。

　一方で，今日，マーケティングという言葉を生んだアメリカでは，（アメリカ流の戦略かもしれないが）アメリカのビジネスは根底から変わらねばならないという意見が盛んに出されるようになっている。それを受けてかどうか定かではないが，マーケティングを固有の学問にするべきであるという説も出てきている[2]。

　学問（discipline）とは何か。マーケティングを学問にする際には何をどうすればよいのか。筆者もこれまで，マーケティングを学問にするためには，独自の概念（人間概念），定義，体系化，分析方法などがクリヤーされねばならない，としてきたが，未だに緒についたばかりである。

　本節で述べたかったのは，マーケティングを学問にする際の「マーケティングの定義」を考えるにあたっては，「マーケティング・リサーチ」の出自の考え方と「公正」概念の導入が欠かせないということである。

3-2.　歴史的考察の必要性について

交換や取引の歴史

　人類の生存にかかわることとして，交換や取引の歴史を跡付けることは非常に重要である。それは，「交換」というものが，人類の生活上の幸福や不幸をまぜこぜにしてきた原因（元凶）でもあるからである。

　「商人」が生まれると，交換や交易（貿易）の在り方がいろいろ進展する。取引範囲も拡大し（地球規模になる），それとともに取引の有り様も複雑化してくる。取引の簡便化が図られるようになる。貨幣が発明されたが，キャッシュレス決済方式もいろいろ変化していく。「プリペイド」や「クレジット」が普通になったが，今や，「スマートフォン」との連動で，「スマホ決済」という方式の登場となった。

　これなども「商人」のなせる業である。これまでも「商人」の知恵と行動力は留まるところを知らないが，これからも「商人」は，世の中の中心的存在として生き続ける（生き続けなければならない）運命にあると考えられるのである。

　新古典派の理論経済学者で 1972 年のノーベル経済学賞受賞者のヒックス（Hicks, J.R.）が，『経済史の理論』（*A Theory of Economic History*）を書いて，商人の存在や活動を中心とする歴史書を著わしている[3]。A. クラメール（Klamer, Arjo）は，ヒックス本人が，「小著ではあるがきわめて大きな問題を扱っており，空間的には'全世界にわたり'，時間的には'人類の全歴史過程'つまり'人類の最初の時代から，知られざる未来の発端である現在までを対象としている'」と述べていたこと，また，ヒックスが，「これでノーベル賞が欲しかった」と言ったことなどを披露している[4]。

　経済学の方では依然として，「商人」の存在は無視しているようであるが，マーケティングでは，「商人」の存在やその活動こそが研究の中心テーマとなると考えている。「商人」にまつわる問題の解決である。「なぜ，いつ，どこで，商人は生まれたのか」，「商人は何をしてきたのか」，「商人はこれからどうするのか」などである。これらのテーマは，すべからく歴史的考察が必要となるものばかりである。これは，歴史家の E.H. ノーマン（Norman,

Egerton Herbert）が教えている[5]。

　今村仁司（2000）は，人間は，そもそも交易するものであるとして，「ホモ・コムニカンス」と呼んでいる[6]。マーケティング研究では，特に，「交易の歴史」を調べる必要性がある。

　羽田　正（2007）によると，「少なくとも人の移動や商品流通という観点から見れば，17世紀はじめの時点で，南半球の一部や北極圏などを除く世界の大部分は，すでに確かに1つにつながっていた」という[7]。

　小林登志子（2008）は，最古の文字はシュメル（シュメール）で生まれた。楔形文字ではなく，絵文字であって，生まれた場所はウルク市であった，と書いている[8]。つまり，小林は，最古の文字は，紀元前3,200年頃の絵文字であるが，それは，交易活動を記録として残すために生まれたとしている。また，同じく，交易と文字の発明との関連に関しては，山崎正和（2011）にも詳しく述べられている[9]。さらに，「哲学」までも交易から生まれたという説もある[10]。

　以上のことから，マーケティングについても歴史的考察が必要となる。

　一般に，「マーケティング」とは，販売の仕方，売り方，儲け方の実務的技術的方式だと理解されることが多い。「理論」と理解しようとする場合でも（大学では一応何らかの理論を教えるが），それがなにがしかの学問体系から演繹的に導かれた理論という形を取れているとは言い切れないのである（この点は，マーケティングの科学性問題と関連するので後に検討する）。

　「マーケティングとは何か」の問いに対しては，基本的には，それが単に実務活動の戦略的側面についての記述を取り扱うものと限定するのか，また，1つの学問体系を表すものなのか，に関する解釈も必要となる。

　この点で，最近のマーケティング・ジャーナル誌でさる高名な教授が「‘マーケティング学’という名称をほとんど聞いたことがない」と憂えている点と関連している[11]。

　商学やマーケティングの一端を研究している筆者としては，近年，「商の学は商学であり，ビジネスの学はマーケティングである」と考えるようになっており，「商学」の重要性を改めて認識するとともにマーケティングの体系化に関心を持つようになっている。

　人には本能がある。生き続けることと子孫を残すことである。それまで狩猟採集による自給自足の生活に別れを告げ，人類は互いに生きるためのシステムを発明していった。今からおよそ 7 千年前（紀元前 5 千年）にいわゆる商人（merchant：後に，ビジネスマン businessman）が生まれたことに端を発している。

　商人はどうして生まれたか。紀元前 8 千年のメソポタミヤ地方における農耕生活に発すると言われる。そこではエジプトのナイル（毎年決まって氾濫し農耕が出来た）と違って，チグリス・ユーフラティス（大河）の氾濫が不定期であったため，農耕に支障をきたした。生活の糧を得なければ生きてはいけない。何をすればよいか。人々が生きるための日常生活品を調達するため遠くへ出かけ，物々交換するしかなかった。そのとき他の人に頼まれた物資を運んできたりして「お礼」を受け取っていたが，遠距離を運搬するようになって次第に専門化し，「お礼」がやがて「利益 profit」に転化し，運搬人を“merchant”と呼ばれるようになった。

　考えておかねばならないのは，その当時の商人にとって，どこに誰がいて何を欲しているかを知ることは至難なことであっただろうということである。わずかばかりの見聞を頼りに彷徨い歩いたに相違ない。この状況でも，特に重要だったのは「予測」であり，数すくない情報を頼りに懸命に考えて行動に移したに相違ない。また，大きなもの（重量のあるもの）をどうやって運ぶかも次の重要問題であったろう。

　しかし，彼らは，自分のためと他の人のためこの過酷なことをやり遂げていた。やり遂げなければ皆死ぬしかなかったということもあろう。この点は今日のビジネスにも当てはまると考えられる。実際上，これが今日言うところのビジネスの始まりである。つまり，ビジネスは，少なくも 7 千年の歴史を持っている。

　日本においても，「商」の歴史は相当古いと考えられる。詳しくは，本書の第 5 章で検討される。文献的には日本の弥生時代に相当する『魏志倭人伝』が，日本でもイチバを中心に多くの物資が取引されていたことが記述されている。

　歴史家の間では，確たる資料はないようであるが，縄文時代でも，近隣の

外国から渡ってきた人々も多く，その繋がりを梃に諸外国との交易（交換や取引）があったことはある程度認められている。

　なお，日本において，商人の活動が顕著になるのは，室町期に入ってからであることを強調したいと考えている。

　序の文献（5）で引用した司馬遼太郎は，要するに室町時代は「ゼニの始まった世界である」と言った。つまり，「室町時代は「金が金を産む」ということに人々がはじめて気が付いた時代である」というものである。

　この重商主義の時代に，日本人の金銭感覚は，特に鋳造銭についてはどうだったのかについて，日本流通史家の桜井英治（2009）は「外国銭」を用いることに抵抗はなかったと書いている[12]。

　日本の中世史家の村井章介（2013）の論考がある[13]。村井によると，平安期から貿易はあったが，鎌倉・室町に入って一層盛んになったことが書かれている。特に，朝鮮や中国との貿易は盛んであった。また，村井は，中世における商活動など生活の一端を紹介している。

　室町時代では，鎌倉時代に端を発すると言われる，近江商人が台頭し，独自に経営手法をもって活躍している。彼らの経営哲学は，「三方よし＝自分よし，相手よし，世間よし」であった。今日でも，近江商人の経営原理を踏襲している企業は多数に上っている。

職業（職種）の増大

　日本の流通史（特に，日本のマーケティング史）を見る1つのメルクマールは，職業（職種）の数の動向である。

　舘野和己（2001）によると，奈良時代の『延喜式』には，市（東市，西市）の店舗が載せられている[14]。これから推定するに数多くの物が作られていた。土器，兵具，食料品，衣料品，薬，針，櫛，蓑傘，これを製造する者，運ぶ者（商人）がいたことが想像される。また，官人には，禄が実物で支給されたが，その中にはアシギヌ，綿，布，鍬などが与えられていたとある。類推すると，奈良時代では，職業は，55種類程度であったのではないか。

　次いで，平安時代には，中村修也によると，『延喜式』では，67品目であ

る。これから，平安時代では職業は70種類ぐらいであったと想像される。ここまでは，今日言うところの「職人」の意味はなかったらしい。というのは，笹本正治（2002）は，「職人」が登場するのは，室町時代あたりからではないかという見解を出しているからである[15]。

職人の登場

　いずれにしろ，鎌倉時代の職人は身分として確立しても，鋳物師が自らの製品のみならず布・絹・穀類を交易し，彼らの生計が給田にも依存していたように，職業が細分化されていなかった。そして，信濃にやってきた番匠や石工，鋳物師のように，京都や奈良などを本拠に，仕事を依頼されると地方に出かけるなど，多くが各地を遍歴しながら活動していた。それが南北朝時代以降になると，商人・職人・芸能人といった職業上の区分が明らかになり，内部で職業の細分化が進んだ。さらに，職人は交通の要地や，市・宿といった交易の場，京都などの都市に居を構えて定着し，遍歴の範囲を狭めていった。

　室町末期になると各地に城下町が成立し，そこに居住する職人だけで，ほとんどの需要に応えられるようになって，職人は活動範囲を居住する国に狭めていったのである。この段階では戦国大名によって諸役を免除され，一定の日数，技術で奉公するか，あるいは製品を納める者が，身分としての職人となった。

　給田は人給（にんきゅう）とも呼ばれ，中世の荘園制社会において荘官などに対し，職務の報酬としてられた土地である。与えられた田畑は，年貢・公事が免除された除田（じょでん）だったので，年貢・公事はその荘官（地頭も含む）のものとなった。給田は与えられた者自身が下人・所従を使って耕作する場合と，一般農民に請作（うけさく）させる場合とがあった。職人は土地からの収入も得ていたのであり，この点が職につながる。

　平安末から鎌倉・室町時代にかけて数多くの寺社が庇護役となって，「座」が結成されている。「座」とは，「ある品物を自分らだけで〔独占的に〕売るために，ある人々が仲間をつくって結ぶ貸借協定，あるいは，売買協定。例〈塩の座，米の座〉など。塩や米などの購入販売についての協定」と説明している。

　朝廷官衙（かんが）や各領主は，「座」から営業税をとることによって利益を得ようとしたこともある。商人・職人について言えば，中世は「座」が広範に結成された時代だったのである。豊田武（1982）の「座の一覧表」

には実にたくさんの『座』の存在が示されている。たとえば，奈良の興福寺一条院や大乗院だけでもそれぞれ 40 以上あったことを窺わせる[16]。

　なお，16 世紀以前において「商人」とは，「一般に物品を販売して歩く行商人」をさす言葉であり，これに対して「町人とは町地に定住して，商業に従事する定住商人をさす」言葉であったという。

　日本では，職業の数としては，中世期（鎌倉，南北朝，室町，戦国，安土桃山）には相当な数があったようである。網野善彦（2007）は，中世期には相当交易が活発化していたと考えられることから，職業も多様化していたようだとしている[17]。

　一般には，日本の中世社会では，基本的に自給的な家産的領主経済によって構成されていた（永原慶二，佐々木銀弥），というものが通説になっているが，網野は文献にあらわれない市場（いちば）が広範にあったのではないかと推定している。つまり，網野によれば，11 世紀半ごろの「新猿楽記」（藤原明衡が書いたといわれている）における職業を紹介している。

　　　博打，武者，田堵（たと），巫女（かんなぎ），鍛冶・鋳物師，学生（が
　　くしょう），相撲人，馬借・車借，大夫大工，医師（くすし），陰陽師（お
　　んようじ），管絃・和歌（かんげん・わか），遊女，能書（のうしょ），験者（げ
　　んざ），細工（さいく），天台学生，絵師，仏師，商人，楽人

などがあったとされている。

　また，網野（2008）は，南北朝初期の女性の小百姓が財産を差し押さえられたときの財産目録には，米 5 斗，粟一石のほか，布小袖，綿，帷（かたびら），布，鍋，金輪，鉞（まさかり），鍬，手斧を持っていたとあることを紹介している[18]。

　こうして日本の中世期には職人の作ったものの物々交換や商人による遠距離交易が活発化しており，物も相当程度作られていたことが窺える。宋や元からの唐人，朝鮮からの高麗人が集団なして渡ってきて櫛やいろいろな物を交易売買していたようである。中国では唐の時代には商が活発化して唐銭が発行されているが，日本の鎌倉期には，唐銭なども入ってきている。

　鴨　長明の随筆『方丈記』の書かれた年代は，平安末期から鎌倉にかけて

となっているが，「方丈の家」に住まわねばならなかったことなど，職業につく大変さを彷彿とさせている。

鎌倉時代の末期の兼好法師の『徒然草』には，ときの世相の一端が書かれている。

　　　第74段　…………　生を貪り，利を求めて，止む時なし。

室町期には宋銭も大量に出回り，交換もスムーズに行われるようになってきている。その結果，日本では室町期，安土桃山期には，それまでになく「商」が活発化したとされている。

そして，信長，秀吉らによって実施された「楽市楽座」によって一層活発化に拍車が掛かっている。作家の堺屋太一（2008）によると，信長，秀吉などの戦費調達には商からの上^{あが}りが多大の貢献をしていたという。通常の税金は，家来の俸禄や論功行賞相当分しかならず，しかし，莫大な軍勢の移動や戦いの戦費を賄わねばならなかったが，それこそが，「商からの上り」であったと述べている[19]。

中国では，もともと資本主義社会であったが，宋の時代（北宋（960年-1127年，南宋（1127年-1279年）でも，相変わらず資本主義が発達していて貿易も活発化しており，宋銭が日本にも大量に入ってきていたと中国史研究者の宮崎市定も述べている[20]。

江戸時代に入って，あまりに高まった商人の地位が圧迫されるまで，日本でも商の世界が爛熟期を迎えていたことは想像に難くない。なお，16世紀以前において「商人」とは，「一般に物品を販売して歩く行商人」をさす言葉であり，これに対して「町人とは町地に定住して，商業に従事する定住商人をさす」言葉であったという。

とにかく，日本でも，農家や武士を除いて，平安時代には，先にも見たように，70種類ぐらい。

江戸時代には，三谷一馬（2008）によると[21]，

　　　衣（39），食（71），薬（17），住（34），職人（35），芸能（26），願人坊主・物貰い（29），旅（11），季寄せ（40），雑（34）

と，合計336種であった。

　今日，職業の種類はどれほどあるのだろうか。

　かつて，筆者は，日本の「職業分類表」を使って細分類の段階での数を調べてみようとしたことがあるが，1000を超えたところで疲れてやめたことがあり（かつては，細々分類まであった），それほどの職種があるということでびっくりしたことがある（当時の分類では，細分類は，2,167種であった）。現在は，「独立行政法人 労働政策研究・研究機構」によると，細分類で〈892〉種となっている[22]。

3-3. 倫理・道徳観の導入について

　現行の社会科学の学問領域では，（一部を除いて）倫理とか道徳の問題は避けてきているようである。科学が宗教の戦いの中から生み出されてきたという経緯もある。社会科学では，オッカムの剃刀（必要以上に多くの仮定を設けない）ということもあって，それを表面上導入しない形で体系化してきたということかもしれない[23]。それでも十分に各学問の特性を発揮できたということであろう。

　マーケティングを学問にする際にも，そうすべきであろうか。

　筆者のように，マーケティングを"人が生きていくため自己の仕事（ビジネス）を何にするかを見出すための活動のこと"と考える場合には，どうしても倫理観（道徳観）に触れざるをえないのである。どんな仕事でもまずは儲かればよいのだ，では済まないであろうということである。

　経営の神様の松下幸之助も稲盛和夫も「経営哲学」を持ち，実践してきた。それは，「人間観をもって正しいことをする」とか「皆の幸せを考える」とか「共存共栄を考える」などで，ある意味何の変哲もない人生哲学である。しかし，これらのことをないがしろにすると前出したようなとんでもない方向へ行ってしまうという事例が続出している，のが今日の姿であると言っても過言ではないであろう。

　そうすると，たとえば，結果として起こりそうな問題を，あらかじめ人間概念の中に含めて考えていかねばならないことになる。つまり，人間概念の

中に倫理観（道徳観）を入れて考えるべきではないかということになる。

　2018年，フェイクニュースや個人情報流出で問題となり，米フェイスブックのマーク・ザッカーバーグ最高経営責任者（CEO）がシリコンバレーの本社で日本経済新聞社との単独インタビューに応じた[(24)]。その際の彼の言葉をここで再び取り上げよう。そこで彼は，「かつてはまず製品をつくって提供し，問題があればその時点でやめる。そういうやり方をしてきた。いまは先手を打たなければだめだ，たとえばネット上の不適切なコンテンツに対し，通報を待って対処するのではなく危険な情報を発見する人工知能（AI）をつくり迅速に取り除くことをめざす」と述べたという。

　仮に，マーケティングの体系化における人間概念に道徳観を入れるとどうなるか。これまでのように，自己（企業）の活動結果を，立法府の判断に任せる（経済学）とか，司直の手に委ねる（商法，独占禁止法）とかの考え方は採用できないことになる。

　つまり，そのことは，人は生きていくうえで，すべからくビジネスをしなければならないが，そのビジネスを始めるとき「やってはならないことか，他人に迷惑が掛からないか，正しいことをして（しようとして）いるか」といった判断がまずもって欠かせないということである。

　これまでのように「まずはやってみよう」とか「とにかく儲けることをやろう」とか「どういうテクニックを使ってモノを売るか」といった人間（企業家）だけを想定できないのである（これは企業が利益を上げようとすることを決して否定するものではなく，むしろ重要と考えているが，それは二の次の問題だと言いたいのである）。

　これは，二重人格者（あるときは企業者，またあるときは消費者）である人間概念を否定するということでもある。またこの点から，体系化の形成法としても，問題解決型方式に対して，新しい人間概念を前提にした大陸型にした方がよいということも示唆されていると考えている。

　筆者としては，今日の状況を見る限り，「マーケティング」という科目の講義の中に，倫理観（道徳観）についての話を入れることが，どうしても避けて通ることのできない時代になっていると思えて仕方がない。

　日本における商人や企業の不正や偽装といえば，たとえば，江戸時代の井

原西鶴の『世間胸算用』の「奈良の庭竈」の項で描かれた「タコの足8本，を7本にしたり6本にしてだまそうとした」というのが有名である[25]。

　　　奈良で24，5年も鮹（たこ）だけを行商して生計を立てていた男がいた。この男，鮹専門の行商人で「鮹売りの八助」といえば知らない人はいないくらいの結構評判の行商人であった。ただ，鮹の足は8本であるが，最初から今まで7本にして売っていた。ばれないのをいいことに，ある日6本にして売ったところ，ひょんなことからこれが露見してしまった。すると悪いことは出来ないもので，誰が噂するともなく世間に広まって，なんといっても狭い奈良という場所柄，隅から隅まで，「足切り八助」と評判にされて，一生の暮らしができなくなった。

　もちろんそれがバレて売り手は商売そのものから手をひかねばならなくなった，と西鶴は書いている。

　繰返しになるが，マーケティングには，倫理・道徳観というものは必要ないのだろうか。筆者は，これまで現代マーケティングにおける倫理・道徳観について検討してきている。「マーケティングにおける‘人間’概念に倫理・道徳観はあるか」[26]，また，「マーケティングに宗教観は必要なのか」[27]といった点についてであった。

　広瀬文乃（2008）は，「そもそも経営は，哲学と深い関係があり，ビジネスの目的設定や行動の枠組みの基礎を形作っている」[28]として，野中・竹内（1996）による“知”の思想に注目する[29]。つまり，そこでは，「西洋哲学の伝統は，経済学，経営学，組織論の基礎を作ってきたばかりでなく，ひいては知識とイノベーションについての経営思想にも影響を与えてきたが，一方，日本では，仏教，儒教，西洋の哲学思想からの影響を受けながら形成されてきた“知の伝統”があり，日本的知識観の基礎と日本的経営の方法につながっている」と述べていたからであった。

　筆者は，日産のゴーン問題でも，西洋哲学の伝統と日本の“知の伝統”との相違を浮き彫りにしているのではないか，と考えている。そして，「日本のマーケティング」と「宗教，倫理・道徳」との関連にも研究の幅を広げねばとの意を強くしている[30]。

　理論経済学者で文化勲章受章者の宇沢弘文（2017）は，自著の冒頭で以

下のように述べる[31]。

　　人間は心があってはじめて存在するし，心があるからこそ社会が動いて
いきます。ところが経済学においては，人間の心というものは考えてはい
けない，とされてきました。マルクス経済学にしても人間は労働者と資本
家という具合に階級的にとらえるだけで，一人ひとりに心がある，とは考
えません。また新古典派経済学においても，人間は計算だけをする存在で
あって，同じように心を持たないものとしてとらえている。経済現象のあ
いだにある経済の鉄則，その運動法則を考えるとき，そこに人間の心の問
題を持ちこむことは，いわばタブーだったわけです。

　　　　　　　　‥‥‥‥‥‥‥‥‥‥‥‥‥‥‥‥‥‥‥‥‥‥‥‥‥‥‥‥‥‥‥‥‥

　　市場原理主義は，何でもお金に換えようとする。……。大切なものは決
してお金に換えてはいけない，ということです（p.51）。

アメリカにおける 1 冊の書物の刊行

　以上の道徳的理念を盛り込んだ言説に思えるような 1 冊の書物が発行さ
れている。2011 年，ハーバード大学ビジネス・スクール（HBS）の教授た
ちによる，"*Capitalism at Risk : Rethinking the Role of Business*"（『資本
主義の危機に際して企業はどう対応すべきか』）という本である（これを筆
者たちの頭文字を取って，BLP 書と呼ぶ）[32]。

　問題の多い現代と暗澹たる不確実性の高い将来の状況を考え，これからの
社会を考えると，ビジネスのあり方が重要になるとして，今までのようなビ
ジネス環境を前提にする受け身のビジネスではなく，これからは率先してビ
ジネスがリーダーシップ発揮する必要があるという内容である。現行の資本
主義社会の状況を見るに当たって，ハイルブローナーの「もはやビジネスの
時代は終わった」とする見解とまったく対極にあるものである[33]。

　HBS の教授たちは，本章冒頭文献（2）で紹介した R.T. ラストとは違っ
た意味で，ビジネス行動の新しい側面を強調することと独自のビジネスの学
問的形成をしなければならないということの両方を主張したかったのであ
る[34]。この点，筆者としては，「R.T. ラストのマーケティング学」と「HBS
の教授たちの見解」に共通性・類似性を見出している。

　また，彼等は「企業は"国際化"にも貢献すべきである。そのため，先進

工業諸国に本拠を置くすべての多国籍企業の倫理基準（standards）を向上させ，腐敗で苦しめられている国々も利益（interest）を得られるようにする，また，"国際化"は，狭義の利益——競争条件が公平化され，企業が実力で評価される——と広義の利益——新興国における法の支配の強化——をもたらすことになる。同時に"国際化"は誠実な競争を促し，非合法取引や不正経理を防ぐため，"正直さ（integrity）を尊ぶ企業（社）内文化（culture of integrity within the company)"が尊重され，結果としてビジネス界と社会に恩恵がもたらされる。長期的に見れば，"国際化"以外の手法は自己破滅につながる。要するに，腐敗はビジネス界にとって有害，なのである」と述べている。

　そして，「次代のビジネス・リーダーに求められる4つの資質」として，

　　1）ビジネス・リーダーは良き政府の中核的役割を理解しなければならない。

　　2）ビジネス・リーダーは制度レベルの本来の問題に対して，直近の過去よりも深遠かつ幅広い観点から取り組みが行われるよう，人々にモチベーションを与えなければならない。

　　3）ビジネス・リーダーは制度とシステムの問題を解決すべく，必要な組織構造とツールの開発を行わなければならない。

　　4）ビジネス・リーダーは新たな自己組織化の手法を見出し，システム改善のための集団行動を促進しなければならない。

　が挙げられている。

　つまり，BLP書の場合は，アメリカにおける従来の考え方を変更することを示唆している。「公平」観のみならず，「道徳観」を持ち積極的にリーダーシップを発揮するようでなければ，これからの資本主義の危機的状況からは逃れられない，という主張から成り立っている。

　（筆者注：これまではどちらかというと，資本主義制度の中で，公平性fairnessを求めてきたビジネスは，これからは正当性や公正性（justice）を中心に考えて行動しなければならないことを示唆するものとなっている）

日米差の検討─公正な競争についての1つの留意点：

　ここには，「企業の目標」が何であるかは書かれていない。たとえば，エリア・ゴールドラットの『ザ・ゴール』にある，「企業の最終目標は，"お金を儲けること"であり，それ以外のことは，目標を達成するための手段である」と書かれているようである[35]。

　つまり，日米両国のマーケティングの定義には，「企業の最終目標」はどこにあるかについては表向き出てきていない。したがって，単に，目標を達成するための「手段」としての考え方を示すもの，すなわち，こうやれば企業利益は得られるか，より大きくなるはずである，というようなことを暗にほのめかしただけものと言えるかもしれない。

　一般にはそのように受け取られていない。「儲ける」ためにマーケティングの定義を活用するのだとなっている。したがって，そうするための手立ては無数に出てくるのは当然となる。

日米の「公正概念」の相違について

　（1）アメリカにおける「公正」概念─公正＝公平，が強く出ている

　米国の場合，連邦法のロビンソン＝パットマン法など，どちらかというと，「平等性」や「公平感」が重視されており，ルールに従うことが公正（公平：fairness）という考え方である（公平化：supporting the rule of law）。

　筆者によるアメリカ流の「公平」観に関する1つの感想

　かつて，筆者の所属していた大学で，大学院生の研究発表に，「兄弟がいた場合にどちらに教育投資をした方が有利か」というものがあった。筆者が，「親としてそういう前提が立てられもしない」と質問すると，米国ではこうした前提を立てた論文が公然とまかり通っているという指導教官からの回答があった。

　確かに，日本でも過去は，「兄弟の一番上にはよい教育を」があったと聞くが，今の日本では，差別だと騒がれかねない。実際，兄弟は平等という意識が先行する。どちらに教育したら投資効果があるかなど論文の前提になるなんてとんでもないことだ，と筆者には思えたのであった。

　米国の理論経済学は精緻性・効率性追求において，行き着くところまでいった感じであるが，その際の倫理観・道徳観の欠如は目を覆うばかりであるが（科学者・経済学者で有名なノイマンの倫理観欠如はつとに有名である），米国流の経済学をすんなり受け入れているわが国の大学院生はもとより，それを指導している教授の面々には，ただただ，あきれたという感想を持ったことがある。

　スポーツにある「フェアプレイの精神」について考えてみよう。これは，当該スポーツの「ルール」の枠内で，最善を尽くして戦う，の意味としてである。たとえば，かつてスキー・ジャンプは日本のお家芸であった。ルールの変更，「スキーの長さ」が，「身長」との関係で決められるようになった結果，国際試合では日本人は下位に低迷するようになった。柔道も同様である。なぜ，急に劣位になったのか？　新しいルールに変更されたことで，今までと違った形の頑張りが必要になったからというのが筆者による 1 つの結論である。

アメリカにおける最近の倫理・道徳観の動向

　アメリカ・ハーバード大学での名講義で名を馳せている政治哲学者マイケル・サンデル教授（Sandel, Michael J. 以下，サンデル）は，「正義」についてどう考えているのか[36]。これを読む限り，どちらかというと，「平等」とか「公平」とかの観点が強く出ている，と筆者は感じている。アリストテレスの「善」より「正」が上位である，とする説である。

　これは，ロールズ（Rawls, John）の主張する[37]，

　　　道徳的人間は，みずから選んだ目的を持つ主体である，という信念を反映している。われわれは道徳的行為者として，目的ではなく選択能力によって定義されるのだ。「何よりもまずわれわれの本性を明らかにするものは，われわれの目標ではなく」，正の枠組みである。目標を捨象できるとした場合に，われわれが選ぶはずの枠組みだ。「なぜなら自己は，自己によって確定される目的に先立つ存在だからだ。最優先の目標でさえ多数の候補のなかから選ばなければならない……。
　　　それゆえ，われわれは目的論の教理が提示する正と善の関係を逆転させ，正を優先してみるべきなのである」（訳本，pp.342-343）

を踏襲するものである。

　これは，日本で言えば，近江の聖人といわれる中江藤樹の考えと相反するが[38]，アメリカ大統領バラク・オバマが[39]，

　　大勢のアメリカ国民が，仕事があり，財産を持ち，気晴らしをし，ただ忙しく過ごすだけでは物足りないと悟りつつある。目的意識を求め，人生に物語のような山場を求めている……。もし，われわれが本当に，人びとの置かれた状況について話したいと思うなら――われわれの希望と価値観を，彼ら自身の価値観につながるような形で伝えたいと思うなら――，進歩主義者であるわれわれは，宗教的言説の分野を切り捨ててはいけない。（訳本，pp.391-392）

と言ったことから，サンデルは，

　　進歩主義者は，より度量が大きく信仰に好意的な形の公共的理性を持つべきだというオバマの主張は，健全な政治的直観を反映している。また，よい政治哲学でもある。正義と権利の議論を善き生の議論から切り離すのは，二つの理由で間違っている。第１に，本質的な道徳的問題を解決せずに正義と権利の問題に答えを出すのは，つねに可能だとはかぎらない。第２に，たとえそれが可能なときでも，望ましくないかもしれないのだ。（訳本，pp.391-392）

という。

　また，同じことが，『正しい戦争と不正な戦争』を書いている政治哲学者マイケル・ウォルツァー（Walzer, Michael）（2006）についても言える[40]。

　この本の紹介文に：

　　「戦争は緊急事態だから何でもあり」という軍事的リアリズムに抗し，他方で絶対平和主義も採らず，ギリギリまで道徳を貫きつつリアルに戦争を見つめ，その重みと責任に耐えようとするウォルツァーの代表作。

とある。

　結論として，筆者としては，サンデルとウォルツァーの２人ともリアルな観点から正義（つまり，公平性）を論じている，と考えている。

(2) 日本人の「公正」概念

日米の「マーケティングの定義」の比較

日米ともほとんど同じ「マーケティングの定義」化を試みているが，そこに少なくとも1つの相違を筆者は見出している[41]。

日本の JMA の「マーケティングの定義」（JMA）に表れる「公正な競争」という文言の「公正」とアメリカの AMA に示唆される「公平性」とは同じものである。すなわち，JMA の定義の「公正」の英訳が“fair”となっていることから，AMA の定義と一致すると考えられるのである。ただし，AMA の「マーケティングの定義」には，“fair competition”は，出てこない。

なぜなら，“fair”でないことが起これば，アメリカの場合，ロビンソン・パットマンなど法的措置で解決する方式になっていて，あえて文言を挿入する必要がないと考えられるからである。

では，なぜ，JMA の定義には，わざわざ，「公正な競争」が挿入されたのか。このことは，第2章【2-2】の〈JMA の定義〉のところでも指摘していたところであるが，結果的に，筆者としては，実際に，（日本の）「定義」に「公正な競争」を挿入しない方がよかった（挿入すべきではなかった）のではないかという見解を表しておいた。

たとえば，以下のような見解が参考となるかもしれない。

日本とアメリカは，今日，経済体制としては，混合経済体制（資本主義市場経済プラス政府の役割導入）を採っているが，双方の社会の底流，たとえば国民感情，にはかなり違ったものが流れているので注意を要するという説である。これについては，比較社会史の研究で名高い阿部謹也の見解がある[42]。

すなわち，阿部によると，日本社会もヨーロッパ社会も，もともと，「世間という独特な人間関係が支配的な」社会であったのが，ヨーロッパだけが，11〜12世紀を境としてそうした社会から離脱した，という。これは，キリスト教が全ヨーロッパに広がり出した時期と一致している。「世間」は，人間が集団の中に埋没して相互に依存し合う集団優位の世界，新しいヨーロッパは，個人を単位として結合するという固有の意味での社会である。日本は，前者を引きずっており，ヨーロッパの流れを汲むアメリカは，後者の

個人を単位で結合した社会と考えることもできよう。

　こんなにピタッと分かれるものではないかもしれない（日本では，犯罪を犯した若者の両親が出てきて世間様には申し訳ないことをしました，とあるのが普通だが，アメリカの東海岸の大学では，あの人は離婚しているので教授になれないのだ，という噂がまことしやかに出ていた。これも世間体を考えてのことではないかと考えている）。しかし，筆者なども実際に欧米で数回，家族とアパート生活をしてみた経験から（ほとんどが一年以内の短期ではあったが），確かに日・欧米に対してそういう感慨を持ったことがあるのも事実である。したがって，そういうものが底流にあるとすると，表向きは同じような法的措置であっても，その解釈や運用については，違った受取りが出てきてもやむをえないのかもしれない。日本語の「公正」や「公平」概念と英語の"fair"や"justice"との関係が，上記の社会の仕組みや考え方と密接に結びついていることは十分ありえることであろう。

　こう考えると，日本では，人様には迷惑を掛けない，正直であれ，信頼をモットーとせよ，等（これが世間に対する「公正」の意味である）が，欧米においては，個人同士の間での「公平」が第一であったということも頷ける。正義とか道徳は，宗教上の禁欲という形で個人を支配していたので，表向き配慮する必要がなかったとも考えられよう。

日本人の「倫理観・道徳観」

　日本人の思想の根底には何があるか。正義を貫けということである。古来，嘘をついてはいけない（舌切り雀），正直は一生の宝。正直の頭（こうべ）に神が宿る，正直は一旦の依怙（えこ）にあらざれどもついに日月（にちげつ）の憐れみを被る，などの「ことわざ」が存在している。

　日本におけるビジネス・リーダーたちも，こうした倫理観や道徳観を持ちながら経営のかじ取りをしてきた例が多い。日本人の宗教的な背景には，仏教がある，ということは，今日ではかなり薄らいできているとはいえ，これらは好むと好まざるとを問わず，大部分の日本人の根底には仏教的なものが存しているように見える。

　仮に，そうでないにしても，アメリカ人に流れる魂とは違ったものが想定

されるように思われる。つまり，「どうせ人間は神になれないという原罪を
負っているのだから，働くしかない，働きにつぐ働きの人生を送れ」とはな
らない。日本流であれば，世の中の雑事を離れ，坐禅でも組んでしっかり瞑
想せよ，であろうし，中江藤樹や近江商人の「陰徳善事」（人知れず善い行
いをすることを言い表したもの。自己顕示や見返りを期待せず人のために尽
くすこと）などが浮かんでくる[43]。

日本の経営者の最近の言動

京セラの創業者で，日本航空（JAL）を再建にも手を貸し成功させた稲盛
和夫は経営の倫理性・道徳性を説いている[44]。再建に当っては，アプロー
チのあったいくつかの海外のコンサルタント会社からの申し出を断り，単独
で指揮を執る決意をすると同時に，JALの幹部にもひたすら氏の哲学を説い
て回ったという。「人間として何が正しいかで判断する」というのが氏の哲
学である。

この点は，稲盛の著書『稲盛和夫の実学─経営と会計─』（2012）の中に
ある言葉が参考となる[45]。

> 私の経営学，会計学の原点にある基本的な考え方は，物事の判断にあたっ
> ては，つねにその本質にさかのぼること，そして人間としての基本的なモ
> ラル，良心にもとづいて何が正しいのかを基準として判断することがもっ
> とも重要である。……。私が言う人間として正しいこととは，たとえば幼
> いころ，田舎の両親から「これはしてはならない」「これはしてもいい」と
> 言われたことや，小学校や中学校の先生に教えられた「善いこと悪いこと」
> というようなきわめて素朴な倫理観にもとづいたものである。それは簡単
> に言えば，公平，公正，正義，努力，勇気，博愛，謙虚，誠実というよう
> な言葉で表現できるものである。
> 経営の場において私はいわゆる戦略・戦術を考える前に，このように「人
> 間として何が正しいのか」ということを判断のベースとまず考えるように
> しているのである。

と述べている。また，この書物の「おわりに」で次のような締めくくりの言
葉がある。

　　　私は，会社経営はトップの経営哲学により決まり，すべての経営判断は「人間として何が正しいか」という原理原則にもとづいて行うべきものと確信している。

と述べている。

　YKKのホームページに「YKK精神」が書かれている[46]。それは，創業者吉田忠雄の企業精神とされる「善の巡環」についての解説がある。それは「他人の利益を図らずして自らの繁栄はない」のこととなっている。

　これらは，鎌倉・室町期に端を発すると言われる「近江商人の三方よし」の精神そのものだと理解される[47]。松下電器産業㈱（現パナソニック）の創業者の松下幸之助も，かつて著書『実践経営哲学』(1978) の中で同じようなことを繰り返し述べている[48]。

　これについては，ユニ・チャーム社長の高原豪久も同様の経営哲学を語っている。まず，『日本経済新聞・電子版』では[49]，

　　　まずは「無私と自立」です。顧客に対して献身的であり，かつ自身に対して強い信念を持つということです。まず，「無私」とは相手に献身的に仕えることに努め，いつも相手の立場に立って話を聞き，相手の要望にはできる限り素早く対応することです。

と述べているが，シンポジューム『コトラー・カンファレンス　2013』の座談会でも同様の趣旨の発言をしている。

　　　海外に進出するにあたって，心すべきことは，競合他社との問題はありますが，特に，東南アジアへの進出では多様な価値観と付き合っていかねばならないということです。わが社の方針や考え方を理解してもらうにはかなりの困難を伴うことですが，性急には行きませんで，着実に一歩一歩進めていく必要があるわけです。幸いに，日本独自の倫理観（特に，仏教）がありますので，それによって困難な問題解決の道も開けるのだと考えています。したがって，海外進出あたっての問題解決には，日本人が最も得意とするところではないかと思っています。

3-4.　予測や動態性の組み込みについて

　「赤の女王仮説」（Red Queen Hypothesis）というものがある[50]。ルイ
ス・キャロルの小説『鏡の国のアリス』の中で，「赤の女王」が登場して，
彼女が発した「その場にとどまるためには，全力で走り続けなければならな
い（It takes all the running you can do, to keep in the same place.）」と
いうセリフを使っての，進化に関する仮説ということである。この一見矛盾
するような事柄であるが，敵対的な関係にある種間での進化的軍拡競走と，
生殖における有性生殖の利点という２つの異なる現象を説明するものである。
　この仮説は，ビジネスを考える場合にも適用可能である。この点は，故田
島義博教授の講義でも，アメリカのビジネスの厳しさについて語っており，
そこでは，日本の流通企業にも「絶えず動かねばならないこと」と「（仕事
の）厳しさ」の姿勢が必要という内容であった（第４章4-2で詳しく述べ
る）。

マーケティング学には予測法が欠かせない

　マーケティングは「予測の方法」を求めている。これは，人類が探索と予
測しながら生きながらえてきたことと関連している。
　人類最初の文明は，メソポタミヤ地方に発生した言われている。このこと
は，大河の氾濫と関係していて，エジプト文明におけるナイル川とメソポタ
ミヤ文明のチグリス・ユーフラティス川の氾濫の違いに起因している。川が，
定期的に氾濫して農業が毎年のように成立したエジプトと川による不定期の
氾濫で毎年の農業が不成立であったため「遠距離交易」を活発化させること
になったメソポタミヤ地方の違いを生んだ結果であった。
　かつて筆者の家では農家だったので，両親が言っていたことを思い出す。
「西の空の夕焼けが美しいので，明日の天気は晴れだ，朝早くから田植えが
できる」と。当然，古でも，たとえば，「西の空の夕焼けが美しいので，明
日は遠出して狩猟だ」ぐらいは言い合っていたに違いない。生活と予測は
切っても切れない糸で結ばれていたはずである。
　江戸時代には先物市場の投機で使われていたことを井原西鶴も『日本永代

蔵　巻一』(1686) に書いている[51]。

　　　人々は，夕方の風，朝の雨といった空の状況をもとに投機しつつ売買を
　　行った。

　マーケティングを講義する側は，ビジネスマンに対して，天候とビジネス
行動の関係ぐらいの話ができる必要性があると考えるのは筆者だけではある
まい。

　マーケティングは，将来を「予測」することである，というフレーズは，
ある意味多様な解釈が可能である。ケヴィン・ケリー (Kevin Kelly) (2016)
の本『〈インターネット〉の次に来るもの―未来を決める 12 の法則―』の
訳者である服部 桂は，「未来は予測するものではなく，発明するもの」とい
う表現をしている[52]。

　経営学では，原因と結果の関係を考える「カバー理論」がある。これは，
経営の動態性に関連ある方法である。そういう意味では，マーケティングの
「予測」にも活用可能な考え方である[53]。

経営学における M. ポーターに対する 1 つの批判：

　経営学者の楠木 建 (2010) が『ストーリーとしての競争戦略 ―優れた戦
略の条件 ―』という本を出版している[54]。

　この中で，楠木は，M. ポーターの “Competitive Strategy”（訳本，『競
争の戦略』）を「静態論」に過ぎないとしている。つまり，事業の意思決定
は，連続的なプロセス（ストーリー）において決定されるものであって，
「あれもある，これもある」と単なる羅列をして済ますものではないという。

　ポーターには，「価値連鎖」(Value Chain) の話がある[55]。作り手側の価
値のつながりにおける「価値の総体（累積）」が，買い手側の価値と釣り
あったときに購買が実現するというものである。基本的に，プロセス上の各
機能の価値の積み上げが総価値を生むという考えである（図表 3-1）。

図表 3-1　価値創造・伝送連鎖モデル

価値の選択プロセス			価値の提供択プロセス					価値の相互作用択プロセス		
顧客セグメンテーション	マーケット選択／フォーカス	価値のポジショニング	製品開発	サービス開発	プライシング	調達・製造	流通・サービス	セールスフォース	販売促進	広告

＝ 戦略的マーケティング ＝＝＝＝＝＝＝＝＝＝＝＝＝ 戦術的マーケティング ＝＝＝＝＝＝＝

（資料）Lanning, M. J. and E. G. Michaels（1988）.
（出典）Kotler, P.（2000），p.85.

（出所）黒田重雄他著（2001）『現代マーケティングの基礎』，千倉書房，p.77, p.79.

　しかし，はじめから出来上がった製品に価値があるかどうかは分からないのであって，あくまでも，作り手側の価値なるものは結果論に過ぎない。買い手が購買してはじめて価値が生まれる。購買以前は，そのモノの価値はゼロであると考えねばならない。また，結果として，購買されなかった場合は，作られたモノの価値はゼロである。したがって，ポーターの理論は「後付け論」ということになる[56]。

　また，楠木は，「ポーターの「競争の戦略」は，その本質からすれば，「無競争の戦略」といったほうがよいのかもしれません」とも述べている。

経済学も静態論なのか

　経済学は，「進化論的科学になっていない」と言ったのは，理論経済学者の宇沢弘文（2002）である。これは，「動態性がない」と同義と解釈している[57]。つまり，宇沢は，著書『ヴェブレン』の中で，ヴェブレンは「経済学は進化論的科学になっていない」と言っている，と述べている。

コトラーも「静態論」である

　コトラーは，経済学の範疇にある，と言ったことで，マーケティングの動態性には関心がなかったと考えざるをえない。コトラーの〝Marketing Management〞（マーケティング管理論）も，静態論と同じことだと考えている。たとえば，4P仮説である。コトラー（2000）によれば，マーケティング・ミックスとは，「企業が，そのターゲット・マーケットにおいて，

マーケティング目標を追求するために使用するマーケティング・ツールの集合である」と定義される[58]。

マッカーシー（McCarthy, E.J.）（1960）は，これらのツールを「マーケティングの 4P」と呼ばれる 4 つのグループに分類した[59]。マッカーシーの 4P は，「Product」，「Price」，「Promotion」，「Place」の 4 つの頭文字を取ったものである（フレイ（A.W. Frey）の 7P 論もある[60]）。

コトラーは，それぞれのコンポーネントに関して，マーケティング戦略をデザインするに当たって考慮すべき内容を提示している。製品（product）に関する内容には，多様性，品質，デザイン，ブランド，パッケージ，サイズといった製品そのものに関する要因から，サービス，保証，返品といった製品に付随する機能までが含まれている。同様に，価格（price），プロモーション（promotion），立地（place）に関しても，マーケティング戦略を立案する上での意思決定要因が説明されている（図表 3-2）。

図表 3-2　マーケティング・ミックスの 4P コンポーネンツ

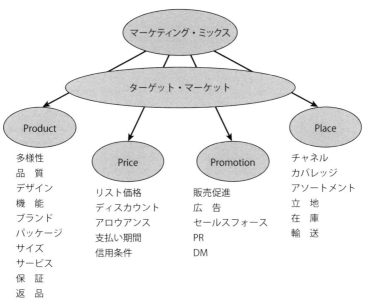

（出所）Kotler, P.（2000），p.15.

　ここでの問題は，4P のそれぞれの要因を，どうつなぐのかが示されていない。つまり，ストーリーがない。楠木の言葉を用いれば，コトラーも「静態的」理論ということになる。

　さらに言えば，商学の根底にある，17 世紀のサバリーなど交易上重要な要素を網羅したものの延長線上にあるものと理解されるのである。したがって，コトラーの理論は，商学の範疇にあるもの，ないし商学の発展形と言っても過言ではないと考えざるをえない。

仕事探しにはマーケティング・リサーチが重要である

　予測する場合は，基本的に，マーケティング・リサーチ手法を駆使してテストが行われる。

　キングスレイ・ウォード（Ward, G.K.）というカナダの実業家が，後継者の息子へ手紙でビジネスに関する教訓を垂れたものが一冊の本になっている[(61)]。そこで彼は，「企業家は，明敏にも，人はどれほど多く知ろうともすべてを知りつくすわけにはいかない，ということを知っている。彼は，また，愚か者だけが消費者の求めるものは自分が一番よく知っていると確信してテスト市場を回避するのである，と信じている」

　（*The entrepreneur is shrewdly cognizant that as much as he knows, no one knows it all. He is a firm believer that only fools, convinced they know best what the consumer wants, bypass the test markets.*）
と述べている。

　筆者から見ると，これはきわめて至言であるが，こうした教訓の出る背景には，人は「予測」しながら生きているということがある。このことがリサーチの重要性をビジネスのみならず，ほとんどの研究分野に浸透している。

3-5. 科学性の有無について

　科学性については，マーケティングでも比較的多く取り上げられる問題である。筆者が，マーケティングを科学として認知したいというのには，理由がある。「予測したい」からである。これからどんな事業をしたらよいか，

どのような製品を作ればよいか，についてできる限り科学的に予測したいからである。

　ところで，マーケティング研究者は，科学者の一員でありたいと考えているだろうか。経済学や社会学や商学・経営学などと一緒に，社会科学の研究者でありたいと思っているだろうか。そもそも「マーケティング」は，社会科学に入るのであろうか。

　マーケティングが，経済学や経営学などの既存の学問の範疇に入るのであれば，そのことはあまり問題にはならないだろう。しかし，いずれの既存の学問の範疇に入らないのであれば，社会科学の一員として，独自の学問になる可能性が論じられなければならない。また，仮に，「マーケティング学」なるものが成立するとなると，「科学性」の有無が問題となる。

科学とは何か

　第2章【2-4】でも見てきたが，科学とは何か，という問いに答えた著作として，中谷宇吉郎の『科学の方法』がある[62]。その中で，中谷は，【科学の限界について】，【再現可能性について】，【「幽霊」が科学の対象にならない理由】，【科学と統計】，【「法則」について】などのテーマを掲げてそれぞれに答えている。

　　　【科学の限界について】
　　　＊科学が進歩をつづけて行くと，近い将来に人間のあらゆる問題が，科学によって解決されるであろう，というような錯覚に陥っている人が，かなりあるように思われる。
　　　＊もちろん科学は，非常に力強いものではあるが，科学が力強いというのは，ある限界の中での話であって，その限界の外では，案外に無力なものであるということを，つい忘れがちになっている。いわゆる科学万能的なものの考え方が，この頃の風潮になっているが，それには，科学の成果に幻惑されている点が，かなりあるように思われる。
　　　＊自然現象においても，必ずしもすべての問題が，科学で解決できるとは限らないのである。

　　　【再現可能性について】
　　　＊今日の科学の進歩は，いろいろな自然現象の中から，今日の科学に適し

た問題を抜き出し，それを解決していると見た方が妥当である。もっとくわしくいえば，現代の科学の方法が，その実態を調べるのに非常に有利であるもの，すなわち自然現象の中のそういう特殊な面が，科学によって開発されているのである。

＊科学は再現の可能な問題，英語でリプロデューシブルといわれている問題が，その対象となっている。もう一度くり返して，やってみることができるという，そういう問題についてのみ，科学は成り立つものなのである。

　上記のことがらは，自然科学の分野では理解可能であるが，ほとんど再現ができない人文社会系の学問領域では，どうだろうか。人文社会系の学問における「科学」の有無を論じたのは，大塚久雄（1966）である[63]。「小学校の運動会があれば，いつもその近くにあるコンビニの弁当が売れる」ということが言われれば，「動機の意味理解」が成立するとして，社会系領域でも科学が成り立つと述べた。マーケティング現象に上記のことが成り立つならば，「マーケティング学」も社会科学の一員になりうるというわけである。

科学はマーケティングか（Is Science Marketing?）

　"Is Science Marketing?" という題名の論文は，ピーター＆オルソン（Peter, J. Paul and Jerry C. Olson）（1983）が，雑誌 *Journal of Marketing* に書いたものである[64]。この論文に対する石井淳蔵（『マーケティングの神話』）の解釈は，「科学は，マーケティングすること」であり，また，「科学者は，マーケターである」となるという[65]。こういう解釈についてわれわれはどう考えればよいのか。これは，池内　了（2012）の言う，「今や科学は，社会に役に立つ科学となってしまった」というところからも解釈可能である[66]。

　科学がマーケティングになってしまったこと，つまり，マーケティングと科学は一体化したこと，すなわち，科学が「マーケティングの定義」に合致したことの証左である，と受け取ってもあながち間違いではないであろう。

　では，どうすればよいのか。池内は，「おそるおそるすすむこと」だと言う[67]。

　これとは別に科学の世界に対しては，重要な問題として指摘しておいた方

がよいようなことが起こっている。雑誌『現代思想』（2013 年 8 月臨時増刊号）の「特集・フォン・ノイマン」でいろいろ考えされられたからである。（ノイマンといえば，「ゲーム理論」の創始者として有名で，筆者も学生時代，数学者のモルゲンシュタインとの共著『ゲーム理論と経済行動』を解説する講義科目〈数理経済学者の古瀬大六教授担当〉を取得したことを覚えている）。その特集の中で，数理計画学を専門とする今野 浩は，フォン・ノイマンこそ，20 世紀最高の（応用）数学者である，として賛美している[68]。

> 地震にたとえれば，さしずめマグニチュード 9，もしくは地球上で起こりうる最大規模であるマグニチュード 10 に相当するのではなかろうか。

　一方，科学史・科学文化論学者の中尾麻伊香は，「ノイマンは，原爆開発に関わっていて，原爆を京都に落とすべしと言っていたこともあり，倫理観が欠如していた」という[69]。これが真実とすると，まったくひどい天才科学者がいたものだという感想をもらしてもあながち言い過ぎではないであろう。

　「科学」というものが，どういう性質のものであるかも考えさせられる。科学も人間の本能である倫理観に根ざしているということであろう。フォン・ノイマン流の「やりたいことをやればよいのであり，人の倫は考慮する必要ない」は考えられないということである。自然科学を行う人が，サイエンティストになったとき人の倫にはずれるようになり，暴走者が出る素地が築かれたということであろう。

　同様に，ビジネスの世界でも暴走するものが出るようになった。象徴的なのは，サイバー空間におけるインターネット・ビジネスでの「もうけの権化たち」であり，池内の言う，東日本大震災における原子力発電の推進者たちであるという決めつけも頷けるものを持っている。

　特に，これまで見てきたことから，これからの諸科学やマーケティングに問われるのは，これまで避けてきた倫理観とか道徳観とかいう「価値観」をどう考え，どう各学問に導入していけばよいかということである，と言ってもあながち間違いではではないだろう。なお，ここで注目されるのは，「サイエンティスト」という言葉であったが，巷間活躍する「エコノミスト」に

も通じるという思いである。

科学にも情緒と倫理観の必要性

数学（多変数解析関数論）を専門とする岡 潔は，評論家小林秀雄との対談で，「数学の世界でも，情緒は欠かせない。情緒のない数学は早晩廃れていく」と述べている[70]。また，その対談で，小林は，当時書いている江戸期の国学者である『本居宣長』について，「宣長の情緒というのは，道徳や宗教やいろいろなことを包含した概念なんです。単に美学的な概念ではないのです」（p.83）と語っている。筆者も，科学の世界であっても「もののあわれ」といった情緒や倫理観は欠かせないということだと考えている。

3-6. 結語

これまで，マーケティングでは考慮されてこなかった，ないし，一部では強調されていたかもしれないが，バラバラに考えられてきた重要な側面について検討してきた。

これらの諸点は，学問の中で，一体的に注入される必要があるということであって，一部は，本書の第 III 部第 7 章のマーケティング学形成における新定義や独自の諸概念の提起へとつながっている。

●第 3 章の注と参考文献

(1) 上沼克典（2003）『マーケティング学の生誕へ向けて』，同文舘，p.252。

(2) Rust, Roland T.（2006），"From the Editor : The Maturation of Marketing as an Academic Discipline", *Journal of Marketing,* Vol. 70（July 2006），pp.1–2.

(3) Hicks, John R.（1969），*A Theory of Economic History*, Oxford University Press Paperback.（新保博・渡辺文夫訳（1995）『経済史の理論』，講談社学術文庫）。

(4) Klamer, Arjo（1989），"An Accountant Among Economists: Conversations with Sir John R. Hicks," *Journal of Economic Perspectives*; Fall89, Vol. 3 Issue 4, pp.167–180.

(5) E.H. ノーマン（大窪愿二訳）（2011）『歴史の効用と楽しみ」『ちくま哲学の

森2・世界を見る』, 筑摩書房, pp.93-113。

　　たとえしばらく明日のことに心をわずらわすのをやめて, 現在にのみ眼を止めてみても, そこにはどんなに聡明な人をも困惑させるに足る問題がある。これらの問題に対して, 過去に関する知識を相当に所有していないでは, 人はその解決の手がかりを得ることを期待できない。歴史の道は滅多に平坦なことはないし, またおそらく絶対にまっすぐなこともないものである。そしてその発展は突然にも不条理にも現われるものではない。また戦争や革命のような現象は, 過去に照して眺めることなしには, これを説明することはできない。したがって歴史のまことに現実的な価値の一つは, 現在に光を投ずるために, 過去を考察し, 研究することのなかに見出されるべきものである。

(6)　今村仁司（2000）『交易する人間―贈与と交換の人間学―』, 講談社選書メチエ, p.178。
(7)　羽田　正（2007）『東インド会社とアジアの海』, 講談社, pp.18-21。

　　少なくとも人の移動や商品流通という観点から見れば, 17世紀初めの時点で, 南半球の一部や北極圏などを除く世界の大部分は, すでに確かに一つにつながっていたからだ。南北アメリカの銀が中国やインドに達し, 東南アジアの香辛料が中国と西アジアやヨーロッパに渡っていた。商品として持ち込まれたアフリカの奴隷が新大陸で働いてもいた。中国の絹や陶磁器は, 東南アジアから西アジア, そしてヨーロッパに至るユーラシア全域で人気を博し, インドの綿織物がアジア・アフリカの各地へ運ばれていた。日本列島も世界とつながるこの商品流通ネットワークと無縁ではない。当時列島各地で大量に産出された銀は中国に輸出され, それと引き替えに中国の生糸や東南アジアの染料, 香木などが輸入されていたのである。これらを実際に運送するために, 世界を股にかけた商人や船乗りの活動があったことは言うまでもないだろう。

(8)　小林登志子（2008）『シュメル―人類最古の文明―』, 中公新書, pp.32-34。
(9)　山崎正和（2011）『世界文明の試み―神話と舞踊―』, 中央公論社, pp.150-158。

文字の発明
　　こうした身体のあり方から見て, 画期的な事件は3, 4000年まえに起こった文字の発明である。コリン・レンフルーによれば文字の定義は記憶の拡大術であり, いわば身体の外部に置かれた記憶装置であって, たとえ

ばインカ帝国の紐の結び目を使った通信方法もそのなかにはいる。だがこう考えると文字の起源はかぎりなく遡ることになり，考古学的に知ることはほとんど不可能になる。現に先にも引いた落合淳思の『甲骨文字の読み方』によれば，甲骨文字は中国の現存するもっとも古い文字であり，ほぼ3000年まえに使われていたとわかっているが，都市国家の成立状況から見て，知られざる最初の文字の誕生はそれより1000年近く古いと考えられている。

　だがいずれにせよ文字は都市国家の成立とあい前後して，社会の広域化と交易の増加に伴って発達したと広く推定されている。社会の広域化はまず大きな人口の動員と支配を必要とするが，そのためには安定した秩序を維持する法と制度が不可欠となる。都市が生まれるまえ，社会集団が小さかったときには暗黙の了解が統一を守れたし，指導者が恣意的な決定をくだしても混乱は起きにくかった。集団が大きくなり指導者と社会の末端との距離が増すにつれて，権力を広く委任するための制度が必要となり，永続的に共有できる規範として法が求められる。そのどちらも口づての伝達によって維持するのはむずかしいから，それを助けるために文字が生まれたと推定されているようである。

　またこの都市国家のあいだで交易が盛んになれば，商人は遠距離の顔の見えない相手とも取引をしなければならない。発注書や送り状や受取り証も必要になるし，商機の情報を集めるために手紙も書かなければならない。じつは文字の起源については，この商業文書を重視する研究者が多く，最初の文字は粘土板に刻まれた数字であったという見方が有力である。

(10)　西研（2019）『ソクラテスの弁明』，NHK出版。

(11)　井上哲浩（2009）「科学としてのマーケティング，そしてマーケティングROI」『季刊・マーケティング・ジャーナル』（日本マーケティング協会誌），Vol. 28, No. 3, pp.2-3。

(12)　桜井英治（2009）『室町人の精神』（日本の歴史12），講談社学術文庫，pp.243-246。

(13)　村井章介（2013）『増補 中世日本の内と外』，ちくま学芸文庫。

(14)　舘野和己（2001）『古代都市平城京の世界』，日本史リブレット7，山川出版社，p.55。

(15)　笹本正治（2002）「めぐり歩く商人―利益を求めての旅―」『異郷を結ぶ商人と職人』，中央公論新社，pp.87-125。

(16)　豊田武（1982）『座の研究』，吉川弘文館。

(17)　網野善彦（2007）『海民と日本社会』，新人物往来社。

(18)　網野善彦（2008）『日本の歴史をよみなおす（全）』，ちくま学芸文庫，p.279。

(19)　（対談）堺屋太一・磯田道史・小和田哲男・本郷和人（2008）「織田信長・

改革と破壊と」『文藝春秋』，2008年5月号，pp.260-279。

(20) 宮崎市定（2006）「中国商人気質」『中国文明論集』（礪波 護編），（本論文の初出は1960年），岩波文庫，pp.353-358。

(21) 三谷一馬（2008）『江戸商売図絵』，中公文庫。

(22) 独立行政法人 労働政策研究・研究機構『職業分類表』。

(23) オッカムの剃刀：説明はシンプルを良しとするの意。

(24) 「問題起きて対処もう通じず：ザッカーバーグ氏に聞く」『日本経済新聞』（電子版），2019年9月26日，2:30。

(25) 井原西鶴（1692）「奈良の庭竈」『世間胸算用』巻四の二。

(26) 黒田重雄（2013）「マーケティングを学問にする際の人間概念についての一考察―マーケティング・マンの倫理観・道徳観を考える―」『経営論集』（北海学園大学経営学部紀要），第11巻第2号（2013年9月），pp.95-116。

(27) 黒田重雄（2015）「マーケティングと宗教」『経営論集』（北海学園大学経営学部紀要），第13巻第3号（2015年12月），pp.227-240。

(28) 広瀬文乃（2008）「ビジネス哲学」『一橋ビジネスレビュー』，SPR.，pp.164-165。

(29) 野中郁次郎・竹内弘高（1996）『知識創造企業』（梅本勝博訳），東洋経済新報社。

(30) 黒田重雄（2019）「マーケティング学から見た日本とフランスの経営者の倫理観の相違について」『経営論集』（北海学園大学経営学部紀要），第16巻第4号（2019年3月），pp.61-82。

(31) 宇沢弘文（2017）『人間の経済』，新潮新書，pp.17-18。

(32) Bower, Joseph L., Herman B. Leonard and Lynn S. Paine（2011），*Capitalism at Risk : Rethinking the Role of Business,* Harvard Business Review Press, Massachusetts.（峯村利哉訳（2013）『ハーバードが教える・10年後に生き残る会社，消える会社』，徳間書店）。

(33) Heilbroner, Robert（1976），*Business Civilization in Decline,* W.W. Norton & Co. Inc.（宮川公男訳（2006）『企業文明の没落』，麗澤大学出版会）。

(34) Rust, Roland T.（2006），（文献（2）に示す）。

(35) 渋井真帆（2008）「劇的！業績改善ストーリー ザ・ゴール」『大人のたしなみ・ビジネス理論一夜漬け講座』，第2章所収，宝島社，pp.39-60。

(36) Sandel, Michael J.（2009），*Justice: What's the Right Thing to Do?,* International Creative Management, Inc.（鬼澤 忍訳（2013）『これからの「正義の」の話をしよう―いまを生き延びるための哲学―』，ハヤカワ文庫）。

(37) Rawls, John（1971），*A Theory of Justice,* Harvard University Press.（川本隆史他訳（2010）『正義論』，紀伊國屋書店）。

(38) 中江藤樹：

内村鑑三（2006）『代表的日本人』（鈴木範久訳），岩波文庫（ワイド版）。
　　内村鑑三（1861-1930）は，「代表的日本人」として西郷隆盛・上杉鷹
　　山・二宮尊徳・中江藤樹・日蓮の５人をあげ，その生涯を叙述する。
四　　中江藤樹－村の先生
　　　"学者"とは，徳によって与えられる名であって，学識によるのでは
　　ない。学識は学才であって，生れつきその才能をもつ人が，学者にな
　　ることは困難ではない。しかし，いかに学識に秀でていても，徳を欠
　　くなら学者ではない。学識があるだけではただの人である。
　　　無学の人でも徳を備えた人は，ただの人ではない。学識はないが学
　　者であると，徳の大切さを説いた。（注：太字は筆者）

(39) "A Vision for Innovation, Growth, and Quality Jobs, FDCH Regulatory
　　 Intelligence Database, Sept 21, 2009."

　　　アメリカ大統領バラク・オバマが大学の講演会で，「これからは，シュン
　　ペーターの「創造的破壊」が重要だ」と述べたということ。

(40) Walzer, Michael（2006），*Just and Unjust Wars: A Moral Argument with
　　 Historical Illustrations*, Basic Books.（萩原能久監訳（2008）『正しい戦争と
　　 不正な戦争』，風行社）。
(41) 黒田重雄（2012）「"マーケティングの定義"に関する日米比較のポイント」
　　 『経営論集』（北海学園大学経営学部紀要），第９巻第３・４号（2012年３月），
　　 pp.27-49。
(42) 阿部謹也（2006）『ヨーロッパを見る視角』，岩波書店。
(43) 近江商人の「三方よし」の原理（ウイキペディア）

　　　近江商人の思想・行動哲学：三方よし「売り手よし，買い手よし，世間
　　よし」売り手の都合だけで商いをするのではなく，買い手が心の底から満
　　足し，さらに商いを通じて地域社会の発展や福利の増進に貢献しなければ
　　ならない。
　　　三方良しの理念が確認できる最古の史料は，1754年に神崎郡石場寺村
　　（現在の東近江市五個荘石馬寺町）の中村治兵衛が書き残した家訓であると
　　される。ただし，「三方良し」は戦後の研究者が分かりやすく標語化したも
　　のであり，昭和以前に「三方良し」という用語は存在しなかった。（注：太
　　字は筆者）

(44)「特集・稲盛経営—解剖—」『週刊・ダイヤモンド』，2013年6月22日号，pp.28-33。

(45) 稲盛和夫（2012）『稲盛和夫の実学—経営と会計—』，日本経済新聞出版社，pp.21-22。

(46) YKKホームページ（公式サイト）；http://www.ykk.co.jp/japanese/（確認日：2020年5月17日）。

(47) 末永國紀（2011）『近江商人 三方よし経営に学ぶ』，ミネルヴァ書房。

(48) 松下幸之助（1978）『実践経営哲学』，PHP。

(49) 高原豪久「7つの「言うは易し，行うは難し」」『日本経済新聞』（電子版），2013. 6. 27。

(50) 赤の女王仮説：

　　レッドクィーンは，英国の小説家ルイス・キャロルの著書「鏡の国のアリス」の登場人物である。ストーリの中で，鏡の国に迷い込んだ主人公のアリスが，懸命に走れども周りの景色が一向に変わらない状況を，一緒に走っていたレッドクィーンに尋ねると，「この国では，同じ場所にとどまりたいのなら走り続けなければならない，どこか別の場所に行きたいのなら，今の2倍の速さで走らなければならない」とアリスに答える。これを，経営行動に応用する仮説。

(51) 井原西鶴（1686）『日本永代蔵　巻一』

(52) Kelly, Kevin (2016), *The Inevitable: Understanding the 12 Technological Forces that will Shape our Future.*（服部 桂訳（2016）『〈インターネット〉の次に来るもの—未来を決める12の法則—』，NHK出版）。

　　本書に書かれている展望は，今後の問題点もカバーしているものの，未来についてかなり楽観的な見方をしている。これからのネットが開く世界は前向きな話ばかりではなく，ウィキリークスや炎上事件などに象徴される旧体制や社会との確執や，プライバシー，セキュリティーなどの新たな問題の火種も含んでいる。欧米では，ネット社会の未来について，世界中の利用者のデータや仕事を収奪する新たな植民地主義だと懸念する声も聞かれる。デジタルの可能性に期待を寄せるアメリカの読者の中にも，いくぶん戸惑う意見があることも確かだ。しかしケヴィン—ケリーは長年の経験から，悪いことより良いことが僅かに上回っており，こうした世界を理解することでより良く未来に対処できると信じている。物事を遠くから観察するだけでその善悪を断罪したり抗ったりするのではなく，まず虚心坦懐にその姿を受け入れて理解することこそ，問題に立ち向かう最良の生き方であることを彼は理解している。東洋を深く愛する彼だからこそ持てる

　視点であり，それはまるで禅の高僧の言葉のようだ。有名なパーソナルーコンピューターの命名者でもあるアラン・ケイが言ったように，「未来は予測するものではなく発明するもの」であるなら，本書が述べるように「最高にカッコいいものはまだ発明されていない。今日こそが本当に，広く開かれたフロンティアなのだ。……人間の歴史の中で，これほど始めるのに最高のときはない」と考えることで，われわれは誰もが同じスタート地点に立って，この混迷した時代にきちんと前を向いて未来を変えていくことができるのではないだろうかと思う。

(53) 沼上 幹（2000）『行為の経営学』，白桃書房。
(54) 楠木 建（2010）『ストーリーとしての競争戦略―優れた戦略の条件―』，東洋経済新報社。
(55) Porter, M. E. (1980), *Competitive Strategy*, Macmillan Publishing Co. Inc.（土岐 坤・服部照夫等訳（1995）『競争の戦略』，ダイヤモンド社）。
(56) 楠木 建（2010）（文献（54）に示す）。
(57) 宇沢弘文（2002）『ヴェブレン』，岩波書店。

　　経済学についていえば，人間の経済的行動を規定する，歴史的，文化的，法律的，社会的な制度的諸条件にかんする前提条件について，古典派の経済学はともすれば，自然法的なかたちでアプリオリに決められると考えてきた。それに対して，進化論的経済学は，これらの諸制度が，経済的，社会的条件の変化によって，どのようなかたちで，進化してゆくかということを分析の対象として，それにふさわしい分析的方法を用意しなければならない。
　　進化論的科学と前進化論的科学との間に存在するもっとも大きな差違はこのように，形而上学的な性格にある。さまざまな事実をどのような理論的枠組みのなかで整理して，分析するかという点にこの差違が存在していると，ヴェブレンは主張したのであった。このような理論的枠組みは，事実の生起にかんする因果関係について，制度的な諸条件との関連において，分析，解明することができるものでなければならない。

(58) Kotler, P. (2000), *Marketing Management*, The Millennium Edition. Prentice-Hall, Inc.
(59) McCarthy, E.J. (1960), *Basic Marketing: A Managerial Approach*, Home-wood, Irwin.
(60) Frey, A.W. (1961), *Advertising*, 3rd Edition, Ronald Press.
(61) Ward, G.K. (1986), *Mark My Words*.（城山三郎訳（1987）『ビジネスマンの父より息子への 30 通の手紙』，新潮社）。

(62) 中谷宇吉郎（1958）『科学の方法』，岩波新書。

(63) 大塚久雄（1966）『社会科学の方法—ヴェーバーとマルクス』，岩波新書。

(64) Peter, J. Paul and Jerry C. Olson (1983), "Is Science Marketing?", *Journal of Marketing*, Fall (1983), Vol. 47 Issue 4, pp.111-125.

(65) 石井淳蔵（1993）『マーケティングの神話』，日本経済新聞社。

(66) 池内 了（2012）『科学と人間の不協和音』，角川 ONE テーマ 21, pp.6-13.

科学者の誕生

　サイエンティストという言葉が造られたのは 1840 年代であった。それまでは，もっぱら自然を対象にして理論的に考察したり，観察や実験を通して自然が隠し持つ法則を明らかにしようという（物好きな）人々が，古代ギリシャ以来「自然哲学者」と呼ばれてきた。

　「自然は神が書いたもう一つの書物」として，自然の営みを考察し哲学することに終始していたのだ。近代科学を創始したガリレオもデカルトもニュートンも自然哲学者であり，その伝統はなお 1860 年代のダーウィンにまで続いてきた。しかし，産業革命を経て，それまで経験知や暗黙知によって試行錯誤で進められてきた技術の開発に，その根源的な原理や法則を明らかにしてより有効な技術開発を可能にする科学の方法が導入され，科学の有力さが見直されることになった。科学は無機的自然に対する抽象的で普遍的な一般論でありながら，具体的で特殊な現実に対しても効力を発揮することがわかってきたのである。ニュートンが集大成して定式化した力学，産業革命の起因となった熱機関に関わる熱力学，電気と磁気を結びつけた電磁気学など，極めて基礎的な科学の研究が膨大な応用領域を開拓する基点となった。好奇心のみから発した科学研究であったのだが，社会に大きな影響を及ぼす力を秘めていることが認識されるようになったのだ。こうして，もっぱら科学研究を行って給料を得る「科学者」と呼ばれる社会階層が増え，サイエンティストという新造語が考え出されたのである。

(67) 池内 了（2012）『同上書』，pp.202-205。

(68) 今野 浩（2013）「マグニチュード 10 の大天才」『現代思想』，第 41 巻第 10 号（2013 年 8 月臨時増刊号），pp.60-71。

(69) 中尾麻伊香（2013）「ノイマン博士の異常な愛情，またはマッド・サイエンティストの夢と現実」『現代思想』，第 41 巻第 10 号（2013 年 8 月臨時増刊号），pp.226-238。

　ノイマンは原爆開発に関わっている。原爆を京都に落とすべしといった，という。また，その一方，天皇の居住地に落とすことには反対している。さらに，ソ連よりも先に原爆を使った方が，ゲームの理論に叶っていると

言ったことも紹介している。ノイマンは原爆開発に関わったことについて
何ら倫理的苦悩を感じなかったといわれる。その点，「彼は倫理ということ
を理解していなかった」と解釈している。その証拠に，ノーベル物理学賞
受賞者のリチャード・ファインマンが，回顧録で，「我々が今生きている世
の中に責任を持つ必要はない，という面白い考え方を僕の頭に吹き込んだ
のがフォン・ノイマンである。このフォン・ノイマンの忠告のおかげで，
僕は"社会的無責任感"を強く感じるようになったのだ。それ以来という
もの，僕はとても幸福な男になってしまった」と述べていることから明ら
かだとしている。

（70）小林秀雄・岡 潔（2010）『人間の建設』，新潮文庫。

マーケティング学への準備

　マーケティングを単独の学問にするにあたって，どういうことをあらかじめ検討しておかねばならないかについて考える。まず，学問とは何かを知っておく必要がある。

　哲学では，人はどこから来てどこへ行くかの問題を考える。これは形而上学として取り扱われている。しかし，形而下である現実では，生まれたからには基本的に何らかの仕事をして生きていくための糧を得なければならない。

　この人生にとって最大問題の１つである自己の仕事（ビジネス）をどうするかについての学問的考察はほとんどされていない。「就活の仕方」，「仕事とどう向き合うか」，「働き方」と言った点が主である。「仕事探し」の方は基本的に自分で考えよ，である。

　ともかく，人は生まれたからには，原則働いて自己あるいは家族の生活を維持していかなければならない。そのためまずやらねばならないのは自己のビジネスを探し，決定し，実行することである。こうして，世界の 70 億人が各自のビジネスをして，もたれ合って生活を維持していると考えねばならないのである。

　ところで，筆者は，マーケティングを学問にしたいと考えたときに，アメリカ・マーケティングでは難しいと考えるようになっている。学問形成にとって基本的に重要な要素，独自の概念，体系化，分析方法などに一貫性がないと考えるからである。

　結論を先取りすると，日本における商の歴史を検討するにつけ，日本マーケティングにその可能性を垣間見ることができると判断するにいたっている。

　次いで，マーケティング学が単独の学問であるためには，現行のコア学問と峻別できるものになっていなければならないということから，関連学問（経済学，商学，経営学，心理学）の特性・特徴を見ておかねばならない。さらに，「学際的学問」との関係についても検討する。

　そして，マーケティングという言葉の出自との関係もあり，また，マーケティング学の底流になるであろう「マーケティング・リサーチ」の考え方を明らかにする。

学問とは
（マーケティングが社会科学の要件を満たし，他のコア学問と峻別できる学問となるためには何が必要か）

はじめに

筆者は，「マーケティングは学問に高められるべきもの」と考えている。

日本において，「学問」という言葉は，第1章でも引用した福澤諭吉の『学問のすゝめ』[1]で有名であるが，語源的には，『易経』（中国周代）から出た言葉とされる[2]。

日本では，江戸時代の石田梅岩著『都鄙問答』（1739年）[3]に『孟子』に出てくる言葉を引用して，これが「学問」というものであるとしている。つまり，梅岩の学問は，（孔子の教えを受けたといわれ，性善説をとり，仁義による王道政治を考えていた）孟子の儒学を指している。

マーケティングを学問にするにあたっては，さしあたりどういう問題があるのか。この場合，2つの考察が必要だろう。まず，「学問とは何か」ということ，次いで日本におけるマーケティングの学問化はどうなっているのかということである。

4-1. 学問の定義

『広辞苑』（第6版）によれば，「①勉学すること。武芸などに対して，学芸を修めること。②一定の理論に基づいて体系化された知識と方法」となっている。

マーケティングを学問にする場合は，②が問題となる。確かに②についても，一部の学者・研究者が取り組んでいるが，未だ説得力ある体系性を持ち

えていないように見える。

福澤諭吉が『学問のすすめ』で述べたこと

　日本では，流通論に歴史的考察はある[4][5]。しかし，マーケティングに関してはアメリカの歴史があるだけである。ふと，福沢諭吉の言ったことが，頭に浮かんできた。第2章の参考文献（40）で引用した『学問のすすめ』（初編，明治5年（1872））の一節である[6]。

> 　いま学問する者は何を目的として学問をしているのだろう。
> 　何者にも束縛されない独立」という大義を求め，自由自主の権理を回復する，というのが目的だろう。
> ………………………………………………………………………………
> 　いま，わが国で雇った外国人は，わが国の学者が未熟であるがゆえに，しばらくその代わりをつとめているのである。いま，わが国で外国の機械などを買うのは，わが国の工業のレベルが低いために，しばらく金で用を足しているのである。外国人を雇ったり，機械を買ったりするのに金を使うのは，わが国の学術がまだ西洋におよばないために，日本の財貨を外国へ捨てているということなのである。国のためには惜しむべきことであり，学者の身としては恥じるべきことだ。

　福澤の言葉は，今から150年前に書かれたものである。福澤の先見の明に驚くとともに，筆者としては，マーケティングの現状も，アメリカ・マーケティングの受け入れそのものであると考えている。

4-2. 重要なのは相対化の観点である

　では，日本の学問のどこに問題があるのか。

　英オックスフォード大学ニッサン現代日本研究所に所属した苅谷剛彦（2017）が，第2章の参考文献（39）でも見たように，日英の教育における基本的相違について述べている[7]。比較の視点の違いに気づかされる。マーケティングは，アメリカからのものをそのまま日本の基盤に合わせる工夫のないまま，輸入してしまっている。そこに日本と西欧の間の齟齬が発生する原因がひそんでいると指摘している。また，この苅谷説は，アメリカの

経済システムがキリスト教によって作られているという田島義博説を支持している。

アメリカのビジネスと田島教授説

ビジネスということを端的にあらわすのはアメリカ企業ということになろうが，このアメリカのビジネスの内実に関することで筆者には思い当たることがある。

かつて学習院院長であり流通研究の泰斗であった故田島義博教授は，2005 年の秋に北海学園大学大学院の講義に招かれて「流通経済における哲学と科学」と題して，アメリカのビジネスの厳しさについて語ったことがある。その主旨は以下のようなものであった。

米国のビジネスの厳しさには宗教的な背景がある。1620 年に米国に渡ったメイフラワー号でやってきたのは清教徒ピューリタンであるが，彼等とその子孫はアメリカの伝統を形成する 1 つの大きな要素となっている。現代アメリカ社会には「AS」すなわちアングロサクソンという枠組みは存在しないといわれているが，この要素はたとえばワスプ（WASP）と呼ばれる人たちにも受け継がれている。WASP は，ホワイト・アングロサクソン・プロテスタント（White Anglo-Saxon Protestant）の頭文字をとった略語で，米国での白人のエリート支配層を指す語として造られ，当初は彼らと主に競争関係にあったアイリッシュカトリックにより使われていた。この宗教（カルヴィン主義ないしカルヴィニズムともいう）の言うところは，「神により人間は予め決定されており，人間の意志や努力，善行の有無などで変更することはできない。禁欲的労働（世俗内禁欲）に励むことによって社会に貢献し，この世に神の栄光をあらわすことによって，ようやく自分が救われているという確信を持つことができるようになる」というものである。この宗教は仕事に対して非常に厳しい。休みなく仕事をしてお金を稼がねばならない。いくら稼いでも楽しんだり休んだりしてはいけない。お金が貯まったら，しかるべくところに寄付するか貧しい人に分け与えなければならない。

こうして休みなく仕事をし続けるというのが，「忙しい（busy）」を語源とするビジネス（business）に，とりわけアメリカのビジネスに脈々と流れているのであるが，こういう素地のない日本では，R ドアや M ファンドは 10 年以内に消えていると断言できる。

　日本の流通企業にも「絶えず動くこと」と「（仕事の）厳しさ」の姿勢が必要という話であった。確かに，日本ではその直後に事態は教授の予想通り推移したし，一方，アメリカでは現在でも一代で築いた大資産家の多額の寄付（donation）のニュースが頻繁に流れてくる（たとえば，マイクロソフト社のビルゲイツなど）。いずれも田島説を裏付けていると感じている。

　結論的に，筆者としては，苅谷説が，「日本にもマーケティングはあったのか，あったとすれば，それはいつごろか，また，その本質は何であったのか」を検討する必要性の指摘である，と考えている。

4-3. マーケティングを学問にできるか

　今日使われている「マーケティング」が単独の学問になっていないことはマーケティング研究者の間でも比較的多い思われる[8]。また一方で，マーケティングは「商学」ないし「経営学」の範疇に入ると考える人たちもいることは筆者も承知している[9]。筆者も，単独の学問になっていないと考える1人である。

　実際，「○○マーケティング」は氾濫しており，それぞれに有効効果を前面に打ち出している。しかしながら，それらには，ある「××マーケティング」がなぜ（もっとも）よいのかの根拠を示せない（ただし，アメリカではやっている），とか，それと「△△マーケティング」とがどう違うか，どちらがどれだけよいのかを比較検討する材料がない，という問題にぶつかっている。とにかく「××」と「△△」を試してみなければ分からないということで紹介されている感がある。そうした比較検討を可能にするにはどうするか。寄って立つ論拠を示すことであろう。

　かつて，日本初の経営学博士（神戸大学）で，昭和43年に日本経営診断学会を設立した平井泰太郎（1967）は，当時盛んになりつつあった「マーケティング」について語ったことがある[10]。

　　　各国にはそれぞれ特異性があるから，一律に論ずる訳にもいかない。しかし，他方から考えれば，地球はだんだんと小さくなった。交通革命及び情報革命の結果，新しき事象は刻々に進展しつつある。したがって，国際

性もはなはだ進展しつつある。そこで前に論じた個別性と共に国際性を含めた一般性をも考慮しなければならない。そこで，ここに考えられるのは，「取引の領域性」および「各領域の発展段階的性格」の問題である。なお，この領域は産業別に生じ，地域別に生じ，関係者の人的相違において生ずるのである。経営学の最近の発展から論ずれば，意思経済様相，特に *decision making* の主体およびその発現形態が関係するのである。

　日本的マーケティングを考える場合に，これらの諸点を注意する必要があるのである。もしこれらの近時の学問的進展を考えないでこれをとりあげれば，恐らくは，常識論となるか，または，恐らくは世界の進展を心得ざる「田舎学問」となり終るであろう。日本の経済及び産業も相当高度に進展してきておる。もはや，かつての「先進国」の域に達しておる。しかも上位の数国の域に達しておる。学問研究のみいつまでも翻訳的模倣の段階では「現実」の解明をなし難くなるであろう。

　　（筆者注：この論文以来，50年を経過しているが，マーケティングについての平井の指摘に合った回答が出てきているとは言い難い状況にある）

　マーケティングは学問として体系化できるのであろうか。筆者も，長い間大学や大学院で，「マーケティング」関連科目（マーケティング，マーケティング・リサーチ，消費者行動論，マーケティング特殊講義，マーケティング戦略論特論等々）を担当してきた身であってみれば，できればマーケティングが学問（discipline）であったらという希望を持ってきた。

　かつて，筆者は，それまで理論経済学や数理統計学を研究したり，講義したりしていたが，急遽マーケティングを担当しなければならなくなり，はじめのころは著名な文献を（できる限り）読みあさるようにして，「マーケティング」を理解しようとしていた。

　そこで感じたのは，ほとんどの場合，経済学の用語で埋め尽くされていることであった[11]。これはどうしたことかと疑問に思っていたが，後に，コトラーは，経済学の範疇で研究していると明確に述べていることが分かってその疑問が氷解している。筆者は，こうしたアメリカの著名な研究者とは一線を画して，マーケティングを独立の学問にしたいと考えるようになっている。しかしながら，マーケティングを学問にするためには，いくつかの困難な問題がクリヤーされる必要があるということも分ってきた。

　また，具体的に学問形成を行うに当たっては，社会学者富永健一の著書
『社会学講義』を基本に取り上げ検討してみている[12]。その結果，マーケ
ティング学では，独自の概念，定義，体系化，方法論などの一体的考察が欠
かせないことが浮かび上がったのである[13]~[16]。

4-4.「学問」について検討してきた文献

　筆者としては，「学問」について語ったものとして，デカルト（Descartes,
René）の『方法序説』（1637 年）[17]，ヴィーコ（Vico, Giambattista）の
『学問の方法』（1709 年）[18]，ウェーバー（Weber, Max）の『職業として
の学問』（1919 年）[19]を取り上げている。

　「マーケティング」そのものの責任ではない，それを用いるものが悪いの
だということもできる。しかし，そうとも言えない状況になってきている。
きちんと説明しなければならない。しかし，そうするための，学問化が進ん
でいないのである。

　マーケティングは，学問にする必要がない，とも言われる。しかしながら，
人間が生きて行く上で欠かせないと思われる部分（どういう仕事をするか：
自己のビジネスの決定）を取り扱っている，いわゆるマーケティングのコア
の部分は，学問にしなければならないと筆者は考えている。

　さまざまなマーケティング現象や現行の多種多様のマーケティング理論と
見られるものを，学問としての立場から，どのような統一的解釈が可能かを
考えてみたいということである。

社会科学の方法論といえば，ウェーバーである

　日本の歴史の中でも，数多くの職業が現われている。消えて行ったものも
あれば，新しく生まれたものもある。あのウエーバーも，『職業としての学
問』の中で，職業をしっかりこなすことが重要だと述べている。学問をする
ものも１つの職業である。それに専念すべきだ。学問に従事できなかった
ものも，別の職業で一生懸命尽くした方がよい，と警告している。

　ウェーバーは，『職業としての学問』（1919 年に行った講演録）の中で次

のように語っている。

> 　ところで，人は近ごろよく「無前提な」学問ということばを口にする。
> だが，いったいそんなものがあるであろうか。このばあい問題となるのは，
> ここにいう「前提」が何を意味するかということである。もとより，論理
> や方法論上の諸規則の妥当性，つまりわれわれが世界について知る上の一
> 般的諸原則がもつ妥当性は，すべての学問的研究においてつねに前提され
> ている。だが，このような前提は，すくなくとも当面の問題にとっては，
> なんら議論を要しない。
>
> 　ところが，一般に学問的研究はさらにこういうことをも前提する。そこ
> から出てくる結果がなにか「知るに値する」という意味で重要な事柄であ
> る，という前提がそれである。そして，明らかにこの前提のうちにこそわ
> れわれの全問題はひそんでいるのである。
>
> 　なぜなら，ある研究の成果が重要であるかどうかは，学問上の手段によっ
> ては論証し得ないからである。それはただ，人々が各自その生活上の究極
> の立場からその研究の成果がもつ究極の意味を拒否するか，あるいは承認
> するかによって，解釈されうるだけである。

　ここで，筆者は，ウェーバーは，学問は価値論を避けねばならないが，
個々人が価値観を持つことは否定していない，と考えている。

　自己の価値観を持つことは必要である。行動を起こさねばならないときは，
社会科学が言うところのものを参照し（選び取って），それを情報の１つと
して（拠り所として）自己の行動を決定していく，つまり，社会科学は，自
己の行動を（自己の価値観と照らし合わせながら）実現して行くための拠り
所ということにほかならない。

筆者がウェーバーから学んだこと：

　ウェーバーには，マーケティングを学問にしてみたいとする筆者にとって
きわめて重要と考えられる問題の指摘がいくつものあるように思われる。

① 　学問の領域で「個性」を持つのは，その個性ではなくて，その仕事に
　　仕える人のみである　　→　訳本 p.27

② 　学者の仕事は芸術家のそれとまったく違った運命のもとにおかれてい
　　る。というのは，それはつねに進歩すべく運命づけられているのであ
　　る。　　→　訳本 p.29

③　われわれは学問および学問に裏づけられた技術による主知主義的合理
化が，実際にはどのようなことを意味するか明らかにしよう。……つま
り，それを欲しさえすれば，どんなことでもつねに学び知ることができ
るということ，したがってそこには何か神秘的な，予測しえない力がは
たらいている道理がないということ，むしろすべての事柄は原則と予測
によって意のままになるということ，一このことを知っている，あるい
は信じているというのが，主知化しまた合理化しているということの意
味なのである。→　訳本，pp.32-33

4-5.　マーケティング学を考える

　マーケティングは，よもや自然科学ではないだろうが，社会科学の範疇に
入ると言えるかどうか。この問題の解答には，大塚久雄（1967）の研究が
参照される[20]。大塚は，なぜ木曜日に人通りが多いかという問題に対して
木曜日にはサッカーの試合があるからといったように，「意味理解が成立す
る」ことが社会科学を成立させる根拠だと述べたのである。

　そうした考えの下，筆者は，これまで「日本のマーケティング」を探って
きている。また，それとの延長線上で，「マーケティング学」の形成も考察
してきている。マーケティングを学問にするべく論文テーマ，「日本のマー
ケティングとマーケティング学について―近江商人と石田梅岩『都鄙問答』
から考察する―」を書いたのがそれである[21]。

　そこでは，日本のマーケティングは，鎌倉・室町期に始まっていること
（日本の中世期においては国際貿易も活発化し競争も激化した爛熟の商業界
であった。同様の状況によって19世紀前半に生まれたアメリカ・マーケ
ティングより約400年は早い），また「マーケティング学」は，江戸初期に
出た石田梅岩の『都鄙問答』（1739年）が嚆矢になるのではないかという
こと，などを考察した[22]。

　また，筆者は，「日本のマーケティング」を考える上で，商（ビジネス）
における歴史上の1つのエポックとして日本の中世期，とりわけ室町時代
があるが，もう少し室町期の商（ないし，マーケティング）をふくらませて

みたいという意図のもとに書いたものも公表している[23]。

社会学における富永説

　たとえば,「社会学」の学問的体系化を目指した富永健一 (1999) では,体系における 3 つの下位部門が扱われている[24]。

　すなわち,社会学の「定義」,「研究対象」,「研究諸部門」である。つまり,この 3 つが一緒になって社会学が学問として成立すると考えられている (以下,これを富永説と呼ぶ)。また,「研究諸部門」には,「理論社会学」(ミクロ・マクロ理論),「領域社会学」(内包的領域社会学,外延的領域社会学),「経験社会学」(社会調査とデータ解析 [計量社会学] からなり,過去を扱う経験社会学を [社会史] とし,規範的認識にかかわる経験社会学を [社会政策] とする) が内包されている。

　「マーケティング」が学問であるためには,富永説にしたがえば,企業行動に関するいろいろな事項を収集して,そこから「定義」,「研究対象」,「研究諸部門」を考えねばならないことが示唆される。

　たとえば,**研究諸部門**としては,

「理論マーケティング学」:ミクロ理論:マクロ理論:行為理論　目的合理的行為,(ホモ・ソシオロジクス)。

「領域マーケティング学」:内包的領域マーケティング学:外延的領域マーケティング学。

「経験マーケティング学」:マーケティング・リサーチとデータ解析 (計量マーケティング学) からなるものとする。過去を扱う経験マーケティング学を「マーケティング史」とし,規範的認識にかかわる経験マーケティング学を「マーケティング政策」とする。

となる。

　富永説では,「経験」—あるいは「実証」といってよい—とは,1 次資料の獲得活動としての社会調査 (social research) を行ってデータを作成する研究活動と,それらのデータを解析することによってデータの中から一般化を引き出す研究活動,との 2 つをさしている。

　また,社会調査は大きく分けて 2 つ。(a) 個性的記述的研究,(b) 法則

定立的研究（仮説命題の検証を通じての一般化に指向するタイプの研究，統計的調査を行うことから社会統計学と呼ばれる）。

　また，理論社会学の科学理論に関して「経験主義・実証主義」の立場をとっている（＝富永説の「科学性」の見解）。

　以上のように，「定義」だけでは学問形成とはいかないということである。独自の概念，定義，体系化，方法論等がクリヤーされる必要がある。以下においてそれぞれ検討し，しかる後に「マーケティング学」の展望を試みる。

　再び『広辞苑』によると，「体系」とは，「①個々別々のものを統一した組織。そのものを構成する各部分を系統的に統一した全体。②一定の原理によって組織された知識の統一的全体。―【体系的】組織的。統一的。システマチック。」である。

　また，「科学」とは，「①世界の一部分を対象領域とする経験的に論証できる系統的な合理的認識。研究の対象または方法によって種々に分類される（自然科学と社会科学，自然科学と精神科学，自然科学と文化科学など）。通常は哲学とは区別されるが，哲学も科学と同様な確実性を持つべきだという考えから，科学的哲学とか，哲学的科学とかいう用法もある。②狭義では自然科学と同義。―【科学革命】17世紀の西欧に起った近代力学と物理法則概念の形成を中心とした世界像の変革。転じて，社会的影響の大きい科学上の進展。」と書かれている。

　こうした点に配慮した「マーケティング」の学問的体系化の方は現在どうなっているのであろうか。現時点では，十分整っている状況にないと言わざるをえない。筆者の見るところ，それぞれの状況に応じた理論化に止まっているに過ぎない。

　しかし，それには，それなりの理由もある。

　まず第一に，マーケティングは，実務を援用するための用具である，と考えるところからきている。これは，マーケティングは，「実務」か「学問」か，との問い掛けがあったときには，前者と答える方に属する。

　この場合，マーケティングの理論は，当面の問題に対する「道しるべ」を指し示すものとなる。マーケティングが生まれた当初のプラグマティックな考え方をする場合に相当する。すなわち，ある企業に発生した問題に対して，

かつて，どこそこの企業はどういう戦略でどう解決していったかというケース・スタディ（事例研究）を参照する，また，誰それ（学識者，コンサルタント）が，それに対して，どんな考え方で臨むべきと言ったか，などが検討され，場合によっては，それに基づき，早速，実行（実践）に移される。

　マーケティングが，きわめて実践的理論として受け入れられているのは，このためである。

　第二に，学問にまで高めたいと考えているが，未だその途上にあるとするものである。対象となる「市場に向けた企業行動」が時々刻々変化しているということである。マーケティングの場合，方法論して，帰納法を採用する〈特殊から一般へ〉。つまり，ある問題に対して，多くの行動結果を集め，分析し，一定の法則を見出し，最終的に「何々についての理論」として提起する方式である。これに対し，経済学では，基本的に演繹法を採用している〈一般から特殊へ〉。

　理論研究者の多くは，この（ある問題に対して）行動結果を収集するところで，いくら集めても足りないと感じるか，また，ある行動が無脈絡に出現していて，どう理解してよいか捉まえられない行動結果が頻繁に出現していると感じている。理論化もままならない状況にあると言った方がよいかもしれない。体系化を指向している研究者でも，それを完成させるのは，まだまだ先のことであると感じているといったところである。

　ここで「マーケティング学」の定立との関係で注意されねばならないのは，「定義」が定まっても，それだけで学問として成立したことにはならないということである。

4-6.　マーケティングの科学はいかにあるべきか－予測が第一である－

　仮に，マーケティングが科学とした場合であっても，あくまでも「こうなっている（らしい）」ということであり，「こうすべきである」ということは言えない。科学と価値判断は別物である。価値判断には哲学が必要なのである。意思決定は，企業のトップによってなされる，委ねられることになる。価値判断するのは企業のトップであり，学問としてのマーケティングからは

出てこない。

　ここで明らかにしておかねばならないのは，マーケティングとは，「仕事（ビジネス）」を探すことであり，そのため「予測」が第一であるということであり，予測の科学が求められるということである。マーケティングは「予測の方法」を求めている。これは，人類が予測しながら生きながれてきたことと関連している。

　人類最初の文明は，メソポタミヤ地方に発生したと言われている。このことは，大河の氾濫と関係していて，エジプト文明におけるナイル川とメソポタミヤ文明のチグリス・ユーフラティス川の氾濫の違いに起因している。川が，定期的に氾濫して農業が毎年のように成立したエジプトと川による不定期の氾濫で毎年の農業が不成立であったため「遠距離交易」を活発化させることになったメソポタミヤ地方の違いを生んだ結果であった。

4-7. 結語

　マーケティング学は，社会科学の一員である。マーケティングを学問にするにあたっては，科学性を重視すること，「予測」が第一であること，そして「相対化の視点」が重要であることである。

●第4章の注と参考文献

(1) 福澤諭吉（1948）『学問のすゝめ』，岩波文庫。
(2)『易経』（上）（高田真治・後藤基己訳，2016年），岩波文庫，pp.93-95。
(3) 石田梅岩（1739）『都鄙問答』（足立栗園校訂（1999），岩波文庫，pp.9-10）。
(4) 佐藤肇（1974）『日本の流通機構―流通問題分析の基礎―』，有斐閣大学双書。
(5) 吉野洋太郎著（小池澄男訳）（1976）『日本のマーケティング―適応と革新』，ダイヤモンド社。
(6) 福澤諭吉（齋藤孝訳）（2015）『現代語訳　学問のすすめ』，ちくま新書。

　　〈第2章・参考文献（40）の続き〉：
　　　むかしは，世の中の物事は古いしきたりに縛られて，志のある人間であっても，望みに値する目的がなかった。しかし，いまは違う。古い制限が一掃されてからは，まるで学者のために新世界が開かれたかのように，日本

　　中で活躍の場にならないところはない。農民となり，商人となり，学者となり，官吏となり，本を書き，新聞を出し，法律を講義し，芸術を学ぶことができる。工業も興せる。議院も開ける。ありとあらゆる事業で行えないものはない。しかも，この事業は，国内の仲間と争うものではない。その知恵で戦う相手は，外国人なのである。この知の戦いで勝てば，それはわが国の地位を高くすることになる。これに負ければ，その地位を落とすことになる。大きな望みがあり，しかも目的もはっきりしているではないか。

　　もちろん，天下の事を実際に行うには，優先順位や緩急をつけなければならない。とはいえ，結局のところこの国に必要な事業については，それぞれの人々の得意に応じて，いますぐ研究しなくてはならない。かりそめにも社会的な義務の何たるかを知るものは，この時機に接して，この事業をただ見ているだけというような理屈はない。学者も発憤せずにはいられないではないか。

(7)　苅谷剛彦（2017）「オックスフォードから見た「日本」という問題」『中央公論』，2017 年 9 月号，pp.80-88。

(8)　井上哲浩（2009）「科学としてのマーケティング，そしてマーケティングROI」『季刊・マーケティング・ジャーナル』（日本マーケティング協会誌），Vol.28, No.3, pp.2-3。

(9)　たとえば，林周二（『現代の商学』（1999 年），有斐閣）など。

(10)　平井泰太郎（1967）「マーケティング研究の本質及び学問的性格の変転（マーケティングと経営学）」『經營學論集』（日本経営学会），39 巻，pp.121-129。

(11)　黒田重雄（1980）「消費者行動論とマーケティング―理論経済学の応用に関する一考察―」『現代経済学の政策論』（小林好宏，三浦収編），第 1 章所収，新評論。

(12)　富永健一（1999）『社会学講義 ―人と社会の学―』，中公新書。

(13)　黒田重雄（2013）「マーケティングを学問にする一考察」『経営論集』（北海学園大学経営学部紀要），第 10 巻第 4 号（経営学部 10 周年記念号），2013 年 3 月，pp.101-138。

(14)　黒田重雄（2013）「マーケティングを学問にする際の人間概念についての一考察―マーケティング・マンの倫理観・道徳観を考える―」『経営論集』（北海学園大学経営学部紀要），第 11 巻第 2 号（2013 年 9 月），pp.95-116。

(15)　黒田重雄（2014）「マーケティング学の試み：草稿」『経営論集』（北海学園大学経営学部紀要），第 12 巻第 3 号（2014 年 12 月），pp.1-92。

(16)　黒田重雄（2016）「マーケティング学の学問的性格について」『マーケティング・フロンティア・ジャーナル（MFJ)』（北方マーケティング研究会誌），第 7 号（2016 年 12 月），pp.1-10。

(17) Descartes, René（1637），*Discours de la méthode.*（谷川多佳子訳（1997）『方法序説』，岩波文庫）。（＝ウイキペディア）

(18) ヴィーコ，G 著（上村忠男・佐々木 力訳）（2013）『学問の方法』，岩波文庫。

(19) Weber, Max（1919），*Wissenschaft als beruf.*（尾高邦雄訳（2010）『職業としての学問』，岩波文庫）。

　　（＊）佐藤俊樹（2016）「ウェーバーの社会学方法論の生成―第 2 回 人文学と自然科学との間で―」『書斎の窓』，No.647（2016 年 9 月号），pp.74–81。

(20) 大塚久雄（1967）『社会科学の方法』，岩波新書。

(21) 黒田重雄（2016）「日本のマーケティングとマーケティング学について―近江商人と石田梅岩『都鄙問答』から考察する―」『経営論集』（北海学園大学経営学部紀要），第 14 巻第 1 号（2016 年 6 月），pp.45-75。

(22) 石田梅岩著・足立栗園校訂（1999）（文献（3）に示す）。

(23) 黒田重雄（2017）「日本のマーケティングは中世期に始まっていた―とくに，室町時代の重商主義の世界を中心にして―」『経営論集』（北海学園大学経営学部紀要），第 15 巻第 1 号（2017 年 6 月），pp.47-73。

(24) 富永健一（1999）『社会学講義―人と社会の学―』，中公新書。

第5章

マーケティングに関連する周辺学問の概観

はじめに

マーケティングを学問（マーケティング学）にするにあたって，まず，マーケティングと関連ある人文社会科学系のコア学問の特徴を明らかにしておく必要がある。

つまり，マーケティングを独自の学問として認知するためには，周辺学問とは原理・原則において区別される必要性があるということである。その点で，経済学，商学，経営学，心理学，学際的学問，などの特性を示しておかねばならない。

マーケティング学が，それらの学問と重ならないこと，つまり，単独の学問であることを示さねばならないからである。

コア学問としては，経済学（5-1），商学・商業学（5-2），経営学（5-3），心理学（消費者行動論）（5-4），学際的学問（5-5），を取り上げる。

5-1. 経済学

マーケティング研究者のコトラーが「私のマーケティングは経済学の範疇にある」と述べたことで，1つの大きな問題は，マーケティングは真に「経済学」の範疇に入るものなのか，はたまた「商学」や「経営学」の範疇に入るものなのかが問われることになった[1]。

これまでの議論で，「商学」では，基本的に商（commerce）における「商人（魂）」の行動形態やその結果が問題とされ体系化がなされている。ま

た，日本の経営学では「事業経営や経営管理化」の問題が前提される形で体系化が指向されている。また，マーケティングは，ビジネスにとって最も基本的な「事業化や製品化」を中心テーマとしている。

　では，マーケティングは，経済学の中でどういう役割を果たすことになっているのであろうか。コトラーが，経済学に欠けた部分を補っている，と言うのはどういうことであろうか。経済学では重要な事柄として何をおろそかにしてきたのか，もし，そうした点があれば，それを「マーケティング」概念で補えることができるのであろうか。

経済人を考える

　マーケティング学では，どういう人間概念を採用すべきなのか。現行マーケティングでは，経済学の概念（経済人）が採用されている。経済学の経済人概念については，佐和隆光（2016）が解き明かしている[2]。すなわち，

> 　間欠的に都合4年間，私がアメリカで暮らしてみて気づいたことの1つは，アメリカ社会のコード（仕来たり）の構造と，新古典派経済学の理論との間に認められる鮮やかな相似性であった。つまり，アメリカという国の「社会文法」ないし生活作法はみごとなまでに体系化されており，体系化の根底にある「公理系」とでも言うべきものが，新古典派経済学の公理系とまるで双子のようにそっくりなのだ。たとえば，新古典派経済学が想定する「経済人」（ホモ・エコノミクス）の行動規範と，普通のアメリカ人の消費行動の規範はみごとなまでに一致符合する。経済人とは「所与の所得制約のもとで，自分の効用を最大化するよう消費行動する合理的個人」を意味する。

　つまり，企業に利潤極大仮説や合理的行動仮説などを設定し，ある行動の結果を演繹的に説明しようとするものである。これは，あまり複雑な仮説を置くと解けないということもある。

　しかしながら，これは，経済学者のアマティア・セン（Amartya Sen）が，「合理的愚か者」（rational fool）[3]，数学者で作家の藤原正彦が，「論理的馬鹿」（logical idiot）[4]と呼んだものにほかならない。

　一般に，人は，他人を思いやる気持ちがなければ，自分はこの世で生きて行けないと考える。そもそも，人間は，この世で生きて行くためには，何ら

かの仕事をしなければならないが，そのためには思いやりの気持ちが最も大切である。絶えず，周囲に気を配りながら自己の仕事をする必要がある。しかし，自己の出来上がった作品（サービスを含む）を他人に購買してもらわなければそれまでの苦労は無に帰することは分かっている。

　人の気持ちも環境も変わるし，それを意識しながら自己の作品を作らなければならない。そこには，やってはいけないこと，人を騙すとかはあってはならない。騙したことが分かれば，この世から弾き飛ばされることも十分承知している。つまり，道徳性も併わせ持っている。人は，すべからく，こうした気性を持って，もたれあいながら生活を営んでいる。他の人を思いやりながら，仕事をしている人々によって世界が構成されている。こうして，人々のもたれあいの中で作られた作品（製品）が，「商品」として世の中（市場）に登場するのである。すなわち，

自己の作ったモノ（サービスを含む）　➡　他の人の購入

　このことは，すべての人に当てはまる。彼らは，あるときは作り手，またあるときは買い手となって立ち現れる。そもそも，一人の人間は，企業家であり消費者であり，政治家であり，宗教家であり，芸術家である，という多面性を有した存在である。この現代人の多面性と統一性については，木村尚三郎（1993）が「さまざまな顔をもつ現代人」として述べているものである[5]。

　　　すなわち，一人の人間は，同時にいくつもの場に身を置き，それぞれの場に規制されつつ自己を表出しておりながら，そのひとつひとつの場が，社会全体のうちにどのような位置・役割・意義を有しているか，変化する社会全体のなかでどのような関数をとって変動しつつあるのか，あるいはこれらの場が相互にどのような関連性を有しているのかを，有機的，統一的にとらえ，理解することができない。
　　　　　　　　　　　　　　　　　　　　　　　　　　　　　　　
　　　複数人格に生きねばならぬ現代人が自己の真の統一的実像をうる方法は，ただひとつしかない。それは彼が立脚している複数の場をみずから斉合的に位置づけ，みずからのうちに世界をとり込み，これを主体的に再構成す

るととだけである。そのための精神的苦闘を通して，現代人の虚像は，はじめて内実ゆたかな実像へと創造的に転化され，現代における客観性を取得する。そしてそれと同時に，過去人の虚像もまた，現代人にとっての実像に転化しよう。

　なぜなら過去人の真実の姿を探ろうとすることは，現代における他人についての探究と同様に，あくまでもこれを通して，自己と現代ないし現代社会との関係を客観化しようとする精神態度であり，窮極的には現代における自己の発見ないし創造につらなっている。あるいは現代世界を，自己を中心として創造的に再構成するため，といってもよい。そしてこれによってはじめて，人は現代における真の自由を取得しうるといえよう。

　なお，この木村の文章には，「ことは変化する」や「それを予測する」ことの重要性についての見解が入っていることを強調しておきたい。

　とにもかくにも，人は，たとえば，企業部分と消費部分（その他も含めて）の内的バランスを取りながら行動している。その場合，特に，他の人が何を欲しているか，何を求めているかを考えて仕事をし，それに基づいて生活している。（人はこのように考え，もたれあいの仕組みの中で行動している），人々は正直に行動しなければならない。そうしなければ，この枠組みから外され，仕事を失い，白らの生活を維持できなくなる。

　マーケティングの人間概念は，一個の統合的存在である。（企業や消費者という分類はない）マーケティングでは，人間概念として，統合的存在を考える必要があるのではないか。

　これは，経済学が想定する「経済的宇宙の二分法」である「企業と消費者」をやめるということである。彼らは，たとえば，経済学の「功利主義的人間」という，生産者と消費者というそれぞれを「権化」とした「経済学の二分法」の人間概念とはまったく違ったものである。

　このような多面性を持った人間を，筆者は，「統合的人間」と呼びたいのである。つまり，佐和（隆光）の言う，「アメリカ社会のコード（仕来たり）が，日本社会のコードと同一ではないだろう。アメリカ社会のコード（仕来たり）の構造（すなわち，新古典派経済学の理論）前提のマーケティングを，日本にそのまま持ってきても，当てはまらないだろう」に近いものになる。

　日本人は，「合理的愚か者」（rational fool）や「論理的馬鹿」（logical

idiot）ではない。少なくとも日本人の伝統の中に，シンパシー（sympathy：他者への思いやり，心配りである。評論家の小林秀雄が，「もののあわれ」と表現したもの）が受け継がれていると考えるからである[6]。

商人が消えている

　理論経済学者の宇沢弘文（2007）が，「経済学が今日のように1つの学問として，その存在が確立されるようになったのは，アダム・スミス（Adam Smith）の『国富論』に始まるといわれている」と述べている[7]。

　しかしながら，筆者としては，当のアダム・スミスが，『国富論』（1776年）であれだけ「商の世界」を描いているのに，以降の経済学者たちの考察対象から「商人」や「企業行動」がほとんど除外されてしまっていると感じている[8]。

　その後，新古典派経済学（主流派経済学ともいう）の旗頭ヒックスがそれまでの研究法の間違いを改め，『経済史の理論』（1969年）で「商人」の重要性を認めたにもかかわらず，今日でも企業そのものの行動は語らない（語りえない）[9][10]。

　その代わり，企業には2つの方向（マクロ経済学，ミクロ経済学）でアプローチしている。1つは，ビジネスが動きやすいような，また羽目を外さないような枠組み（たとえば，資本主義市場経済体制，社会主義市場経済体制，混合経済体制といった）を考えている。これは主として，「比較制度分析」で検討している。

　こうしたサムエルソン（Samuelson, Paul），ヒックスを代表とする新古典派経済学やそれにケインズ（Keynes, John Maynard）経済学を加えた「新古典派総合」説に対し，各種反論が提起されている[11][12]。

　一方，主流派経済学では「市場概念」が特に重視される。それが実際的か抽象的か否かを問わず，あくまである商品の需要と供給が相合って取引を行う「市場」という場（market-place）を中心に据えた学問体系となっている。そしてまた，この市場のパフォーマンスを公正性や効率性に照らしながら，所得再分配等の政策問題を検討するための考え方と理解される。端的には，「分配」のための学問と言えよう。

　したがって，分配される「商品」がどこでどうして生まれたのか，また，どのようにして調達されたかは問われない。つまり，ビジネス（事業）化，商品化，物流の効率化に伴う問題などは全くといってよいほど出てこない。筆者としては，この新しい事業化や新製品化の問題解決の考え方を提供できない点に経済学の欠陥があるのであり，しかしそれこそがマーケティングで取り上げるべき課題なのではないかと考えている。

経済学ですくい忘れたもの

　マーケティングを研究する筆者の立場からみて最近クローズアップしていると感じる経済学者は，アダム・スミスとシュンペーターである[13][14]。前者は，最近の経済状況とのかかわりで，経済学を始祖に立ち返えって吟味するに際して決まって登場する人物であり，後者はオバマ米大統領が演説で引用したイノベーションとのかかわりからである。

　アダム・スミスは，"commerce"（商）を制約する考え方や国の政策である重商主義を批判していた。これが「レッセーフェール」と見なされた。また，需要の法則の説明をするため，個人の効用（欲望の中味を吟味せず）を中心に需要曲線を導き出すことに専念した。この段階で商人が無視され，一般人が理論化の対象となった。さらに，「見えざる手」ということを一般均衡理論へ高めた。結果的に，一連の重商主義政策批判から出ていた論争上にあったアダム・スミスの『国富論』から「経済学」が生まれたとされるが，そこでは，本来論争の争点であった"commerce"（商）や"merchant"（商人）の役割の重要性は消えてしまっていた。

　ヒックスは，経済学に歴史性を持ち出すべきとして，"merchant"（ヒックスでは"trader"）の存在を重視しようとした。しかし，経済学者は無視し続けている。一方で，現代経済学との関係でシュンペーターのイノベーションも登場している。しかしながら，イノベーションを経済学の用具では分析できないと筆者は考えている。

　なぜなら，商人や企業の意識や行動の分析がない，市場概念の不適切性（経済学においては市場が既存製品の"取引の場"という）概念であり，マーケティングでは，市場が「消費者の集合（集団）」であり，したがって，

新製品によって市場は新しく作られるものなのである。このことから，いかなる事業を行うか，新製品を提供して新市場をいかに作り出すかが問われることになる。このため，社会現象や消費者の意識や行動など状況や変化を不断に捉えておかねばならない。その先に新事業や新製品があるのであり，そのことが「イノベーション」であると考えられる。

　総体的ないし代表的商人や企業の行動を前提とする経済学では，どのようにしてこれまでと相違する新事業，新製品，イノベーションを求めるかは研究対象にない。せいぜい政府の財政政策や金融機関の勧奨政策などの間接的環境作り（有力情報として採用）にとどまらざるをえないのである。

　筆者としては，人類が生活の糧を得るため利益（profit）を求める商人（merchant）を中心とする商システム（commercial system）とその中での取引をスムーズにさせる貨幣（money）を発明したことが，これまでの人類史上最も重要なものであったと考えている[15][16]。

　アダム・スミスの言う「個人」は，「商人」（merchant）に対してのものであったと考える。「見えざる手」は，商人の「利潤動機」に導かれての行動が，国家（社会）の利益を考慮していなくても，結果的に国益に叶うように落ち着くのだという内容であった。経済史的には18世紀のアダム・スミスの時代における重商主義政策を批判する考えから発するものであった。

　経済学とマーケティングの関係を研究していると，なんとなく，アダム・スミス，モンテスキューまで遡る。これは18世紀のイギリスやフランスにおける著作である。当時は，"merchant"（商人）や"commerce"（商）の世界が議論の中心におかれていた。18世紀の後半には"commerce"（の言葉）が衰退し，代わって"business"（の言葉）が台頭している。19世紀から20世紀にかけて"business"や"marketing"，"management"の問題が浮上し，それらの研究も盛んになる。一方，アダム・スミスやモンテスキューは，商の重要性を認識していた。しかし，経済学では商人や「商」（商業と工業を含む）は消えている。一般均衡理論などへ傾斜していった。

　以上を総合すると，筆者としては，経済学には2つの大きな問題がクローズアップすると考えている。

　1つは，主流派経済学において社会を動かす原動力であるはずの商人が存

在していないことの問題点は，塩沢等により以前から指摘されていた[17]。経済学の嚆矢とされるアダム・スミスの『国富論』では全編商人を中心とする「商システム」の記述で満たされているというのに，なぜ主流派経済学では消されてしまったのであろうかというわけである。

　しかしその後，主流派経済学の旗頭であるヒックスが，経済学に歴史的考察がなかったことと「merchant（商人）」を導入できなかったことについての反省を試みている。それにもかかわらず，他の経済学者からはほとんど無視されたままの状態で推移してきている。

　一方，この「商人」概念は，19世紀に入って「ビジネス」概念に取って代わられている。それまで"merchant"（個人）でやってきた事業が地域拡大と大量の物資が手に余る状況になって，17世紀初頭にあらわれた"company"（会社組織）化した方が新しい事業展開とって効果的・効率的と考えられる場合が多くなってきたということである。こうして，18世紀末には，"commerce"という言葉も消えたとされている。

　端的に，主流派経済学では，ビジネス（企業）行動が無視されている。理論形成上，個人（平均的・代表的個人）の効用（満足極大化）や個別（あるいは代表的企業）の利得（gain）（売上マイナス費用における極大化）が基本である。「経営学」や「マーケティング」で問題とされるような多様な個人の意識や行動，多種多様な企業行動は問われないのである。

　２つ目は，主流派経済学では「市場概念」が特に重視される。それが実際的か抽象的か否かを問わず，あくまである商品の需要と供給が相合って取引を行う「市場」という場（market-place）を中心に据えた学問体系となっている。つまり，市場のあるべき姿のみに関連している。市場が，具体的に誰と誰とが相対してどのように作られていったものかは一切問わない。市場におけるパフォーマンスだけが問題である。

　そしてまた，この市場のパフォーマンスを公正性や効率性に照らしながら人々の間の所得分配などの政策問題を検討するために活用される。このことから，経済学は，「分配」のための学問と言えるであろう。したがって，分配される「商品」がどこでどうして生まれたのか，また，どのようにして調達されたかは問われない。つまり，ビジネス（事業）化，商品化，物流の効

率化に伴う問題などは全くと言ってよいほど出てこないのである。

　このことは，換言すると，市場概念の狭隘性ということにつながる。つまり，経済学における「市場」は，「ある商品の取引の場」であるが，これはあくまで，商品の売買取引には売り手も買い手も多数存在することを仮定した抽象的な場に過ぎない。

　古の世界では日常生活用品の物々交換は，"イチバ"で行われていたが，その後，本来の交換と言えるようなものは利益の付随する遠距離交易であったし，その担い手は「商人」であった。したがって，商人がいなければ今日のような商やビジネスの発達は望めなかったと言っても過言ではない。ときに商人たちは遠くにある珍しい商品を持って各地の"イチバ"に立ち現れ，そこに刺激を与えていたことはあるであろう。つまり，もともと一対一の相対取引の方が重要なのであった。

　換言すると，「売買取引」や「貿易・交易」という点では，多くの人々を前提とする「取引の場」は，社会的には一部に過ぎない存在であったと言えるのである。この状況把握は，基本的には現在でも変わっていない。多様な取引のあり方を，すべて「経済学的市場」概念に集約してしまうとどうなるか。「新市場や新製品の創造」については語ることはできなくなってしまうのである。つまり，既存市場のこれまでの状況説明だけに終わってしまいかねないのである。

　一方で，経済学では，「市場の質」が問題にされている[18]。もとより，それは重要なことには違いないが，社会を動かす原動力としての「商人」（のちに「企業」に引き継がれる）の存在や行動のあり方が無視されていることの方が大きいのである。

　こうした点，経済学の「市場」概念は，既存市場には当てはまるが，新市場開拓の問題には不向きである。実際，アダム・スミスの『国富論』には企業拡大の一環として「分業」は出てくるが，現代経済学では，その分業を含むビジネスの拡大は出てこない。つまり，1つの事業についての作業工程の分業化の問題は解説される場合があるが，新しい事業の誕生についての展望はないのである。

　シュンペーターのイノベーションの問題を，主流派経済学では解明できそ

うもないというのが筆者の見解である。経済学の「市場概念」にしがみついている限り,「新市場の開拓や新製品の創造」問題の解明へはつながらないであろう。つまり,筆者としては,現代企業にとって最も重要な課題である「新しい事業化や製品化の問題」に対する解決の考え方を提供できないのが,経済学の特性であると見ている。

筆者が,これまでの(主流派)経済学におけるビジネスの取り扱いに関して問題とするのは少なくとも以下の4点である。

(ⅰ) 商人(後に企業)が消えていること。

(ⅱ)「市場」概念の狭隘性があること。

(ⅲ)「欲望」や「利益」についての検討がないこと。

(ⅳ) 個人行動中心であり,「組織行動」(組織を形成したり,解体したり)を無視したこと。

結論として,経済学ではいろいろな抽象化(理論形成)を図ってきているが,この抽象化の過程で,歴史的にも現実的にも重要と考えられてきたことがらがほとんど無視されてしまったことで,将来予測やイノベーションの方向性について語る可能性をなくしていると言えるのではないだろうか。筆者としては,ここにマーケティングが要請される素地があると考えている。その意味で,冒頭にあるコトラーが吐露したことは,何かの間違いであって,むしろ経済学を飛び出さねばならかったと言えるであろう。

5-2. 商学と商業学

マーケティングと商学・商業学とは,一体化しているとの説がある。また,マーケティングは,商学の延長線上にあるとの意見もある。今から約70年前の1951年に設立された,「日本商業学会」の欧文名は,"Japan Society of Marketing & Distribution"であり,その設立趣旨は,「本会は商業の理論的および実証的研究を行い,かつ関連諸学会ならびに諸機関との連絡を図り,商業学の発展を期することをもって目的とする」とある。また,学術研究領域は,「経済学と経営学」となっている。商業や商業学の根底には,経

済や経済学があることを示唆している。

日本における商の学問

　日本では，「商」の解釈によって，学問として大きく2つに分かれる。1つは，「商業学」であり，もう1つは，「商学」である。

a）商業学

　日本では，「商」は，語源的に「秋になう」というところから，また，「魏志の倭人伝」で「市」（イチバ）での物売りがあったという記述から見て，伝統的に，卸・小売業者の交換・取引に注目する，いわゆる「流通としての見方」が強かった。つまり，生産者と消費者との間で行われる「懸隔」機能について研究するというニュアンスが強かった。

　鈴木・田村（1980）は，「商業とは何か」について解説している[19]。

　「商業とは何か」ということについては古来多くの学説が存在している。交換一般を商業としてとらえたり，資金の取引や労働力の取引をも商品の売買取引とともに包含して取引を秩序付けて行う組織を商業とする場合もある。本書ではこれらのような広い概念は採らなかった。また，生産と消費の懸隔の架橋そのものを商業と理解することもある（さらにそれを狭義の商業と補助商業，つまり広告代理業，運送業，倉庫業，保険業などに分けることも行なわれている）。本書では，その架橋そのものは流通という概念でとらえている。

　流通に与えられた生産と消費・産業用使用の懸隔を架橋するという課業，その課業を遂行するための諸活動，そのための組織という流通の内容全体の中に大きな地位を占めるものが商業である。商業は流通全体の中にあって商人（商業者）にかかわる部分である。したがってここでの商業には商人（商業者）の活動とそれによって遂行される流通課業およびそのための組織が含まれることになる。

　「流通論」を解説した渡辺達朗他著（2008）でも同様の解釈をしている[20]。

　こうした背景もあり，日本では，これまで“commerce”を「商業」と訳すことが多かった。たとえば，

Lefranc, Georges（1972）, *Histoire du Commerce*（Collection Que Sais-Je?）, Presses Universitaires de France.
（町田実・小野崎晶裕共訳（1976）『商業の歴史』，白水社）。

Pocock, John Greville Agard（1985）, *Virtue, Commerce, and History*（Part I and II），（田中秀夫訳（1993）『徳・商業・歴史』，みすず書房）。

しかしながら，本来，英語の“commerce”には，商と工の両方を含まれていると考えられることから，それを「商業」と翻訳することに多少の疑問を差し挟む余地がある。

「商業」に対する統計上の定義にも疑義が呈されてきた。たとえば，田中・雲英（1980）は，次のように述べている[21]。

> （商業学校における商業教育を行う上において）商業というものを，一般には，生産者と消費者の間に立って，商品流通の事業にたずさわる各種売買業の組織体，ないしその事業活動を意味すると理解しているかもしれない。この意味での商業は，日本標準産業分類でいえば，大分類の卸売業・小売業がほぼ該当している。しかし，これは，商業の定義としては正しいとは言えない。商業の内容は，（1）商品流通，つまり売買活動に関する内容を主とする。（2）売買活動は，卸・小売業のみが行うものではない。（3）今日の商品流通は，広義商業を採用する必要がある。（4）有形財のみならず，無形財（サービス）を含む。

この点，久保村隆祐・原田俊夫編『商業学を学ぶ』（1973年）では，「商業」の定義を以下のように行っている[22]。

すなわち，流通過程とは，モノを作っている人（製造業者）から卸へ，そして小売へと渡り，最終市場（消費者・購買者）へ届けられるという過程である。メーカーと消費者の間には，中間業者（流通企業）が入っている。実は，この流通企業（広義には，商業）には，産業（企業）の大部分が属している（筆者等の『現代商学原論』（文献（35）に示す）の【図表1】）。

「商」を，基本的に物々交換と解し，秋の収穫期に頻繁に交換が為された

ことから「秋に為う」から「あきない」と読ませるが，交換や取引を行う業という「商業」の意で入ってきている。ただし，幸田露伴監修『新漢和辞典』では，「商」の英語に trade を当てはめている[23]。結果的に日本では，学問としても，「商学」というより「商業学」として発達してきた経緯がある。

　したがって，現代日本では，「商人」という場合，「商業者」のみを指し，製造業者（工業者）とは区別している。また，中村尚正（1975）では，「商（commerce）は，物のやりとりのすべて（貢物，進物，互恵交換，売買取引，金融取引，先物取引など）であり，商業（trade）は，売買など取引により営利を求めること」の定義を提起している[24]。

　こうした商業概念の多様性について，福田敬太郎（1973）は，「商業」が，1つの歴史的概念であって，決して固定的なものではなく，時勢の進展に伴って変化するものだからであるとしている[25]。福田の考え方は，「取引企業説」である。「取引の客体は，商品という有体財（有形財）だけでなく，資本力や用役のような無体財（無形財）をも含む。また，取引形態は，売買取引だけでなく，貸借取引も用役授受取引もあることを認める。これらの個々の取引行為を体系的・統一的に経営して行く組織が商業に他ならない。すなわち，商業の「商」は取引行為を意味し，「業」は経営体を意味し，合わせて取引行為経営体＝「取引企業」を意味する」

　この説に対する批評には，増池庸治郎著『商業通論』があり，1932年および1943年の説では，「商」と「商業」の区別のないこと，取引企業説は，社会通念を説明できていないという指摘があったことを，福田自身が紹介している。この他，「商業機能説」（鈴木保良），「機能説」（荒川祐吉）などもある。

　江戸時代に「士農工商」という身分制度がうまれ，「商」は，武士，農家，職人以外のものを町人（商人）とし，身分的には最下位に置かれる人々であった（しかし，今日，日本史の教科書では，江戸時代に「士農工商」という言葉は削除されている。その代わり，「武士階級が他の階級を支配していた」との記述になっている）。

　その江戸期にあって，石田梅岩が，『都鄙問答』（1739 年）を書き，職業に貴賤はない，としたことから町人の間で重要視された文献となっている⁽²⁶⁾。

　梅岩の教えは「石門心学」として広まっていったが，大店が奉公人の勤労意識を引き出す手立てとしてこの「心学」がテキストに活用されていたという。店の費用負担によって，手代あたりを対象に年間 10 回程度「心学講釈」が行われ，「働くことに価値を見出させよう」としていたという⁽²⁷⁾。

　こうした「流通面の重視」が，やがて「商業学」へと高められていったと考えられる。すなわち，今からおよそ 40 年以上も前の 1973（昭和 48）年にテキストとして出版された，『商業学を学ぶ』（久保村隆祐・原田俊夫編）の冒頭にある記述，

> 　　最近，商業・流通の研究に対する各方面の関心が高まっている。永らく生産が優先して考えられてきたが，経済が成長して，いわゆる高度大衆消費社会になるとともに，生産の高度化による買手市場の一般化や消費欲求の多様化，高級化，潜在化の傾向が強まって，生産と消費の調整を機能とする商業・流通が重要になった。

がそのことを象徴している⁽²⁸⁾。

　こうして，日本では，交換・取引など流通の観点から学問に高めることを考えてきたと言えるのである。

b）商学

　「ビジネス」や「マーケティング」がアメリカで発展したのならば，「コマース」（commerce）はヨーロッパにおいてである。コマースは，日本語では「商業」と訳されることが多い。その研究が本格化するのが 17,8 世紀である。

　辞書で"commerce"を引くと，（[<L.*com*–, together + *merx*, merchandise], trade on a large scale, as between countries.（ラテン語で，com—，「共に」，merx—，「売り買いする物」「取引する」。）であり，また，また，語源辞典（スペースアルク）では，merere–「利益を得る」，「買う」，mercore–「交易する」とある。

　「商」に関して，日本にはもう 1 つの学問として「商学」がある。こちら

は，ヨーロッパで，17 世紀生まれた"commerce"（コマース）と内容的に
同じものという考えに立っている。

　林 周二（1999）は，『現代の商学』の中で，「商学」について以下のよう
に述べている（カッコ内の数字は書のページをあらわしている）[29]。

> 　商学：（commercial science または business science）は，商人の学問であ
> る。実学である。「商人の道」あるいは「商人自身の必須学問知識」
> と解するとぴったりする。（p.1）
> 　商人の定義：商人とは自己の経済的危険において，市場裡へ自発的かつ継
> 続的に立ち現れて，主として営利を目的に，その活動を営む人間主
> 体をいう。（p.2）
> 　商活動：商人としての固有の活動。（p.2）
> 　　　商活動（business activity, commercial activity）とは，商人（企業），
> 商品，市場の 3 要素を統合する概念であり，そこにおける活動行為
> の総体である。（p.233）
>
> 　ただし，ここに人間とは，自然人たる個人型の商人と，法人たる企業型の
> 商人（株式会社など）とを併せ含むものと理解する。その点も「商法」の
> 場合と全く同じ理解である。（p.2）

　林によると，ヨーロッパにおいて，"commerce"の学問として最初のも
のとされているのは，フランスのサバリー（Savary, J.）（1622-90）やド
イツのルドヴィッチ（Ludovici, C.G.）（1707-78）などによって書かれた
書物であり，それらは，当時の"merchant"（商人）必携のものであった。
　すなわち，サバリーの 1675 年の主著は"*Le parfait négociant*"（『商人
鑑』，または『完全な商人』）であり，また，ルドヴィッチの 1741 年の著書
『商人宝鑑―全商工業の完全なる辞典―』（*Kaufmannschaft Lexicon Hand-
lungen und Gewerbe*〔商店や職人〕）では，「自覚的に"商人のための学"
（Kaufmannschaft）として構築され，その体系は，商品学，商経営学，簿
記といった商人必須知識が主内容で，併せて商人に必要な諸周辺知識（商法
学，地理学，工芸など）がその副内容をなしていた」とされている。
　要するに，林は，著書の冒頭で「商学は"商人に関する学問"である」と
し，したがって，その商人（企業組織）が商売をする前提として，何を学ん

でおかねばならないか，いかなる情報が欠かせないか，などを知っておく必要があるが，それらの総体を研究するのが「商学」である，との見解を表明しているわけである。

　そもそも，林は，「マーケティングは俗学であり，本流は商学にある」とする考え方を持っておられるが，（筆者としては，）マーケティングの大家コトラーの理論も，結論的には，「経営者にとって，どういうことが重要なのかを網羅的に示しているもの」であるとの見方をとっており，したがって，「商学」との類似性は強いと見ている。この意味で，現行マーケティングは，「商学」の亜流か，もしくは商学の延長線上にある発展形（ないし，商学の発展的解消＝眞野 脩説）と捉えた方がよいのではないかと考えている。

　商学は，商人の機能のあり方を取り扱う学問である。そこでは，商人は，基本的にどことどこの物を誰と誰にどのように結び付けることによってより多くの利益が得られるかの問題を解くことである。

　一方，マーケティングは企業組織の機能を取り扱う学問である。そこでは，企業が，基本的に自社製品の物を消費者にどのように結び付けることによってより多くの利益が得られるかの問題を解くことである。

　商学とマーケティングは，その出自から考えて，物（と物）を誰か（と誰か）に結び付けることに関する考え方を研究する学問という点では本質的に同じものである。

「商学」という学問の現状

　ここからの話は，やや本論から離れるが，「商学」の現状について触れておきたい。

　日本においては国立私立を問わず商科大学がいくつか存する。小樽，千葉，神戸，高千穂，名古屋，岡山，国際商科大学等であり，新しく，北海商科大学（2006 年）も生まれている。

　一方，大学の商学部の方では，「商学」という文字が見られなくなってきているという[30]。それどころか，商学部の中には「経営学部」に名称変更するところも出てきている[31]。

　これなどは，大学経営上の問題もあるであろうが，一般には着実に「商

学」や「商業学」の人気が落ちてきているのは確かなようである。

このことは，林（1999）が言うように産業分類を作成する統計局や研究者側にも責任の一端はある。つまり，もともと "commerce" は，(dealing + industry) の意味であったというわけである。しかしながら，日本では，"commerce" を "industry" との対比において理解していたというわけである。たとえば，商工会や商工会議所の英訳を，

　　有明町商工会 ………… The Ariake Society of Commerce & Industry

　　東京商工会議所 …… The Tokyo Chamber of Commerce and Industry

などのように表現していることにあらわれている。

さらに，林は，"commerce" を邦訳したときに，「商業」としていることが多いが，さらに，これを「取引業」(dealing) と捉え，さらにそれを（官庁統計などでの商業調査では）「卸売業と小売業」というような狭い範囲の定義を与えてしまったところに間違いの原因があったとしている。

> 　この "commerce" という言葉の，イギリスにおける［古い］用語法を調べてみると，われわれが考えがちであるような，生産と対立させ区別された「商業」を必ずしも意味しなかった。"commerce" のなかには「商業」とともに生産，とくに「工業」生産も含まれており，とくに後者こそが，それらすべてを支える土台ないし発條と考えられていた。……（ロビンソン・クルーソーの著者である）ダニエル・デフォー（D. DEFOE）は定義好きの人で……"commerce" あるいは "trade"（を定義して，それ）は 2 つの部門に大別され，その 1 つは industry（工業），他は dealing（商取引）だと説明していることも，その間の事情を物語っている。
>
> 　私は，この "commerce" という語を何とか旨く邦訳できないものかとつねづね考えているのだが，いまだに的確な訳語が見付からない。
>
> 　　　　　　　　　　　　　—大塚久雄（1965）『国民経済』16 ページから抜粋。

また，川出良枝（1996）も同様の見解をあらわしている[(32)]。

> 　"commerce" という語は，対外的通商活動や国内の販売活動を指すのみならず，工業や銀行業ときに農業をも含む。すなわち，この語がわれわれが今日考える経済活動の全体を指す語として，18 世紀末まで使用されたのである。

　また，深見義一（1971）によれば，ドイツの商学者シェーア（Schär, Johann Friedrich）が，「Handel（おそらく商，取引，貿易＝trade）とは，分業によって交換に生きるようになった世界経済の構成員の相互の関係における，物資の交換である」と述べているという[33]。

　現在，研究者側で「商学」がどのように理解されているかということに関する資料としては，日本学術会議の商学連絡委員会報告「商学教育の現状と方向〜商学系大学のカリキュラムの調査結果〜」（平成12年（2000年）4月24日）が参考となる[34]。

　この報告書の「現状と問題点」では，調査結果のまとめとして以下のように書かれている。

　　　調査結果から，国際化の進展に伴い「国際社会への対応」といった教育理念のもとに，商学系カリキュラムは大きく改訂されつつある。すなわち，「国際」を冠した科目が数多く新設されており，時代に対応した商学教育の在り方が模索されている。また「産業界で役立つ人材育成」という教育目標のもとで「理論と実際の統合」「企業人の講義」など，授業面でも改善が行われている。反面，120科目にのぼる新設科目は，商学系カリキュラムをより魅力あるものにすると同時に，商学固有の領域を曖昧にし，商学部のアイデンティティを喪失する危惧を抱かせる。商学は実学であるから，時代の潮流に対応するためにカリキュラムについて見直し，改訂すると同時に，商学の本質を確実に学生に学ばせることが求められている。

とし，最後の「Ⅴ　調査結果を踏まえて」では，あくまで1つの感想とことわりつつも，「商学の本質とはなにかということに関しては，'ネットワーク論'であると考える」とし，その理由も縷々述べられている。

　本当にそうなのか。筆者は，「ネットワーク論」とは，やや相違する考え方をしており，『商学』についての考えをまとめたものを出版している[35]。

　川出によると，"commerce"は，18世紀なると，"business"に取って代わられたという。とはいえ，"commerce"の語は，今世紀にまだ続いていたところがある。オーストラリアでは，ほとんど国立大学であるが，たとえば，1991年に筆者が客員研究員として訪れた"New South Wales大学"（UNSW）の学部は"Faculty of Commerce and Economics"（商経学部）であった。（ここは，2008年には，金融・情報など他の分野も合わせて

"The Australian School of Business" となり，それが 9 学科（9 disci-
plinary schools）に分かれ，そのうち，"Commerce" は，"Marketing 学
科" と "Organisation & Management 学科" へと引き継がれたと思われる）。
ここでの "Commerce" は，日本語では商学に相当するものになっていた。
また，韓国・延世大学には，いまだに「商経大学（学部）」がある。

コトラーと商学との関係

　筆者は，コトラーの "*Marketing Management*" は，商人は取引に際して，
何に気を付けなければならないか，と言った事柄を網羅的に述べたものとい
う解釈が成り立つと考えている。要するに，林は，著書の冒頭で「商学は
'商人に関する学問' である」とする見解を表明しているわけである。

　筆者としても，コトラー理論は，実際上，「経営者に対してどういうこと
が重要なのかを網羅的に示しているものとして「商学」との類似性は強い」
と見ている。そういう意味において，筆者としては，現代のマーケティング
は，商学の延長線上にある（ないし，商学の発展的解消）と言えるのではな
いかと考えている。

5-3.　経営学

　多くの人は，マーケティングは，経営学に含まれると思っている。しかし，
筆者には，そうは言えないと考えており，その点を以下に示してみたい。

　経済学は分配の理論として精緻化が進んでいる。しかし，肝心の「売れる
物を作る」方の理論はどうかというときわめて疑わしいと言わざるをえない。

　たとえば，「現代経営学」でもその回答は得られない。まず，事業があっ
て，その事業をいかに効果的に管理，運営，組織化するかが中心問題である。
ドラッカーなどの「経営管理（学）」（management）と考えられる[36]。

　経営学では，「どういう事業をするのか」はあまり問題とならない。ド
ラッカーでは，その部分は，"marketing"（マーケティング）であるとなっ
ている。つまり，ドラッカーの「管理システム図」には「マーケティング」
は出てこない[37]。

　「経営学」とは，『広辞苑』（第6版）では，「企業経営の経済的・技術的・人間的諸側面を研究する学問」としている。

　また，同じく『広辞苑』で「経営」を引くと，

> ①力を尽して物事を営むこと。工夫を凝らして建物などを造ること。太平記：「偏に後生菩提の一を」。平家物語：「多目の一をむなしうして片時の灰燼となりはてぬ」
> ②あれこれと世話や準備をすること。忙しく奔走するとと。今昔物語：「房主（ほうず）の僧，思ひ懸けずと云ひて一す」。医者談義「医学修行に諸国一して」
> ③継続的・計画的に事業を遂行すること。また，そのための組織。

とあり，「経営」という言葉自体は，平安・鎌倉時代から存在していたとなっている。「建物を図面通りに建てる」ことを意味した言葉であったという。

　今日，これがビジネス用語として適用されたのは，大正時代に入ってからのことと考えられている。一般には，東京高等商業学校教授だった上田貞次郎が，ドイツ語の"Betrieb"（事業）にあたる言葉を「経営」という日本語に訳したことによるとなっている。ただし，ドイツ語"Betrieb"は，『アクセス独和辞典』（第3版）では，①企業，会社，工場，②操業，経営，営業）となっており，現代使用されている，"das Geschäft"（= business）ではない点に注意を要する。

　日本の「経営学」は，ドラッカーの"*Management*"など，アメリカ経営学が主流と考えている。

経営学者のマーケティングへの期待感

　第1章【1-3】で記述しているが，2013年6月17日「コトラー・カンファレンス 2013」が，日本マーケティング学会などの主催で，東京ビッグサイト国際会議場で行われた。そのときのテーマは，「マーケティングの未来：成熟市場下で日本企業がとるべき8つの方法」であった[38]。

　このコンファレンスで，経営学者の加護野忠男は，「マーケティングへの期待」と題して講演している。そこで，以下のような主旨のことを述べてい

た。

　　これまでの経営は，コストパーフォーマンス戦略であり，後発企業が有
　利であった。これからは，「薄利多売から厚利少売へ」が重要となる。たと
　えば，ロイヤルブルーティ（お茶），沢の鶴（日本酒）などに見られること
　である。また，産業構造にも変化が見て取れる。有形固定資産成長倍率
　（1994年～2010年）を見ると，電機産業よりも食品産業の方が高いという
　ことが注目される。こうした指標を見たとき，「高く売るべきこと」の重要
　性がクローズアップする。これらのことを総合的に考えると，マーケティ
　ングの重要性に行きつき，したがって，それに期待するのである。

「経営学」に対して「マーケティング学」が必要である

　今からおよそ40年前に発行された『経営学を学ぶ』（有斐閣選書，1971
年）の表紙には，この本の紹介文として，「経営学は，現代社会における最
も複雑な生物＝企業を分析・解明する学問です。情報化の進展する今日，経
営学は現実の企業からの問いかけにどう応えるか，新しい理論と企業の行動
原理を明らかにする最新のガイドブックです」と書かれている[39]。

　第1章「経営学の対象」（土屋守章担当，pp.1-26）で，「経営学は何を根
拠として，ひとつの学問としての独自性を主張するのであろうか。これは，
経営学が対象とする問題そのものと，その問題に対する接近方法との2つ
から説明されるであろう。まずここでは，経営学の対象とする問題のみを考
えてみよう」として，「経営学が対象とする問題は，一般的には，現代社会
の中での企業活動である。企業がどのように行動するか，行動はどのように
決められるか，その行動の結果は他にどのような影響を及ぼすかといったこ
とが，大きな問題となる」と述べられている。

　『経営学を学ぶ』における経営学の体系の中に，経営組織論や生産管理論
などと一緒に「マーケティング」も入っている。

　「マーケティング論を学ぶ」（田内幸一担当）として1章が与えられ，企
業は買い手（消費者）のよりよい理解のための努力が欠かせない，という内
容になっている。ここでのマーケティング（論）は，どちらかというと販売
管理の問題を考える経営学の一研究分野として扱われている。今日でもそう
した位置付けは変わっていないように見える。

　果たしてそれでよいのか，を検討することが本書を書いた理由の１つである。

チャンドラーもマーケティングを重視していた

　経営学者の A.D. チャンドラー（Chandler, Alfred Dupont Jr.）（1964）は，大著 *Strategy and Structure*（邦訳『組織は戦略に従う』）で，大企業といえども，市場の動向によって事業部制や多角化戦略などを作り出しながら各種変化してきた様を観察した結果から分析している[(40)]。

　また，チャンドラーは，「組織は戦略に従う」という命題でも有名であるが，本の最後の方で，組織変更の眼目は「市場の行方」であり，それを知ることを怠ってはいけないと述べている。企業は，市場が求めるモノに改めるにしかず，ということであり，あらゆる変更が検討さるべしとの警告が発せられるのである。不断の変更の必要性が示唆されている。

各国における経営学の研究状況

経営学の現状について

　日本における現代経営学の泰斗である野中郁次郎（2019）が，最近の日本の経営学の有り様について書いている[(41)]。

> 　米国の経営学の概念を受け売りする日本という関係は，残念ながら今もあまり変わらない。後に詳しく触れるが，日本の経営学は一言でいえば「解釈学」に終始してきた。海外の学問を紹介し，解釈するのが学問だとされてきた。できあがった理論や手法を「ハウツー」として吸収するばかりで，日本からはなかなか面白い概念が出てこない。
>
> 　かつて日本的経営の特徴として「三種の神器」といわれた年功序列，終身雇用，企業内組合を指摘し，欧米に紹介したのは第２次大戦で日本軍と命をかけて戦った元米海兵隊員の経営学者，ジェームズ・アベグレンである。
>
> 　近年では ROE（自己資本利益率）経営が典型例で，最近は内容をよく理解しないままに SDGs（持続可能な開発目標）経営とみんなが口にする。もう海外の模倣はやめよう。

　眞野 脩（1997）によれば，「商業学」の衰退とともに，今日の「経営学」

(Business Administration, Business Management) が生まれてきたとなる[42]。すなわち，

> 1770年前後に始まる産業革命は，それまで職人の腕に独占されていた手工的熟練（職人芸）を機械に移転することになり，経営の生産規模を拡大することとなっていった。それとともに中小規模の経営においては，社長の人格の内に一体となり，必要に応じて使い分けられていた企業経営に必要な諸知識だけでは，企業経営が十分に行えなくなり，専門家でなければ持てないような，広範囲にわたる高い知識が必要になってきた。こうした専門家の持つ個々の専門知識（マネジメントの知識）が，商業学に求められ，その研究の高度化が求められていったのである。しかし，個人の「商人」を念頭において発達してきた当時の商業学は，こうした産業界の要請に応えることはできなかった。
> 古き商業学は，こうして衰退の道を歩むことになった。

ただし，眞野の場合，「商学」ではなく「商業学」であることに注意する必要があろう。

一方，加護野（1997）は，学問としての経営学の発生は20世紀に入ってからであるが，商学の発生もまたそれと同時期としている[43]。それはドイツにおけるシェーアの『一般商事経営学』（1911年）とアメリカにおけるテイラーの『科学的管理の原則』（1911年）とが同時期に出たことによっている，と述べている。

ドイツやアメリカなど各国の「経営学」の系譜については，山城　章（1968）が研究している[44]。山城は各国における経営学の発達を，図表5-1のようなものと考えている。

図表 5-1　経営学の学問的系譜

ドイツ……（商や商人）商業学
　・（1911年）J.F.シェーア『一般商事経営学』
　　　　　　・（1920年代）　経営経済学　　　　　　　　　　⟶　経営学

アメリカ……マネジメント論
　・（1911年）F.W.テーラー『科学的管理の原理』┌事務管理
　　　　　　　　　　　　　　　　　　　　　　　│企業経営学　⟶　経営学
　　　　　　　　　　　　　　　　　　　　　　　└企業以外経営学

フランス……（商や商人）商業学
　・（18世紀後半）　カンチョン『商業一般性質論』
　　　　　　・（1910年代）　J.H.ファヨール　　　　　　　⟶　経営学

（出所）山城 章（1968）より作成

　ここで山城は，特に，ドイツにおいて「商業学」が経営学に変質していっ
た経緯を明らかにしている。また，経営学の発達史として見た場合，テー
ラー（Taylor, Frederick Winslow）とファヨール（Fayol, Henri）の研究
が重要であるとしている。

　1911 年に出版きれたテーラーの『科学的管理の原理』（*The Principles of
Scientific Management*）は，その後自然科学や工学的側面からの研究を促
進していったのに対し，1916 年に『産業ならびに一般の管理』（*Adminis-
tration Industrielle et Générale*（*General and Industrial Management*,
translated in English by C. Storrs)）を著したファヨールは，非自然科学
的な立場であり，社会科学や実践科学的なものとして学問体系を整えようと
するものであった。

　具体的には，企業の経営において管理活動を重要視し，「管理とは，計画
し，組織し，指揮し，調整し，統制する過程（プロセス）である」と定義し
た。山城は，このファヨールの流れが，正統派経営学と呼ばれるものであっ
て，1920 年代に経営学の理念や概念が明確化し，学問的に体系化きれて今
日に至っていると解釈している。（筆者注：ここでの「経営学」は，「管理
学」である）

　こうした考えの基本は，日本に独自の経営学を根付かせようとする，野中
による「経営学の定義」も同様である[45]。

すなわち,「経営学とは, 組織の行動を総合的に説明する学問である。
……。個人と組織と社会の関係は, 時に矛盾をはらむ。個人の自由と組織の
目的がぶつかったり, 組織の行動が社会に対して負の効果を生む場合もある。
筆者が経営学を志したのは, 個人と組織と社会が共に創造的になるような理
論と方法を開発したい, という思いからであった。経営学を学ぶ上で筆者が
最も大切にしてきたのは問題意識である。科学は価値観を排除するが, 人間
は価値観に基づいて行動する。"何のために経営学を研究するのか"という
研究者の価値観が理論の大きさを決める」。

　また, 野中の頭の中には, アメリカへのリベンジがあるという[46]。

　「世界の経営学界には,「知識学派」という呼び名の学派があり, 私たちが
生み出した「知識創造企業」の概念を核とした理論が幸いにも望外の評価を
受けている」として, ハーバート・サイモンなどアメリカ経営学を超えるこ
とを念頭に研究しているとしている。これは戦争に敗れたアメリカへのリベ
ンジでもある, と吐露している[47]。

　ハーバート・A・サイモンは, 企業活動にとって, 最も重要なことは「意
思の決定」にこそあると述べた[48]。「経営とは意思決定にほかならない」と
いうわけである。そこで, 彼は「意思決定はどのように為されるのか」につ
いて, 研究したのである。そして, 人間が意思決定する際, その決定をおこ
なうための知識, 予測などはいずれも不完全である, と考えた。たとえ, 豊
富な資料やデータが蓄積されていても, である。ということは,「完璧な意
思決定ができる経営者は存在しない」ということになる。このように, サイ
モンは人間の合理的行動には, 限界があることを指摘した。そこで, 意思決
定に完璧を求めるのではなく, 意思決定の合理性を高めること, または意思
決定における「満足化行動」(ある程度満足できるところでの意思決定) に
こそ, 意義があることを説いた。これは「経営人モデル」とも呼ばれている。

　それまでは,「完全合理性」を持つ経営者がモデルとして想定されていた。
他方, 社会心理学などで扱われている人間関係論では, 感情モデルに基づい
た, まったく「非合理な人間」が想定されてきた。サイモンはこういった両
極端の考えを払拭し, 合理性には限界があるものとして, でも目標としては
合理的に行動しようと意識する, そうした「経営人モデル」を想定し, その

考えに基づく組織論を展開した，というわけである。

　1957年に出版した「人間行動のモデル」（13の学術誌に発表した16編の論文を収録したもの）の中の論文は，経済学や経営学，それに心理学など，広い領域に渡っている[49]。

　こうした，幅広い人間行動モデルの研究を通して，彼は組織の中における人間の合理的行動，および非合理的行動を包括的に説明できる理論を構築しようとしていたのである。さらに，「人間の合理性には限界がある」とする考えを，経済理論や心理学の分野にまで応用していった。1978年，この意思決定過程に関する一連の研究に対して，ノーベル経済学賞が贈られ，その後，コンピュータの発展とともに，彼の研究もコンピュータにおける意思決定分析へとシフトしていった。

　しかし，やはりどんな優秀なコンピュータを駆使しても，完璧な意思決定はできないのだろう。コンピュータも結局は，人間によってプログラムされたものだからである。

　経営学者の場合は，どちらかと言うと，企業行動を客観的に捉える観点の『企業行動学』といった捉え方に近い。つまり，そこでは既に企業の存在が前提されている。"始めに企業ありき"である。したがってそこでは，「なぜ"企業"が生まれるのか」，また，「自分はどういう事業を始めたらよいのか」の問題は問われない。

　しかしもとより，既存企業による事業創造の問題はある。現代の米国では，特に，将来の市場動向に合わせた事業創造が問題とされる。ドラッカーなどが，その典型であるが，近年注目を集めている「ブルー・オーシャン戦略」の考え方もその一環と言えるかもしれない[50]。これは新事業創造に関する考え方を述べたものであるが，近年非常に注目を浴びた考え方となっている[51]。

　こうした新規事業創造の考え方に対して，既存企業における事業創造の研究も盛んである。大企業における事業化とイノベーションの関連問題は，G. ピンチョウ（1985）が『企業内起業家（イントラプルナー）』を育てる関係で論じている[52]。

　これなどは，マーケティング分野の問題とも考えられるものである。

　人間の欲求を満たすのは企業である。であれば，「現実の企業の行動はかくある」と言う前に，「人間にとって，社会にとって，どういう企業が必要なのか」，「自分はどういう事業を始めたらよいか」という問題があるのではないか。

　それは，第1章【1-5】にある，アメリカにおいて「マーケティング・リサーチ」が生まれた原因でもあったし，したがって，それこそが，「マーケティング」が研究しなければならない課題ということになっているのである。

　そこで，企業を創造する（事業を始める）ための学問，たとえば，「マーケティング学」が必要となるのではないか，と筆者は考えている。

5-4.　心理学（消費者行動論）

　（本節は，筆者等の書いた『わかりやすい消費者行動論』（白桃書房，2019年）の筆者担当の第2章からの引用である[53]）。

　心理学は，マーケティングでも大いに活用されている。マーケティングでは，消費者の意識と行動をしっかりつかまえて対応することが重視される。この消費者意識の把握では，心理学が大きな役割を果たしている。

　以下に，その関係を明らかにする。

人文社会系の学問では「消費者行動」が中心テーマ

　人文社会系の学問は，人と彼がこの世界で生きて行く上において関係ある側面である社会的・経済的・政治的・文化的側面の関係を取り扱っている。そして，ほとんどの人文社会系の学問では，「消費者行動」が中心テーマである。その理由は，人間が生きていく（生き続ける）上において，消費の側面がきわめて重要な要素であるということを諸学問が認識しているということにほかならない。

各学問分野における消費者行動に対するモデル・ビルディングの考え方

　現在の各学問分野における消費者行動のモデル・ビルディングの方式を，1）経済学，2）心理学，3）社会学，4）マーケティング，における代表例

によって見てみよう。

1）経済学における消費者行動論

まず，経済学では，消費者行動を学問として最初に理論化した。『国富論』（1776年）を書いたアダム・スミスが提起した，「ある商品の価格が上がると需要量が減少し，価格が下がると需要量は増大する性質がある。なぜなのかを解明する必要がある」という，いわゆる「需要の法則」（the law of demand）を説明することから始まった。そしてこのことは，（希少な）ものを，どのように人々の間に分配するか，という経済学の本来の問題（分配の理論）も合わせて研究することとなっている。

また，上記された J.M. ケインズの「消費関数」に始まる，その後の「消費関数論争」も生み出してきている[54]。

2）社会学における消費者行動論

社会学では，基本的に「集団行動研究」（group behavior research, team theory）である。

消費者は社会の1構成員として，種々の集団に参加または関係している。その結果，彼の行動は，集団の規範，役割，ステイタス（地位）によって影響をうけることになる。消費者の購買行動は，一方において高度な個人的過程であるが，他方において集団が消費者の意思決定過程に重要な関連性を持つ高度な社会的に志向された過程であると言える。

たとえば，近代的な規範を持つ集団の構成員は，伝統的な規範を持つ集団の構成員よりも，新製品の受容度がより高いことが示されている。このように，集団の構成員は，集団の価値を共有し，集団の規範的行動パターンに一致するよう行動するのである。「集団」にはさまざまな形態のものがある。家族，準拠集団、社会階層、パーソナル・インフルエンスなどである。

3）心理学における消費者行動論

心理学では，「人々が生きていく上で欠かせない消費には，どのような心理的要因が関係するか，が問題である。

　心理学における消費者行動研究のメーンストリームには，以下の２つの流れがあるとされている。すなわち，

①　**意思決定論（心理学的研究）**：20世紀初頭から，モチベーション・リサーチ（購買動機調査）が始まる。まず，フロイト流の精神分析を応用して，単純な刺激―反応モデル研究から始まり，70年代には，情報処理型の意思決定プロセス研究，90年代には，情報の合理的な処理以外にも感情やイメージも意思決定に大きな役割を果たすという研究が盛んとなる。

②　**解釈学的研究**：消費の意味を明らかにしようとするアプローチである。ダイヤモンドを買って奥さんとの関係をよくしようとか，何らかの意味がある。過去の消費経験や社会的，文化的背景も影響しているはずだ，といった意味づけを考える。

　最近の消費者行動研究には，

行動経済学：人間の不合理な経済行動に実証実験を通して法則性を見出す。

ニューロ・サイエンス：消費者の意思決定を，脳の働きに即して理解・予測する。

進化心理学：人の心理は，スポーツカーを求める。「それは愛人の代わりになるからだ」という。

などがある。

4）マーケティングの消費者行動論

　マーケティングでは，「人は何を求めているか（消費しようとしているか），他の人のためにいかなる事業を始めるか，どのような製品（サービス）を作るか」（事業創造の理論，ものづくり論→「企業学」）といった具合である。

　「マーケティング」とは何かを考えるに際して，これにかかわるいくつかの重要な基本概念を説明しておく必要がある。特に，「企業」と「市場」は「マーケティング」を解釈する「キー（鍵）概念」である。

　まず，「企業」とは何かである。これに相当する基本的な英語は「firm, enterprise」とか「business」である。「business（ビジネス）」とは，一般

に，「営利を目的として，事業や取引に従事する人や組織」と訳出されるが，ときに「事業」そのものを指す場合もある。

「市場」という言葉は，「モノを売り買いする＜場＞」という印象を持たれている。経済学では，この場合の「モノ」として，「あらゆる個別の製品・サービス」ないし「ヒト，モノ，カネ，情報」が取り上げられ，また，それら「個々のものを取引する場としての市場」が想定される。

すなわち，経済学では，通常，「企業」（firm）は，個々の企業でなく，関連する企業全体をあらわす集計概念（あるいは，平均的企業概念）であるが，それらが対応する「物財・サービス市場」，「労働市場」，「金融市場」，「情報市場」等の個々の市場における取引特性やパフォーマンス（生じている成果など）が検討される。

これに対し，マーケティングで取り上げられる「市場」は，「消費者（購買者）の集まり（頭数)」のこととなる。

経営分野では，「企業」は，文字通り1つの会社（company）をあらわすが，一般に，個々の企業にとって，自社製品を購買してくれる人がいなければ，売上げもないし，利益もない。したがって，企業にとっては，自社の製品・サービスを購入してくれる人々がいてこそ，自社の存続・発展があり得るのだという認識がまずもって必要となる。消費者の欲求を満たすのは企業であるが，消費者の集まりとしての「市場」なくして企業は存在しえないということである。

①　マーケティングと消費者行動

現在，マーケティングでは，市場（消費者集団）とのコミュニケーションを図ることが重要であることから，消費者に関してはいろいろな仮説が存在している。しかし，過去の成功体験に照らして提起されたものが大半というのが現状である。したがって，こういう原理・原則だからこういう仮説・理論が導き出されるのだ，というものになっていない。心理学，社会学など他の研究分野の成果・業績を拝借したものになっているものが多い。

一方で，モノづくりでは，「どこの誰が，何を，何時，どのようにして」（これはマーケティングの基本的課題ともいわれている）が基本であるので，

それらを満たすため,「予測」ということがもっとも重要なものとなる。したがって現状では,マーケティングもその予測の観点から何とか消費者の意識や行動の現状や将来の変化を予測し,それらに的確に対応することを心掛けることが肝要となる。

② マーケティングにおける代表的な消費者行動仮説:
ⅰ）消費者の反応喚起モデル

消費者製品受容過程仮説とも呼ばれる。AIDA モデルは,消費者行動心理のプロセスを示す理論の1つであり,これによると,人の反応は「注目」(Attention)(テレビ広告などによって注意を引かれる),「関心」(Interest)(商品に対する興味を持つ),「欲望」(Desire)(商品を欲しいと思うようになる),「行為」(Action)(購買行動を起こす)の順で起こるとされる。このことから人は,広告や店頭などで商品に注目し,それへの関心を高め,さらには使用したいという欲望・欲求が喚起され,最終的に購買行動へとつながるとされる。

また,「AIDA モデル」の変形として,欲望と行動の間に「記憶」(Memory)(商品やブランドを覚える)が入る「AIDMA モデル」,記憶の代わりに,「信頼」(Conndence)を入れた「AIDCA モデル」もある。

ⅱ）タコとイカの仮説

人間の性格には,2つの側面(タコ(他己)とイカ(異化))が備わっていると考えるところから来るものである。「他己」は,他人と己(おのれ)を一緒にしたい(同じ物を食べたい,着たい,住みたい)ということであり,「異化」は,自分と他人とは違う存在であることを主張するものである。すなわち,

タコ:付和雷同型(blind following):
　　　デュゼンベリーの相対所得仮説(relative income hypothesis),
　　　ガルブレイスの依存効果(デモ効果 demonstration effect),
　　　　　=「バンドワゴン効果」(bandwagon effect)

イカ：独立独歩型（independence）：

　　　自立心ある（self-reliance），皮肉れもの的（cynical person），

　　　利那的（momentary, transient）

　　　　　　　　　　　　　　　　＝「スノッブ効果」（snob effect）

　社会全体として，どちらが強く出ているかの判断から，広告などに反映させる。

　ⅲ）認知的不協和仮説（cognitive dissonance）：（マーケティング, 心理学）

　フェスティンガー（Leon Festinger）（1954）は，フォードの新車の広告を最も熱心に見ていた人についての調査で，結局，その広告を見ていたのは，「最近その新車を買ったばかりの人」であったということが分かった[55]。これを，「認知的不協和」の代表であるとした。つまり，人は，納得して購入したのに，購入したとたん，「それが良かったのか」という不安を感じはじめるのだという訳である。したがって，その不安を広告などで和らげてやる必要性があるといものである。「あなたは良い買い物をしましたね！」という具合にである。

　不協和の存在は，その不協和を低減させるか除去するために，なんらかの圧力を起こす。つまり，複数（通常は2つ）の要素の間に不協和が存在する場合，一方の要素を変化させることによって不協和な状態を低減または除去することができる。

　ⅳ）消費者意思決定過程（情報処理過程）仮説（consumer information processing）：

　われわれは，前節まで，消費者行動に影響を与えるいくつかの要因について考察した。今節では，それらの要因が消費者の意思決定過程にどのような関係があるかを明らかにする。そのためには，消費者の意思決定過程の概念と構造，機能を明確にする必要がある。

　消費者の意思決定過程は，図表5-2に示される5つの継起的な諸段階から成ると考えられよう。すなわち，①問題認識，②選択物の探索，③選択物

の評価，④購買決定，⑤購買後の評価，である。

図表 5-2　消費者意思決定過程

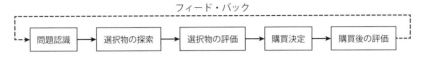

（出所）青木幸弘（2011）『消費者行動の知識』，日経文庫．p.63。

これを具体化したものが BME モデルである（図表 5-3）[56]。

図表 5-3　購買意思決定の概念モデル（BME モデル）

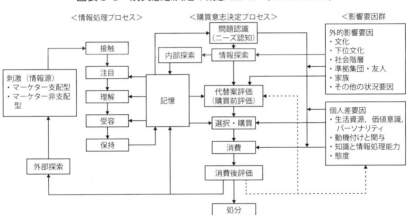

（出所）Blackwell, Miniard and Engel（2005），p.85 を一部修正。
　　　　青木幸弘（2011）『消費者行動の知識』，日経文庫．p.63。

　また，経済的システムの流れで，行動科学的モデルを形成したものと考え
られるものに A.E. アムスタッツ（1967）の分析がある[57]。アムスタッツ
の場合は，消費者・小売店・生産者の交互作用の巨視的フローチャートを作
り，個々の概念間に確率的な関係を築き，投入要素（象徴的，記号的，社会
的）が産出要素（消費者の購買，意図，態度，ブランド理解，注意）を導く
関係を置き，計算を容易にした（図表 5-4）。アムスタッツは，仮説的数値
例も示している。

図表 5-4　消費者・小売店・生産者の交互作用の巨視的フロー・チャート

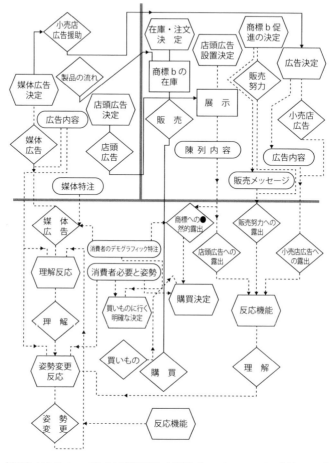

（出所）アムスタッツ著（山下隆弘訳）（1969）『マーケティングの計量モデル』

　他に，「多属性態度モデル」，「数学モデル」なども考えられている。
　このほか，文化人類学では，「人は，なぜ（生産や）消費をするのか」という観点から研究が」進められている。
　以上のように，「消費者行動研究」では，消費者行動に対する要因・要素として「何が重要なものか」，をそれぞれの学問の立場から解き明かそうとしているのである。

これからの消費者行動に対する理論形成の方向性

　一般に，「消費者行動論」と題した書物がある。しかし一方で，これまで見てきたように，各学問分野において独自の消費者行動論が展開されている。しかしながら，現在のところ，いずれの学問でも未だ解決されたという話は聞かれない。

　したがって，それらを統合したものができるかどうかは非常に困難をともなうことが予想される。つまり，各学問分野には，独自の概念，方法論，理論形成方法があり，それはそれで完結した理論となっているからである。多数存在する理論を統合した「消費者行動論」として展開することは至難な業と考えられる。

　たとえば，マーケティングでは，「市場志向」という観点から，いかに消費者と直接対話しつつ製品作りをするか（また，製品を販売するか）が問題となる。したがって，その点から「消費者行動論」が必要とされ，そこでは，消費者といかにコミュニケーションをとるか，が中心テーマとなっている。もとより，そのための方法論も必要としている。しかしながら，その場合，心理学的な要素は，大いに考慮されているが，経済学的，社会学的要素についての配慮がやや薄くなってしまう傾向がある。他の学問分野についても同様である。

　これからの「消費者行動論」には，いかに必要と考えられる多くの要素をバランスある形で盛り込んだ理論形成をしていくかが問われている。

　マーケティングに心理学理論の応用を考える，須永 努（2019）も注意を呼び掛けている[58]。

> 　世の中が経済的に豊かになり，技術も発達すると，消費者の基本的なニーズはほぼ満たされた状態になる。そのような現代に生きる消費者は，もはや自分が欲しいものは何かと訊かれても，明確な答えを持ち合わせていない。よって，消費者ニーズを起点とする消費者志向のマーケティングは限界にきているというのである。消費者志向でスマートフォンやロボット掃除機のようなイノベーティブな製品を開発することはできない。消費者は何か欲しいのか自分では分からないので，消費者に何か欲しいか訊いても仕方がない。そのような認識から，「うちはマーケティングをしない」と公言する企業や経営者も現れるようになってきた。

　結果的に，須永は，心理学おける「感覚マーケティング」を提起する。感覚マーケティングとは感覚（sensaion）と知覚（perception）に関する理解をマーケティングへ応用しようとする取り組みのことであり，近年，研究と実務の双方から注目が集まっている，という。

5-5.　学際的学問

　マーケティングは学際的学問ないし領域学であると考える向きもある。
　学際的という考えの下で，実践を試みた人が数理経済学者の森嶋通夫（2010）であった[59]。

　　　本書は，私がかねがね試みてみたいと思っていた，経済学，社会学，教育学，歴史学などを取り混ぜた社会科学領域での一種の学際的総合研究——私がかつて交響楽的社会科学と呼んだもの——である。普通の学際的研究はそれぞれの学問の専門家たちに彼らの得意のテーマの研究を依頼して，指揮者がそれを混ぜ合わせるのであるが，本書では指揮者自身が，すべての楽器（個別社会科学）を演奏するという方式を試みてみた。その結果私は，社会科学的には殆ど何も解明されていない分野で，現実の世界では重大事が起こっているかも知れないことを再確認した。そして以下に書く事件は私に，暗黒分野の存在という事実を本書で是非指摘しておくべきだと思うに至らせた。

　基本的には，異なる学問の「良いとこ取り」は，「共約不可能性」（incommensurability）の壁にぶつかるということであろう。
　実は，この森嶋の考え方（学際的学問）が上手くいかないことについては，100年も前に社会学者のマックス・ウエーバー（Weber, Max）（1919）によって示唆されていた[60]。
　人間の合理性・非合理性や利己主義・利他主義の問題を問いながら，森嶋の頭の中には，経済学の二分法（企業と消費者）が渦巻いている。出来ればこの「権化」同志の対立関係の中から，より幸せな高見へと進みたいと考えている。当然，この範疇になじまない者が出てくる。つまり，こうした人間の概念から説き明かせない部分があるということになる。
　人間はまるごとの総体である。単純な人間概念である二分法（企業と消費

者）だけからは，所詮，まるごとの人間，人間関係を捉えることはできない。

　経済学，社会学，教育学，歴史学などにおいては，拠って立つ基本概念も方法論も違うはずであるが，そこから生み出される業績を一緒くたにして，（最終的には合理的人間と利己的人間に帰するといった前提で）新しい学問を構築しようとしても無理があったということであろう。

　したがって，森嶋が，学際的総合研究をさらに一歩進めようと試みた（交響楽団におけるすべての楽器（個別社会学）を指揮者一人で演奏するという）交響楽的社会科学という学問（学際的学問）も成功した様子もないし，おそらく完成出来るはずもないと考えられるのである。

　まさに，「共約不可能性」（incommensurability）の存在そのものである。

　では，どうすればよいのか。マーケティングを学問にしようとするとき，学際的学問を指向するのではなく，「単独の学問」として形成されるべきことが示唆されるのである。

5-6.　結語

　既成のそれぞれの学問には原理・原則に基づく体系化がなされている。マーケティングの大家コトラーは，自身のマーケティングは，経済学の範疇にあると述べている。しかしながら，仮に，マーケティング学が成立するとすると，経済学のみならず他の既存の学問とは原理原則や体系化などにおいて違ったものにならなければならないだろう，ということである。

　次章では，これまでの検討とは，やや異にする視点ではあるが，マーケティングにとっては欠かせない重要性を示す，アメリカで20世紀前半に始まった，マーケティング・リサーチの考え方を解説する。

●第 5 章の注と参考文献

(1) Mazur, Laura and Louella Miles (2007), *Conversations with Marketing Masters*, John Wiley & Sons, Ltd.（木村達也監訳（2008）『マーケティングをつくった人々 ―マーケティング・マスターたちが語る過去・現在・未来―』，東洋経済新報社，pp.9-33）。

(2) 佐和隆光（2016）『経済学のすすめ―人文知と批判精神の復権』, 岩波新書, pp.108-109。

(3) Sen, Amartya（1982）, *Choice, Welfare and Measurement*, MIT Press.（大庭 健・川本 隆史訳（1989）『合理的な愚か者―経済学＝倫理学的探究―』, 勁草書房）。

(4) 藤原正彦（2017）「戦後70年, 古き良き日本は, どこへ行ったのでしょう？」『文藝春秋』, 2017年1月号, *Bunshun Lounge*（折り込み文）(pp.172-173の間）。

(5) 木村尚三郎（1993）「さまざまな顔をもつ現代人」（『西洋文明の原像』, 講談社学術文庫）。

(6) 小林秀雄・岡 潔（2010）『人間の建設』, 新潮文庫, pp.82-93。
（ここで, 小林は,「体系」(system) という言葉は, 江戸期にはなかったとも言っている）

(7) 宇沢弘文（2017）『人間の経済』, 新潮新書。

(8) Smith, Adam（1776）, *An Inquiry in to the Nature and Causes of the Wealth of Nations*, The Fourth Edition, London.（水田洋監訳・杉田忠平訳（2000）『国富論（1）（2）（3）（4）』,（第5版（1789年）の訳）, 岩波文庫, pp.103-117）。

(9) Hicks, John R.（1969）, *A Theory of Economic History*, Oxford University Press Paperback.（新保博・渡辺文夫訳（1995）『経済史の理論』, 講談社学術文庫）。

(10) Klamer, Arjo（1989）, "An Accountant Among Economists: Conversations with Sir John R. Hicks", *Journal of Economic Perspectives*; Fall89, Vol. 3 Issue 4, pp.167-180.

　　J.R. ヒックス（Hicks, John R.）がそれまでの数理経済学的研究法の間違いを改め,『経済史の理論』(1969年）で, ノーベル賞を欲しかったと述べている, というエピソードを紹介。

(11) Samuelson, Paul A.（1949）, *The Foundation of Economic Analysis*, Harvard Univ. Press.（佐藤隆三訳（1967）『経済分析の基礎』, 勁草書房）。

(12) Keynes, John Maynard（1936）,*The General Theory of Employment, Interest and Money*, Palgrave Macmillan（塩野谷九十九訳（1949）『雇用・利子および貨幣の一般理論』, 東洋経済新報社）。

(13) Smith, Adam（1776）,（文献（8）に示す）。

(14) Schumpeter, J.A.,（1939）, *Business Cycles*：*A Theoretical,Historical, and Statistical Analysis of the Capitalist Process*, 2 vols, McGraw-Hill Book Company, Inc., New York., pp.87-88.（吉田昇三監修・金融経済研究

所訳『景気循環論』（全 5 冊）有斐閣，1958 年 –1964 年，p.126）。

(15) 黒田重雄（2009）「商学とマーケティングの講義ノート（1）」『経営論集』（北海学園大学経営学部紀要），第 6 巻第 4 号，pp.163–184 。

(16) 黒田重雄（2009）「商とビジネスと資本主義」『商店街研究』（日本商店街学会会報），No.21，pp.1–7。

(17) 塩沢由典（1983）『近代経済学の反省』，（経済学研究双書），日本経済新聞社。

(18) “日本経済学会”の日本語版機関誌『現代経済学の潮流 2009』（2009 年 9 月発行）の帯には，「経済の本質とそのあるべき姿について考える」とあり，現代日本の経済学界をリードするとされる 5 本の論文が掲載されている。その内の一本が矢野誠「市場の質の経済学」である。

「はしがき」の紹介では，矢野氏は国際経済学，非線形動学，市場の性質などについて世界レベルの研究を続けているが，学会の会長であり，その会長講演に基づくものであるとされている。そして，内容としては，以下のような事柄を説明するものとなっている。(p.9)

　　本論では，価格のあり方を示す規範的基準として，「取引過程の公正性」に着目する。公正な取引過程から形成された価格が公正な価格である。市場は競争の上に成り立つ。また，競争はルールなしでは行えない。そこで，それぞれの市場に設定されたルールを完全に守って行われた取引を競争上公正であるということにする。さらに，競争上公正な取引を通じて形成され，競争上公正な収引によって利用可能な利潤機会を残さない状態を競争上公正な均衡であると考える。この定義のもとでは，競争上公正な価格と効率性価格は必ずしも一致しない。この事実は，以下でも説明するように，筆者の最近の研究で展開された自由参入市場での価格競争理論の示すところである。

(19) 鈴木安昭・田村正紀（1980）『商業論』，有斐閣新書，p.12。

(20) 渡辺達朗・原頼利・遠藤明子・田村晃二（2008）『流通論をつかむ』，有斐閣，pp.3–6。

(21) 田中義雄・雲英道夫編著（1980）『改訂版・商業科教育論』，多賀出版，pp.4–5。

(22) 久保村隆祐・原田俊夫編（1973）『商業学を学ぶ』，有斐閣。

(23) 幸田露伴監修（1955）『新漢和辞典』，東京金鈴社。

(24) 中村尚正（1975）中村尚正（1975）「コマースおよびトレードに関する研究」『専修大学北海道短期大学紀要』，第 7 号。

(25) 福田敬太郎（1973）「商業概念に関する論争」『商業学を学ぶ』（久保村隆祐・原田俊夫編），有斐閣選書。

(26) 石田梅岩（1739）『都鄙問答』（足立栗園校訂（1999），岩波文庫）。

(27) 友部謙一・西坂靖（2009）「労働の管理と勤労観－農家と商家－」『経営史・江戸の経験 1600 ～ 1882』（宮本又郎・粕谷誠編），第 3 章所収，pp.112-133。

(28) 久保村隆祐・原田俊夫編（1973）（文献（22）に示す）。

(29) 林周二（1999）『現代の商学』，有斐閣。

(30) 石川和男（2002）「商業概念の変遷に関する一考察」『高崎経済大学論集』，第 44 号・第 4 号，pp107-120。

(31) 札幌学院大学「商学部」は，2009 年 4 月から，「経営学部」となった。

(32) 川出良枝（1996）『貴族の徳，商業の精神―モンテスキューと専制批判の系譜―』（Aristocracy and Commerce），東京大学出版会，p.39。

(33) 深見義一（1971）「マーケティングの発展と体系」『現代経営学講座 6』（古川栄一・高宮晋編），pp.1-40。

(34) 日本学術会議の商学連絡委員会報告「商学教育の現状と方向～商学系大学のカリキュラムの調査結果～」（平成 12 年（2000 年）4 月 24 日）

(35) 黒田重雄・佐藤芳彰・坂本英樹（2000）『現代商学原論―交換や取引の方式を考える―』，千倉書房。

(36) Drucker, Peter F. (2008), *Management*, with Joseph A. Maciariello, HarperCollins Publishers.

(37) ドラッカーの管理システム図：序の注と参考文献（6），（7）を参照。

(38) 『コトラー・カンファレンス　2013』，日本マーケティング学会・（公社）日本マーケティング協会・ネスレ日本株式会社主催（全日本空輸株式会社：IMD：ケロッグ・クラブ・オブ・ジャパン協賛），2013 年 6 月 17 日，東京ビッグサイト国際会議場。

(39) 後藤幸男・小林靖雄・土屋守章・宮川公男編著（1971）『経営学を学ぶ』，有斐閣選書。

(40) Chandler, Alfred Dupont Jr. (1964), *Strategy and Structure: Chapters in the History of the Industrial Enterprise*, 1962; Giant Enterprise, 1964.（有賀裕子訳（2004）『組織は戦略に従う』，ダイヤモンド社）。

(41) 野中郁次郎（2019）「〔私の履歴書〕野中郁次郎（7）・手本は米企業」『日本経済新聞』，2019 年 9 月 7 日付け（朝刊）。

(42) 眞野脩（1997）『講義・経営学総論』，文眞堂，pp.1-4。

(43) 加護野忠男（1997）「"鋭い刃物" が切り残すもの」『経済セミナー』，No. 505, pp.14-17。

(44) 山城章（1968）『新講経営学』，中央経済社，pp.3-6。

(45) 野中郁次郎（2002）「組織の行動を総合的に説明する学問」『やさしい経営学』，日経ビジネス人文庫，pp.12-35。

(46) 野中郁次郎（2019）「〔私の履歴書〕野中郁次郎（1）・リベンジ「しつこさ」強みに研究」『日本経済新聞』，2019 年 9 月 1 日付け（朝刊）。

　　世界の経営学界には，「知識学派」という呼び名の学派があり，私たちが生み出した「知識創造企業」の概念を核とした理論が幸いにも望外の評価を受けている。世間の人は，学者として独自の道を切り開いた私が傑出した人間だと想像するかもしれないが，それは誤解だ。私はどこにでもいるような平凡な人間だと自覚している。

　　学者として生きていくと決めたのは 30 代半ば。スタートは遅かった。勤務先の会社に無理を言って自費で米国に留学し，経営学修士（MBA）を取ったが，そのまま会社に帰ってビジネスマンに戻るよりも，学者になって理論を作るほうが面白いと思い，博士（Ph.D.）課程に進んだ。

　　経営学者の中には，多くの経営者と親交を結び，多彩な人脈を誇る人もいるが，私は違う。

　　もともとシャイな性格で，人前で話すのが苦手だ。特にパーティーは嫌いで，なるべく避けている。講演会とパーティーがセットになっているときはやむなく冒頭だけ参加し，なるべく早く退散するようにしているほどだ。

　　ただし，対談のような形で，特定の人とじっくり話すのは好きだ。これまでの交流を振り返ると，人数は決して多くないが，ひざとひざを突き合わせてじっくり話をしてきた人とは，長く付き合い，多くの刺激を受け，学者としての活動にもよい効果をもたらしている。

　　そんな相手とどうやって出会ったのか，と問われると自分にもよく分からない。自然体で過ごしていると，私に気を留め，世話を焼く人がどこからともなく現れ，ときに表舞台に引っ張り出す。学生の頃，社会人になったとき，さらには学者としての道を歩み始めたとき，節目節目で思わぬ人から声をかけられ，よい方向に導かれた。

　　私の強みをあえていえば，職人だった父親譲りの「しつこさ」だろうか。経営学は企業が研究の対象だ。

(47) 野中郁次郎（2019）「〔私の履歴書〕野中郁次郎（23）「北陸先端大へ「場」で生まれる知を提唱」『日本経済新聞』，2019 年 9 月 24 日付け（朝刊）。

　　「知識創造理論」は幸い，学界で一定の評価を得たが，企業の経営に役立ってこそ価値がある。

　　ビジネス界に普及させる努力をする一方，研究を深めながら理論の中身を拡充してきたつもりだ。

　　私は「経営学はアート・アンド・サイエンスである」と唱えてきた。アートとは実践を意味している。経済学などに比べると短い歴史の中で，経営学では様々な理論が生まれてきたが，現実に応用できなければ意味がない。また，最近は経営学の論文が数値を使った計量分析に偏り，アートの側面が忘れられがちだ。純粋なサイエンスを目指そうとするあまり，経営学の

本質を見失っている気がしてならない。

(48) Simon, Herbert A.（1945）, *Administrative Behavior*：*A Study of Deci-sion-Making Processes in Administrative Organization*, The Free Press.（桑田耕太郎他訳（1997）『新版 経営行動―経営組織における意思決定過程の研究』, ダイヤモンド社）。

(49) Simon, Herbert A.（1957）, *Models of Man*. John Wiley.（宮沢光一訳（1970）『人間行動のモデル』, 同文舘出版）。

(50) Kim, W.C. and R.Mauborgne（2005）, *Blue Ocean Strategy: How to cre-ate Uncontested Market Space and Make the Compeition Irrelevant*, Har-vard Business School Press.（有賀裕子訳（2005）『ブルー・オーシャン戦略―競争のない世界を創造する―』, ランダムハウス講談社）。

(51) 田中史人（2009）「事業創造とマーケティング」『現代マーケティングの理論と応用』（黒田重雄・佐藤耕紀・遠藤雄一・五十嵐元一・田中史人著）, 第5章所収, 同文舘出版, pp.165-206。

(52) Pinchot, Gifford（1985）, *Intrapreneuring*, Harper & Row, Publishers, Inc., New York.（清水紀彦訳（1989）『企業内起業家（イントラプルナー）』, 講談社文庫）。

(53) 黒田重雄他著（2019）『わかりやすい消費者行動論』, 第2章, 初版5刷, 白桃書房。

(54) 篠原三代平（1958）『消費関数』, 勁草書房。

(55) Festinger, Leon（1954）, *A Theory of Cognitive Dissonance*, California：Stanford University Press.（末永俊郎監訳（1965）『認知的不協和の理論―社会心理学序説』監訳, 誠信書房）。

(56) 青木幸弘（2011）『消費者行動の知識』, 日経文庫, p.63。

(57) Amstuts, Arnold E.（1967）, *Computer Simulation of Competitive Market Response*, M.I.T. Press.（山下隆弘訳（1969）『マーケティングの計量モデル』, 新評論）。

(58) 須永努（2019）「マーケティングの危機と感覚マーケティングの台頭が意味するもの」『書斎の窓』, No.662（2019年3月号）, pp.73-77。

(59) 森嶋通夫（2010）「付記・社会科学の暗黒分野」『なぜ日本は没落するのか』, 岩波現代文庫, pp.197-206。

(60) Weber, Max（1919）, Wissenschaft als Beruf.（尾高邦雄訳（2018）『職業としての学問』, 岩波文庫）。

職業としての学問の外面的事情については, 以上で十分であろう。だが, 諸君は実はわたくしからなにかもっとほかのこと, つまり学問を職業とする者の心構えといったようなことについての話を期待しておられたことと

思う。ところで，こんにちこの職業にたずさわるものの客観的境遇にとっ
てはともかく，その主観的態度にとって決定的なことは，なによりもまず
学問がいまやかつてみられなかったほどの専門化の過程に差しかかってお
り，かつこの傾向は今後もずっと続くであろうという事実である。こんに
ちなにか実際に学問上の仕事を完成したという誇りは，ひとり自己の専門
に閉じこもることによってのみ得られるのである。これはたんに外的条件
としてそうであるばかりではない。心構えのうえからからいってもそうな
のである。われわれも時折やることだが，およそ隣接領域の縄張りを侵す
ような仕事には，一種のあきらめが必要である。

マーケティングはマーケティング・リサーチのことである

はじめに

　この章では，マーケティング・リサーチの考え方を示す。現行のマーケティングの定義は，アメリカの19世紀と20世紀の交の流通上の競争激化の歴史から生まれている。しかし，アメリカの大不況下に生まれたマーケティング・リサーチの考え方が，以後のマーケティングを特徴づけたことを示す。また，最近の理論についても検討する。

　これまで筆者が，マーケティングを学問にする試みを行ってきているが[1]～[13]，その過程で，"marketing research"（MR：マーケティング・リサーチ）が，"marketing"（マーケティング）そのものではないか，と考えるようになってきている。そのあたりの経緯ないし検討項目については，論文「マーケティングを学問にする試み—マーケティングはマーケティング・リサーチのことである—」で明らかにしてきている[14]。

　以下にその概要を示す。

6-1. マーケティング・リサーチの始まり

　R.バーテルズ（1976）によると，質問表形式の実査は，1824年に新聞において用いられていたらしいこと，またマーケティング・リサーチの始まりは，1910年頃であり，C.C.パーリン（Parlin, Charles C.）の農機具製造業者の経営活動調査研究が嚆矢であるとしている[15]。

　しかし，マーケティング・リサーチの初期のものとしては，1919年に出

版された C.S. ダンカンの著書『商業調査（*Commercial Research*)』が有名である。これは，その 10 年程前より米国に発生し盛りあがってきた「マーケティング」の必要性を一層具体化させることを狙いとして書かれたものであった[16]。

そこでは，「事業にとって第一に必要なのは，洞察に基づく指導と統制であるが，そうした指導・統制は事業原理のよりよき知識によるものであり，そうした知識は事実の注意深き包括的調査によるものであり，そうした調査は商業調査の問題である。また調査可能の事実として，商品，企業組織，市場，人口，富，賃金，価格，一人当たりの消費者収入，生活水準，特定商品の市場，商慣習，購買意欲，潜在市場等である」と書かれている。

マーケティング・リサーチがきわめて重要なものであると認識させたのは，米国の大不況であった。深見義一（1971）によると，「当時のアメリカの不況は，1929 年に比して 1932 年の賃金収入に 60％減，配当収入に 57％減をもたらした。前者が労働階級の購買力の減退を示すとすると，後者は資本階級の購買力の減退を示すことになる。不況の深刻さは，業者に市場調査の重要性を，一層痛切に認識せしめた」となっている[17]。

不況期にありながら利益を上げた企業，たとえば，この時期開発された小売業態のコンビニエンスストア（セブン・イレブン）などの成功は，消費者の欲求に応えた結果と考えられたからである。こうして消費者に徹底的に合わせるための方式ついて著わされた L.B. ブラウン（1937）の書『市場調査と分析（*Market Research and Analysis*)』は，以後の市場調査論の基礎を作ったとされている[18]。

アメリカにおいては，大不況や第二次世界大戦後の困難な時期に，マーケティングにおけるマーケティング・リサーチ（市場調査）や製品計画（新製品導入）の重要性が認識されてきた。大不況期を経験したアメリカでは，"marketing research"（MR：マーケティング・リサーチ）という研究領域が生まれた。さらにアメリカでは，AMA（アメリカ・マーケティング協会）から雑誌 "*Journal of Marketing Research*"（*JMR*）が 1964 年に発行されている（同じ AMA から出ている "*Journal of Marketing*"（*JM*）は，1936 年に出版）。

　日本には，1950年代に市場調査が，1960年代前半に製品計画の考え方が導入されている[19]。

　企業管理者など実務家向けの本格的なテキストは，1967年，前出されたグリーン＝フランク（Green, P.E. and R.E. Frank）によって書かれている[20]。彼等は，マーケティング・リサーチを「マーケティング情報探索システム」（Marketing Intelligence Systems: MIS）の一貫としてとらえ，さらにそのシステムが企業の管理者の問題提起とその分析にどう役立つかと考える立場から，リサーチの価値を認識させようという意図が窺える。分かりやすく言うと，管理者にとって「一体，マーケティング・リサーチにいくら資金を投入すべきなのか」ということがなによりも重要な問題である，と考えるところからきている。

　アメリカ企業における消費者の把握は，「調査」に依っていると言っても過言ではない。つまり，「アメリカの場合には，リサーチの結果がなければマーケティング意思決定ができないという，ギリギリの切迫感がある。だから，トップ以下全員がリサーチの標本数，質問の内容，データ収集方法，分析法の是非をめぐって真剣な討議を重ね，得られた結果は，すぐ意思決定に反映される。日本におけるリサーチには，このギリギリの切実感が，大体においてない」と言われるほどである[21]。

　企業が顧客の満足を創りながら成長，繁栄していくために，「現代市場の動向やニーズをいち早く察知し，それをマーケティングに反映させていかねばならない」ことは，すでに見てきた。こうした一連の行動をすみやかに，かつ効果的に実行し，意思決定につなげていくためにはどうしたらよいのであろうか。そこではやはり，経験や勘だけに頼った判断では，経営上の失敗を招きやすいことから，より科学的な方式が求められる。

　マーケティング・リサーチ（marketing research）は，このような要請に応えるものとして生まれ，発展してきているとされている。ここでの重要なポイントは，マーケティング・リサーチのあり方・考え方を決めるのは，まずもってマーケティングであるということになっている。

　また，「マーケット・リサーチ（市場調査）」は，文字通り，消費者や市場動向の調査が中心であり，これに対し，「マーケティング・リサーチ」は，

競争相手の調査，組織内部の調査なども含まれると考える場合もある。いずれにしても，マーケティング・リサーチは，市場調査より意味が広く，総合的かつ一般論的と解釈されるのである。

6-2.　マーケティング・リサーチの一般的解釈

　マーケティング・リサーチ（marketing research）に特化した研究は，黒田（2007）も行っている[22]。なお，マーケティング・リサーチの古典的書物は以下のようなものである。

＊ Duncan, C.S.（1919）"*Commercial Research*"（商業調査）：
　これは，その10年程前より米国に発生し盛りあがってきたマーケティングの必要性を一層具体化させることを狙いとして書かれたものであった。そこでは，「事業にとって第一に必要なのは，洞察に基づく指導と統制であるが，そうした指導・統制は事業原理のよりよき知識によるものであり，そうした知識は事実の注意深き包括的調査によるものであり，そうした調査は商業調査の問題である。また調査可能の事実として，商品，企業組織，市場，人口，富，賃金，価格，一人当たりの消費者収入，生活水準，特定商品の市場，商慣習，購買意欲，潜在市場等」が挙げられている。

＊ Brown, L.B.（1937）"*Market Research and Analysis*"（市場調査と分析）：
　消費者に徹底的に合わせるための方式について著わされ，以後の市場調査論の基礎を作ったとされている。

＊ Green, P.E. and R.E. Frank（1967），*A Manager's Guide to Marketing Research: Survey of Recent Developments*, John Wiley & Sons, Inc.（土岐坤訳（1969）『マーケティング・リサーチはどこまで進んだか』，ダイヤモンド社）：
　企業管理者など実務家向けの本格的なテキストと言われる。彼等は，マーケティング・リサーチをマーケティング情報探索システム（Marketing Intelligence Systems: MIS）の一貫としてとらえ，さらにそのシステムが企業の管理者の問題提起とその分析にどう役立つかと考える立場から，リサーチの価値を認識させようという意図が窺える。分かりやすく言う

と，管理者にとって「一体，マーケティング・リサーチにいくら資金を投入すべきなのか」ということがなによりも重要な問題であると考えるところからきている。

マーケティング・リサーチとは

　企業が顧客の満足を創りながら成長，繁栄していくために，「現代市場の動向やニーズをいち早く察知し，それをマーケティングに反映させていかねばならない」ことは，既に見てきた。こうした一連の行動をすみやかに，かつ効果的に実行し，意思決定につなげていくためにはどうしたらよいのであろうか。そこではやはり，経験や勘だけに頼った判断では，経営上の失敗を招きやすいことから，より科学的な方式が求められる。

　マーケティング・リサーチは，このような要請に応えるものとして生まれ，発展してきているとされている。ここでの重要なポイントは，マーケティング・リサーチのあり方・考え方を決めるのは，まずもってマーケティングであるということになっている。

　このことは，たとえば，以下に示すようなハワードの「マーケティング管理図」（図表6-1）によって示される[23]。

図表6-1　マーケティング管理図

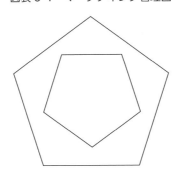

（出所）Howard, J.A.（1963）

外側の5角形：社会的，政治的，ならびに経済環境で，企業にとってコントロールできない領域（需要，競争，流通構造，マーケティング法，非マーケティング・コスト）。

内側の５角形：企業をあらわし，各辺は，企業が環境に適応するための
手段（製品，マーケティング・チャネル，価格，広告，個人
的販売）を意味している。

　この内側の手段部分が，マーケティング・リサーチの関連領域であり，分析対象となる部分である。
　また，「マーケット・リサーチ（市場調査）」は，文字通り，消費者や市場動向の調査が中心であり，これに対し，「マーケティング・リサーチ」は，競争相手の調査，組織内部の調査なども含まれると考える場合もある。
　いずれにしても，マーケティング・リサーチは，市場調査より意味が広く，総合的，一般論的と解釈されるのである。

6-3. 現代におけるマーケティング・リサーチをすることの意義

（1）マーケティング・リサーチの要請

　マーケティング・リサーチを行わねばならない背景としては，どういうことが考えられるのか。黒田（2007）によると，リサーチが要請される背景には大きく分けて２つある。
　1つは，①「企業サイドからの要請」であり，もう１つは，②「流通政策サイドからの要請」である。

① 企業サイド（ミクロ）におけるリサーチの要請

　企業をめぐる情報の増大と構造の複雑性が増し，企業間競争も激化する中で生き抜いていくため，また，企業をとりまく環境変化に迅速に対応する必要性から，企業としては意思決定のための情報を増やさねばならない。
　具体的には，個々の企業にかかわっての「消費者意識や行動」，「競争企業行動の変化の把握」，また「新製品開発に先立つ諸問題の解明（消費者のニーズやウォンツ，地域特性などの把握）」などの情報（これらのいずれもが自社では現在まで所有したことのないものであり，他企業をはじめとする外部からは手に入りにくい性質の情報）である。
　自社が独自の調査によって獲得しなければならない情報ということで，こ

のような資料収集方式を統計学的には,「不確実性下の意思決定のための情報を得るための調査」と定義される。

② 流通政策サイド（マクロ）におけるリサーチの必要性

現代における流通関連2大問題と言われるのは,「流通コスト削減問題」（前者）と「流通環境の激変にかかわる規制問題」（後者）である。

問題の認識:

［前者］は,いかにコストを削減するかについて2つのとらえ方がある。

1) 流通コストの過重な高さは,もともと日本の流通過程に存在している零細な中間業者の過多,すなわち流通過程の長さに起因するとする。考え方として「問屋無用論」を取り入れるとともに,実際にもスーパーマーケット,ディスカウント・ストアなどが出現してメーカーとの直取引を行っている。

2) 在庫コストを切り下げることを考える。製販統合（製造業者と小売業者の協力）や製配販統合（製造業者,流通業者,小売業者の協力）という形で,在庫コストも含めて流通コスト削減のための協力体制であるサプライチェーン・マネジメント（supply chain management）が盛んである。

［後者］の問題は,大規模小売店地方都市進出問題や流通再編成にあらわれている。

(2) マーケティング・リサーチの内容

(a) （ミクロでも,マクロでも）基本的には,「市場」の実態や将来性についての調査・分析。

(b) 調査の主体が流通業者（製造業者,中間業者,小売業者）なのか,購買者（消費者）なのかによって,その目的や内容,方法（収集・分析方法）に相違。

(c) マーケティング・リサーチの一般的な原理や方法を学ぶことが重要。

(d) マーケティング・リサーチの3つの領域:

　商品・サービス関連…商品特性の開発,品質・パッケージ・価格に対する消費者の反応,広告・セールスプロモーション効果

　　販売関連…販売ルート，地域販売戦略，競争者のマーケティング活動，
　　　　店頭商品配置，POS・セールスマン適正配置
　　消費者関連…消費者購買行動，市場の特性，市場細分化（market
　　　　segmentation），反復購買行動（repeat buying）

（3）マーケティング・リサーチの技法

　これについては，黒田（2007）において，オーソドックスなリサーチ技法
やインターネット・リサーチ法が説明されている。

6-4.　マーケティング・リサーチをめぐる問題点

（1）実際のマーケティング・リサーチはどのように行われているか

　今日では，数多くの「リサーチ」に関する文献が提起されている。人間の
心理面に焦点を当てた販促活用とか，行動経済学からのリサーチがマーケ
ティングに役立ちそうである[24][25]。

　マーケティング・リサーチで世界的に有名とされる例は，ネスレ社が行っ
た投影技法による消費者調査である[26][27]。しかし，今のところ，これが
もっとも優れたリサーチだというものは見出されていない。したがって，い
ろいろなマーケティングについての考え方や多様なリサーチ技法を駆使して
結果を出すしか方法はないというのが現状である。

（2）マーケティング・リサーチは役立たない，という意見

　ひところマーケティング・リサーチは当たらないから，やってもムダだと
言われたことがある（今でもそう考えている人が多いかもしれない）。

　代表的なものに，ウオレンドルフ＝ブロッサムの書いた「マーケティン
グ・リサーチは創造性の源とはならない」（2001）がある[28]。

6-5.　マーケティングはマーケティング・リサーチの実行のことである

キングスレイ・ウォード（Ward, G.K.）というカナダの実業家は，後継

者の息子へ手紙でビジネスに関する教訓を垂れたものが一冊の本になっている⁽²⁹⁾。

そこで彼は，「企業家は，明敏にも，人はどれほど多く知ろうともすべてを知りつくすわけにはいかない，ということを知っている。彼は，また，愚か者だけが消費者の求めるものは自分が一番よく知っていると確信してテスト市場を回避するのである，と信じている」と言わしめている。

こうした教訓の背景には，人は「予測」しながら生きているということがある。このことがリサーチの重要性をビジネスのみならず，ほとんどの研究分野に浸透させている。

米国において 20 世紀の初頭に生まれた"marketing"（マーケティング）という言葉の出自の背景には，販売競争激化があったと考えられる。そこでは有効な販売方法とはどういうものかが検討されていた。実際に，大学でも営業部長などの成功例が講義されている。

しかし，それも大不況期に入ると，販売競争もなくなり，それまでの営業成功例は用をなさなくなっている。人々がこれまでのビジネスに万策尽きたと思ったとき，大不況でも消費者に受け入れられ成功している企業のあることが報告された。そのことは，ものづくりするにあたって，消費者に受け入れられるものは何なのか，消費者の望むものはどのようなものか，を知ることが第一ではないかと人々に考えさせるきっかけとなるものであった。

米国における人々や企業においては，単に自分たちがこれは売れそうだとか，自分本位で作ったものを提供してきた感が深いが，そうでないものの重要性を考えせしめた最初のことであったといっても過言ではないであろう。それがいわゆる"marketing research"（マーケティング・リサーチ）の登場のきっかけであった。

一方で，大不況期から新しいマーケティングが始まったと考えると，その出自の背景となった大不況の意味するものは，なにも米国が最初ではない。"merchant"（商人）が発生した時代までさかのぼることができると考えている。

「マーケティング」という言葉は，米国に生まれたが，それを生み出す元になった状況は，人類が農耕生活を始めたころ（紀元前 8000 年前）の，不

作時にメソポタミヤ地方の人びとが物資を求めて彷徨い歩いた苦境時と何ら変わることがないのである。

　自己のビジネスを決定することはマーケティングである。自己のビジネスが天から降ってくるわけではない。どうやって探すか。そこでは予測の科学が必要となる。

　これは「マーケティング・リサーチ」が問題とするところである。

$$マーケティング　＝　マーケティング・リサーチの実行$$

6-6. 結語

　リサーチの観点からは，「役に立たない」という意見もある。しかし，マーケティングでは「予測が第1である」とすることから，マーケティング・リサーチの出自が重要視される。また，予測の科学が必要という観点からも，マーケティング・リサーチのテクニックは大きく貢献すると考えられる（→　本書第9章の「分析方法の確定」へ）。

●第6章の注と参考文献
(1) 黒田重雄 (2008)「マーケティングの体系化に関する若干の覚え書き―オルダースン思想を中心として―」『経営論集』（北海学園大学経営学部紀要），第6巻第3号（2008年12月），pp.101-120。
(2) 黒田重雄 (2009)「商学とマーケティングの講義ノート (1)」『経営論集』（北海学園大学経営学部紀要），第6巻第4号（2009年3月），pp.163-184。
(3) 黒田重雄 (2009)「商学とマーケティングの講義ノート (2)」『経営論集』（北海学園大学経営学部紀要），第7巻第1号（2009年6月），pp.123-142。
(4) 黒田重雄 (2009)「商学とマーケティングの講義ノート (3)」『経営論集』（北海学園大学経営学部紀要），第7巻第2号（2009年9月），pp.113-131。
(5) 黒田重雄 (2009)「マーケティング体系化への一里塚―商人や企業の消えた経済学を超えて―」『経営論集』（北海学園大学経営学部紀要），第7巻第3号（2009年12月），pp.87-104。
(6) 黒田重雄 (2010)「マーケティングの体系化に関する一試論―オルダースン

の Transvection へのダイナミック・プログラミング（DP）手法の適用を中心としてー」『経営論集』（北海学園大学経営学部紀要），第 7 巻第 4 号（2010年 3 月），pp.1-18。

(7) 黒田重雄（2011）「オルダースン思想がマーケティングの教科書にならなかった理由ー4P とフィリップ・コトラーとの関係からー」『経営論集』（北海学園大学経営学部紀要），第 9 巻第 1 号（2011 年 6 月），pp.77-96。

(8) 黒田重雄（2011）「マーケティングの教科書はどう書かれるべきなのか」『MFJ・マーケティング・フロンティア・ジャーナル』（北方マーケティング研究会誌），第 2 号（2011 年 12 月），pp.1-9。

(9) 黒田重雄（2012）「マーケティング体系化における方法論に関する研究ノートー反証主義，論理実証主義，そして統計科学へー」『経営論集』（北海学園大学経営学部紀要），第 10 巻第 2 号（2012 年 9 月），pp.117-139。

(10) 黒田重雄（2012）「マーケティングの体系化における人間概念に関する一考察ー二分法（企業と消費者）概念から統合的人間概念へー」『経営論集』（北海学園大学経営学部紀要），第 10 巻第 3 号（2012 年 9 月），pp.123-138。

(11) 黒田重雄（2013）「マーケティングの体系化における人間概念はどうあるべきかー統合的人間（マーケティング・マン）を想定するー」『マーケティング・フロンティア・ジャーナル（MFJ)』（北方マーケティング研究会誌），第 3 号（2013 年 1 月），pp.19-29。

(12) 黒田重雄（2013）「マーケティングを学問にする一考察」『経営論集』（北海学園大学経営学部紀要），第 10 巻第 4 号（経営学部 10 周年記念号：2013 年 3 月），pp.101-138。

(13) 黒田重雄（2013）「マーケティングを学問にする際の人間概念についての一考察ーマーケティング・マンの倫理観・道徳観を考えるー」『経営論集』（北海学園大学経営学部紀要），第 11 巻第 2 号（2013 年 9 月），pp.95-116。

(14) 黒田重雄（2014）「マーケティングを学問にする試みーマーケティングはマーケティング・リサーチのことであるー」『経営論集』（北海学園大学経営学部紀要），第 12 巻第 2 号（2014 年 9 月），pp.141-159。

(15) Bartels, Robert（1976), *The History of Marketing Thought*, 2nd Edition.（山中豊国訳（1979）『マーケティング理論の発展』ミネルバ書房，pp.186-188）。

(16) Bartels, Robert（1976),『前掲訳書』，pp.191-192。

(17) 深見義一（1971）「マーケティングの発展と体系」（古川栄一・高宮晋編『現代経営学講座　第 6 巻』，有斐閣，pp.23-25。

(18) 深見義一（1971）『前掲論文』，pp.26-27。

(19) 牛窪一省（1992）『マーケティング・リサーチ入門』，日経文庫，pp.155-159。

(20) Green, P. E. and R. E. Frank（1967), *A Manager's Guide to Marketing*

Research: Survey of Recent Developments, John Wiley & Sons,Inc.（土岐坤訳（1969）『マーケティング・リサーチはどこまで進んだか』，ダイヤモンド社，pp.3-4。

(21) 田内幸一（1983）『市場創造のマーケティング』，三嶺書房，p.30。

(22) 黒田重雄（2007）「マーケティング・リサーチ」『市場志向の経営』（共著：黒田重雄，伊藤友章，赤石篤紀，森永泰史，下村直樹，佐藤芳彰），第6章所収，千倉書房，pp.243-291。

(23) Howard, John. A. (1963), *Marketing*：*Executive and Buyer Behavior*, Columbia University Press.（三浦一訳（1967）『新しいマーケティングの理論―経営者と購買者行動―』，ダイヤモンド社）。

(24)「潜在需要を脳に聞け―脳波測定や視線追跡：販促・CM"五感"狙い撃ち―」『日経流通新聞』，2014年7月16日，1面。

(25) Ariely, Dan (2010), *The Upside of Irrationality*：*The Unexpected Benefits of Defying Logic at Work and at Home*, Levine Greenberg Literary Agency, Inc.（桜井祐子訳（2014）『不合理だからうまくいく―行動経済学で「人を動かす」―』，早川書房）。

　　　行動経済学者ダン・アリエリー（Dan Ariely）は，人間の不合理性をいろいろな実験やリサーチを行うことによって証明しようとしている。

(26) Bliss, P (1970), *Marketing Management and Behavioral Environment*, Prentice- Hall Inc.（土岐坤訳（1972）『行動科学とマーケティング』，ダイヤモンド社，pp.160-168）。

(27) 田内幸一（1983），（文献（21）に示す），pp.16-19。

　　ネスレ社：1866年（慶応2）スイスで米国人のページ兄弟が，「Anglo-Swiss Condensed Milk Company」設立。1938年世界で初めてインスタント・コーヒー「ネスカフェ」を発売。（日本上陸（1946年））
　問題：売上が伸びない。→　何故か。
　　　消費者調査：
　　（1）「直接質問法」：
　　　「あなたはネスカフェを飲んだことがありますか」
　　　　　　　　　　　　　　→　大部分の回答「イエス」
　　　「あなたは今もネスカフェを飲んでいますか」
　　　　　　　　　　　　　　→　大部分の回答「ノー」
　　　「なぜ飲まないのですか」
　　　　　　　　　　　　　　→　大部分の回答「味が劣る」

(2)「消費者を招いてのブラインド（目隠し）・テスト」：

　　コーヒーの入った多数のカップの中からインスタント・コーヒー（すなわちネスカフェ）を，味わいテストで選び出せる消費者は一人もいなかった。

↓

レギュラー・コーヒーとインスタント・コーヒーとの間には人間の味覚による差異はない。

↓

しかし，(1)の調査より「味が劣る」からインスタント・コーヒー（ネスカフェ）は飲まないという結果が出ている。

↓

消費者は嘘をつく必要がないので嘘を答えているのではない。そうすると，味が劣るから飲まないと思い込んでいる節がある。消費者は本音を言っていない。では，消費者の本音とは？

(3)「投影技法による調査」：(1940年代後半)(pp.282-285)

　　【図表6-注-1】のような2つの買い物メモを用意する。

図表6-注-1　2つの買い物メモ

挽き肉　1.5ポンド ワンダー印パン　2斤 にんじん　2束 ラムフォード印ベイキングパウダー　1缶 ネスカフェ・インスタントコーヒー　1ポンド デルモンテ印桃缶詰　2缶 ジャガイモ　5ポンド	挽き肉　1.5ポンド ワンダー印パン　2斤 にんじん　2束 ラムフォード印ベイキングパウダー　1缶 マックスウェル・ハウスコーヒー　1ポンド デルモンテ印桃缶詰　2缶 ジャガイモ　5ポンド

　結果：マックスウェル・ハウス・コーヒー：「計画的である」「倹約な主婦」「温かい心の持ち主」
　　　　ネスカフェ・インスタント・コーヒー：「怠け者の主婦」「新婚の家事に慣れない主婦」

となった。

　これらの結果からネスレ社では，インスタント・コーヒーも上品な飲み物であるということを訴えるコマーシャルを露出することによって販売の成功へと導くことができたということである。

(28) メラニー・ウオレンドルフ＝エフゲニア・アポストローバ・ブロッサム（2001）「マーケティング・リサーチは創造性の源とはならない」『DIA-MOND・ハーバード・ビジネス・レビュー』, June, 2001, pp.138-140。

「国民の選択展」が投げかけた疑問：

　ポストモダン思考の画家が，文化的階層の壁を打ち破る一方法として，消費者のメタファー（隠喩）を用いることがある。冒頭の「国民の選択展」は，ある文化を生み出すためにマーケティング・リサーチを批判的に用いることで，芸術にありがちなエリート意識に異議を唱えたものだ。

　調査結果に従って制作された絵画を通して，コマールらは数の論理によって構成された，絶えず拡大するビジネス的な現実の内側に潜む，ポストモダン的自我を表現する。その際，いかにもモダニティ後期を彷彿させるトレンドに沿った「表現の科学的な原則」を採用している。

　　　　　　　　　　　　　　　　　　　　　　　　　　　　　　　　　　

　マーケティング・リサーチではポストモダン消費者の心をつかみ切れない：

　このような絵画を生み出したマーケティング調査の結果に基づいて描かれた芸術作品に疑問を喚起するという所期の目標は，とりあえず達成された。

　アメリカ文化の所産として開かれたこの展覧会は，文化の面から見たポストモダンの進化を示す例であり，説得力にあふれている。

　経済的産物であるマーケティングを吸収したことで，文化は経済から独立した存在ではなくなりつつあるとも言える。したがって，大衆文化的な芸術は，そのスタイルと意味において市場にあふれる商品と同一化することになる。文化・芸術は，ポストモダン社会においては「文化産業」と位置づけられよう。

　この展覧会の中心となる議題は，「マーケティング・リサーチのデータに沿って開発された商品こそ消費者のニーズとウォンツを満たす」というマーケティングのお約束を果たしうるか否かにある。

　文化へのニーズは，所属集団やそこでのインタラクションに大きく左右される。しかも，最大公約数的なトレンドを把握しようというマーケティング・リサーチの試みに反して，個人個人の美的感性は，おもしろいほどに多様を極めている。

　この展覧会は，マーケティング・リサーチだけでは消費者のニーズに応えることができないことを表明すると同時に，従来のマーケティングへの批判を投げかけた。文化の商品化は，文化そのものをポストモダン社会の「目玉商品」にしているのだ。

　文化という領域にマーケティングを適用することへの批判を聞くと，カーライルによって唱えられたロマン主義的な心情を思い起こしてしまう。

　その心情とは，科学的合理性が許容できる範囲をはるかに超えて普及しつつあり，その結果，文化のなかに機械的思考が充満してしまうことへの危惧であり，嘆きである。

　このように，まさしくモダン的な機械的な需給観は，創造的あるいは芸術的な商品を軽視する。もちろん数字の研究である数学を芸術の一つだと主張する人はだれもいない。

　しかし我々は，ポストモダンの文化産業への批評を通じて，個人的な体験と芸術的な創造性に関する洞察から，マーケティング・リサーチから出された数字の信憑性に異議を唱えられるはずだ。

　調査数字に従って描かれた絵画など，所詮秀逸な芸術作品とはなりえないのだから。

(29) Ward, G.K. (1986), *Mark My Words*, Prentice Hall Press. （城山三郎訳(1987)『ビジネスマンの父より息子への 30 通の手紙』，新潮社）。

第**III**部
マーケティング学を試みる

　　マーケティング学の形成を試みる。大きくは,「マーケティン
グの定義」の新確定化,マーケティング学を形成するための独自
の概念の検討,体系化の考え方,分析方法論等について一体的な
検討を試みる。

　　そのため,「マーケティングの定義」については,「独自の諸
概念」とともに,(第7章)で,「体系化」(第8章),「分析方法」
(第9章)で,それぞれ解説を試みる。

マーケティングの定義と
マーケティング学に包含される諸概念

はじめに

　マーケティング学における「マーケティングの定義」と学問を規定する独自の「諸概念」を明らかにする。

7-1. マーケティングの定義

　マーケティングを学問にする必要がない，とも言われる。しかしながら，筆者は，人間が生きて行く上で欠かせないと思われる部分（どういう仕事をするか：自己のビジネスの決定）を取り扱っている，いわゆるマーケティングのコアの部分は，学問にしなければならないと考えている。

　さまざまなマーケティング現象や現在流布している多種多様のマーケティング理論と見られるもの（各々は，独立に存在しているが，各々は，マーケティング現象を的確に把握・表現しているであろうもの）を，学問の立場から，どのような統一的解釈が可能かを考えてみたいということなのである。

　マーケティングを学問にする際には，「定義」は，理論の全貌を明らかにする出発点である。これまでのマーケティングの定義は，第2章【2-2】で見たように，生産者と消費者に分け，生産者が，消費者に対して対応するもの，ということであった。しかしながら，筆者は，第1章【1-5】にも示したように，アメリカにおける「マーケティングという言葉の出自」から考えて，マーケティング・リサーチの始まりにルーツがあるとする考えにいたっている。つまり，「いかに自己の仕事（利益の付く仕事）を見出して実践す

るか」ということであった。

　こうしたことから，本書における「マーケティングの定義」を以下のように設定する。

マーケティング（marketing）とは：

　（一般には，売上・利潤を上げる戦略のことと解されるが，）ここでは，個人（企業）が，どのようなビジネスをして利益を上げていくかを考え実行すること（つまり，「企業化すること」）である。

　ただし，ここでの「ビジネス」という言葉は，（一般に，仕事（事業）のことであるが，）単なる自給自足の仕事ではなく，「利益の付く仕事のこと」である。また，「利益（profit）」とは，「社会的に許される範囲の利益」の意である。なお，「利潤（gain）」は，経済学の用語であり，売上マイナス費用のことである。

7-2.　マーケティング学で使用される諸概念

　他の学問と峻別する意味もあって，ここで，「マーケティング学で使用される概念」を明らかにしておかねばならない。

　それは，(a)「人間」，(b)「競争」，(c)「市場」，(d)「価値」，(e)「利益」，(f)「トランスベクション（transvection）」，といった言葉の意味・定義に関連している。（以下で，それらをできるかぎり簡潔に説明する）。

7-2-1.　人間概念

　今日，マーケティングのテキストにおいて使用されている諸概念の大半は，経済学からの借り物である。筆者も，マーケティングを研究し始めたころ，経済学の概念や分析方法との関連性の深さには驚いたことがある[1]。

　すなわち，マーケティングは，ある経済体制における「取引，移転，広告，保管，購買，販売，小売，卸売，効用，動機，企業，消費者等々」といった諸概念にかかわっているということであった。

　今日，マーケティングのテキスト執筆者として世界的に最も有名な1人

であるコトラーは，自己のマーケティングを「経済学範疇にある」と述べているが，まさしく上記の概念をフル活動させて，彼の「マーケティング戦略論」を展開している。

(1) これまで人間をどう捉えてきたか

経営学関係では，これまで，人間をどう捉え，それを経営理論の中にどう取り込んできたのか，取り込もうとしてきたのか。『日経ビジネス・アソシェ』(2013) では，経営学者の宮田矢八郎の意見を参考に，6つのモデルにまとめている[2]。

すなわち，

(a) マン・マシン・モデル (man machine)：人間に機械と同じような機能があると見なし，動作を研究したり，業務を各タスクに分解したりしながら科学的な管理方法を探った。　→　テイラーの『科学的管理法』

(b) 経済人モデル (economic man)：人を「経済活動において合理的に利益を追求する存在」であるとする考え方。　→　経済学

(c) 管理人（経営人）(administrative man) モデル：人を経済人モデルのように合理的に行動するモノとしてではなく，「制約された合理性」の下で意思決定を行うモノとする。完全な満足ではなく，「一定基準を満たしたかどうかによる満足」に基づいて行動すると捉えた。　→　サイモンの『経営行動』

(d) 社会人モデル (social man)：人間は産業社会にあっても，単なる「経済人」ではなく，集団に所属していることから安心や喜びを得る存在であるとする考え方。　→　ホーソン実験

(e) 自己実現人モデル (self-actualization man)：人間は，給料や人間関係よりも，高度な動機，たとえば，「自分らしく生きる見通しを立てる」といった理想を持つ存在であるとする考え方。　→　マズローの『人間性の心理学』

(f) 理念人モデル (ideal man)：人を，「自分らしい生き方を志向する自己実現人モデル」からさらに高みに上げ，「理念を重んじる存在」だ

とする考え方。組織を「理念を持つ個人の集合体」とし，企業が理念を持つことの重要性を説いた。　→　野中・竹内の『知識創造企業』

(g) 複雑人モデル（complex man）

　経済学においては，企業と消費者という「二分法」を採用している。こうして人間をひとたび分けると，それぞれが一人歩きしてしまう。経済学では，企業側と消費者側という対立概念を考えている[3]。マーケティングでもこの考えを採用しており，したがって，両者の間にさまざまなところに齟齬ができて，第Ⅰ章【1-2】でも見たような企業問題，消費者問題を発生させている。

　今日の現状を見るにつけ，どうしてこのようなことになってしまったのか，と考えてみる。いろいろ理由があるにしろ，1つは「二分法」にあると考えている。たとえば，人間を「企業（者）」と「消費者」に分けたことである。

　経済学では，人間を二分法で考える（企業と消費者）。企業（家）は，生産によって利潤をできるだけ大きくしようとする「生産の権化」であり，消費者は購買物からできるかぎり効用を大きくしたいという「消費の権化」が想定されている。

　このことが，もし，上記の問題を引き起こしているということであるならば，人間を一個の統合体と捉えることはできないかを考えてみる必要性があるのではないか。そもそも，1人の人間は，企業家であり消費者であり，政治家であり，宗教家であり，芸術家である，という多面性を有した存在である。

　この現代人の多面性と統一性については，木村尚三郎が「さまざまな顔をもつ現代人」として述べているものである[4]。

　つまり，人は，企業部分と消費部分（その他も含めて）の内的バランスを取りながら行動している。その場合，特に，他の人が何を欲しているか，何を求めているかを考えて仕事をし，それに基づいて生活している（人はこのように考え，もたれあいの仕組みの中で行動している）。人々は正直に行動しなければならない。そうしなければ，このもたれ合いの枠組みから外され，仕事を失い，自らの生活を維持できなくなる。

　マーケティングの人間概念は，一個の統合的存在である。（企業や消費者という分類はない）マーケティングでは，人間概念として，統合的存在を考える必要があるのではないか。これは，経済学が想定する「経済的宇宙の二分法」ともいう「企業と消費者」の「二分法」を捨てるということである。

（2）二分法から統合的人間概念へ

　経済学の考え方では，企業と消費者とが独り歩きして，双方が対立概念になってしまう。確かに「マーケティングの定義」では，「消費者の欲求を満たすための企業によるすべての活動」となっているが，果たしてその実態は，消費者の期待を裏切るような，上記のごとくの不正の横行となって表れている。

　宗教家の竹内日祥によれば，17世紀以降，近代科学思想は，二分法思考（デカルトからニュートン）でやってきたが，科学の現場に無視できない矛盾を引き起こしたという[5]。そこで出てきたのが，統合・共存の思考であり，ニールス・ボーア，ハイゼンベルク（不確定性原理）や「複雑性科学の胎動」である。すなわち，

> 要素　　→　全体
>
> 分割　　→　共存
>
> 混沌　　→　秩序
>
> 決定　　→　非秩序
>
> 制御　　→　自己組織
>
> 因果性　→　関係性

と必然的に進化する思想的発展の軌跡であり，科学自体の自己創発的進化の足跡である，としている。つまり，「新たなパラダイム転換」の時代を迎えている，という。

　そこに，マーケティングを学問に高めるための素地を見出すことはできないかということである。すなわち，「一個の多面性と統一性を持った人間」概念を前提に体系化を考えるということである。これが成功すれば，「東洋

的な見方」によって学問とすることが可能となると思われるのである。

　東洋思想と西欧哲学との比較については，R. オズボーン（Richard Os-
borne）（1996）が参照される[6]。

　東洋哲学研究を代表する鈴木大拙によれば，東洋的見方は「禅」に代表さ
れる，という[7]。禅とは，人間の心の底にある，無限の創造性に徹して，こ
れに順応して動作することである。

　つまり，無限の創造性を持つ人間は，「一個の多面性と統一性を持つ存在
である」ということから，

　　→　創造的に生きる人間
　　→　どういう事業をするか，どういう製品（サービス）を作るか　→　（@）
　　→　マーケティングをすることにほかならない（なぜなら，（@）を捉
　　　　える社会科学の学問は現存していない。したがって，マーケティン
　　　　グでしか捉えられない）
　　→　どう体系化するか
　　→　1つの方法：複雑系理論（→プリゴジンの「散逸構造」へ）

　「散逸構造」を提唱し，ノーベル化学賞を受賞したプリゴジンは，「近代文
明を超える新しい思考の原型（モデル）を求めて」として，「統合的人間」
を提唱する[8]。

　プリゴジンによると，19世紀，自然に関する2つの矛盾した記述があっ
た，という。1つは，「可逆的世界」で，ニュートン的世界ともいう。これ
は，最初の条件によって推定が決定される，時計の振り子のような世界であ
り，革新あるいは創造性の場がない。もう1つは，「不可逆的世界」で，自
然は進化する，ということであり，エントロピーの発見があった。

　ここでも2つの世界観が生まれている。

　①エントロピーは増大し，無秩序状態はやがて，Heat Death（熱死）に
　　たるというもの。
　②エントロピーは増大し，無秩序状態へと移行するが，局所的に秩序「散
　　逸構造」（プリゴジン）が生まれる。

　前者は，「悲観的世界観」をあらわし，後者は「複雑系理論」へ導くと言われる。西洋と東洋の両方に跨る哲学を研究している池田善昭は，「統合学」を提起する[9]。これが，「複雑性」を問題にできる唯一の学である，としている。

　この点は，京セラの創業者で，日本航空を再建にも手を貸し成功させた稲盛和夫氏（2012）の言葉が参考となる[10]。

　　　私の経営学，会計学の原点にある基本的な考え方は，物事の判断にあたっては，つねにその本質にさかのぼること，そして人間としての基本的なモラル，良心にもとづいて何が正しいのかを基準として判断することがもっとも重要である。…………。私が言う人間として正しいこととは，たとえば幼いころ，田舎の両親から「これはしてはならない」「これはしてもいい」と言われたことや，小学校や中学校の先生に教えられた「善いこと悪いこと」というようなきわめて素朴な倫理観にもとづいたものである。それは簡単に言えば，公平，公正，正義，努力，勇気，博愛，謙虚，誠実というような言葉で表現できるものである。
　　　経営の場において私はいわゆる戦略・戦術を考える前に，このように「人間として何が正しいのか」ということを判断のベースとまず考えるようにしているのである。

と述べている。これは，「統合学」と類似の概念であると筆者は考えている。また，稲盛は書の「おわりに」を次のような言葉で締めくくっている。

　　　私は，会社経営はトップの経営哲学により決まり，すべての経営判断は「人間として何が正しいか」という原理原則にもとづいて行うべきものと確信している

（3）マーケティング・マンを考える

　もう少し，マーケティングにおける人間概念（マーケティング・マン）について考えたい。

　マーケティング・マンについては，筆者も，いくらか検討してきている[11]〜[14]。

　コトラーが，「自分のマーケティングは，経済学の範疇にある」と述べたことから，第5章【5-1】で検討された経済学との関連は無視できない。

　マーケティングを学にする際，経済学で，問題となりそうなのは，
①　生産者，消費者に仮定された，功利主義的極大仮説である。
②　商人が消えている。
③　成長性・動態性がない。
などである。

　特に，①，②は注目されるべき論点である。

　マーケティング学では，どういう人間概念を採用すべきなのか。現行マーケティングでは，経済学の概念（経済人）が採用されている。しかしながら，経済学者の佐和隆光[15]やアマティア・セン[16]，作家の藤原正彦[17]などが批判したように，マーケティングでも「経済人」を採用すべきではないであろう。また，木村尚三郎が言うように，人は多面性と統一性を持って行動していると考えねばならない[18]。

　とにもかくにも，人は，たとえば，企業部分と消費部分（その他も含めて）の内的バランスを取りながら行動している。その場合，特に，他の人が何を欲しているか，何を求めているかを考えて仕事をし，それに基づいて生活している。（人はこのように考え，もたれあいの仕組みの中で行動している），人々は正直に行動しなければならない。そうしなければ，この枠組みから外され，仕事を失い，自らの生活を維持できなくなる）

　マーケティングの人間概念は，一個の統合的存在である。（企業や消費者という分類はない）マーケティングでは，人間概念として，統合的存在を考える必要があるのではないか。これは，経済学が想定する「経済的宇宙の二分法」である「企業と消費者」をやめるということである。彼らは，たとえば，経済学の「功利主義的人間」という，生産者と消費者というそれぞれを「権化」とした「経済学の二分法」の人間概念とはまったく違ったものに従っていると考えねばならないのである。

　次に，経営学者たちがしばしば引合いに出す経営人（administrative man）は，経営学者 H.A.Simon（1916-）が提唱した人間主体概念であって，それは"経済人"と"情緒人"との中間に位置づけられるモデル人格である[19]。

　経営人については，H.A.Simon（1947）『経営行動』（松田他訳（1989）），

の序文に詳しい。彼は，経済人モデルが最適化行動をなし極大利潤をねらう人間を想定するのに対し，経営人モデルでは満足化行動をなし，適正利潤で甘んずるやや現実に近い人間を想定した。そして経営人は客観的な合理性よりも主観的な満足性に導かれて動くとした。彼はその例示として"針は最も尖っている必要はなく，縫うに十分なだけ尖っていればよい"と言い，またアリの行列を例に引いて"道は少しぐらいまっすぐでなくても，目的地へ向っていればよいのだ"といった表現で，これを説明している。

　このような多面性を持った人間を，筆者は，「統合的人間」と呼びたいのである。つまり，佐和のいう，「アメリカ社会のコード（仕来たり）が，日本社会のコードと同一ではないだろう。アメリカ社会のコード（仕来たり）の構造（すなわち，新古典派経済学の理論）前提のマーケティングを，日本にそのまま持ってきても，当てはまらないだろう」に近いものになる。

　日本人は，「合理的な愚か者」（rational fool）や「ロジカル・イディオット」（logical idiot：論理的馬鹿）ではない。少なくとも日本人の伝統の中に，「シンパシー」（sympathy：他者への思いやり，心配りがある。評論家の小林秀雄が，「もののあわれ」と表現したもの）が受け継がれていると考えるからである[20]。

　以上，筆者としては，「二分法（企業と消費者）概念」から「統合的人間概念」への移行を考えたい所以である。

7-2-2.　競争概念：

　競争概念については，筆者も拙論を発表してきている[21][22]。

　現代の「競争概念」は，運動会における勝ち負けを競う徒競走を意味していない。一般に，それは自由に競争することが前提ではあるが，実際に競技するに当たってはルールが設定されている。そのルールの枠内での自由競争なのである。ルールが変われば自由競争の仕方も変わるのである。将棋には将棋の，ゴルフにはゴルフの，相撲には相撲のルールがあって，その下で戦っている。また，現代の「競争」は，文字通りの「自由競争」や「完全競争」概念ではない。「有効競争概念」が採用されている。

「有効競争」（workable competition）：

　競争前提の建前から，競争制限を排除するために，この概念が作られた。そこでは，以下のような5つの目標が競争によって達成されるべきであるとするものである。

　　（ⅰ）市場成果に従って，要素市場における所得の機能的分配を保証すること。

　　（ⅱ）買い手の選好に従って，財，サービスの構成や分配を保証すること。

　　（ⅲ）最も生産性のよい使用へと生産要素を導くこと。

　　（ⅳ）外部の経済的データに対して，生産や生産能力を伸縮的に適応させ，投資の失敗を制限すること。

　　（ⅴ）生産物や生産方法における技術的な進歩を促進させること。

　これらの条件が満たされていると考えられれば，「自由競争」と「公正さ」が保証されているとして，そのまま推移を見守るということを原則とするものである。日本の公正取引委員会に誰かから告発があったとき，調査して，上記の条件が侵害されていたとなれば，摘発される。

　自由主義諸国では，ほとんどがこの「有効競争概念」が採用されていると考えられる。したがって，そこでは，上記の目標が達成されている（阻害されていない）と考えられる。これは，「完全競争概念」やその他の競争概念（マイケル・ポーター，今井賢一）とは違ったものである。

競争概念のいろいろ：

　自由主義諸国でも，自国の「競争」（competition）はどうあらねばならないか，またその競争をどのようなルールで守っていくかについては，長い間にわたって議論されてきている。こうしたことから，競争概念は，国によって，また時代状況によって変化していくものと考えざるをえない状況にある。有効競争概念以外に，これまで提起されてきた概念のうち主なものを以下に取り上げる。

　　（ⅰ）「完全競争」（perfect competition）概念：

　　　　1）消費者は効用極大を，生産者は利潤極大を目指して行動する。

　　2）消費者も生産者も多数いて，それぞれの一主体のみでは，価格を
　　　　操作できない。
　　3）生産要素は十分に調達可能であり，また自由に移動できる。
　　4）情報は完全である。

　現代社会において，生産する側も，消費する側も情報が完全ということは
あり得ないであろう。この概念は，今日では用いられることはないと言って
よい。

　（ⅱ）ポーターの「競争概念」：

　5つの競争要因（新規参入の脅威，代替製品の脅威，顧客の交渉力，供給
業者の交渉力，競争業者間の敵対関係）─広い意味で「敵対関係」と呼ぶ─
が存在するときをいう。この「敵対関係」が，「競争の激しさ」と「収益率」
を決めるものとなる[23]。

　（ⅲ）今井賢一の「競争概念」：

　「連結の経済性」（economy of networking）を提唱するもので，組織間，
主体間の結合によるシナジー効果の創出，企業外部資源活用の経済性を強調
する[24]。

日本の独占禁止法─自由と公正な競争─

　「有効競争」は，今日の概念を代表するものであるが，基本的には，求め
られている「成果」をどのような枠組みで達成させるかということにほかな
らない。ある枠組みにおいて不本意な結果が生じた場合には，問題とされた
部分に対しては，何らかの法的措置を講じてカバーするという考え方である。
当然，法的措置の論拠が問題となる。

　たとえば，今日の日本の「独占禁止法」にいう「公正な競争」（および
「公正な取引」）とは何か，法律のより所となっている考え方とは何か，と
いった問題である[25]。

　日本の「独占禁止法」は，「独占禁止法ガイド」（公正取引委員会事務局発
行）によると，企業活動の基本的ルールを定めた法律であるが，昭和22年
に施行されて以来，数回の改正を経て今日にいたっている。そこでの主旨は，
「我が国のような自由経済社会では，企業が競争しあって発展するのであっ

て，そのためその競争が公正で自由に行われるように，企業活動の基本的
ルールを定める」となっている。ここで言う「公正かつ自由な競争」とは，
自由に市場進出する機会を与えられた企業が，その市場で企業活動を自由に
行えるということであり，また公正な手段で競争できるということである。

　具体的には，以下のような行為を禁止している。

1)「自由な競争を守るため」…①カルテル（価格や生産数量の取り決め
　　といった不当な取引制限，事業者団体の競争制限行為），②私的独占
　　（有力企業の他企業支配，差別的価格の排除）

2)「公正な競争を守るため」…①共同の取引拒絶（ボイコット）（新規企
　　業の開業や商品の提供に対して），②不当廉売（競争企業の活動を困
　　難にする），③誇大表示（不当表示）や過大な景品付販売，④抱き合
　　わせ販売（関係ない商品をつける），⑤排他条件付き取引（自社製品
　　のみを取り扱うよう求める），⑥再販売価格の拘束（メーカーが自社
　　製品の販売価格を指示する），⑦優越的地位の乱用（下請け取引にお
　　ける発注者の優越的地位の乱用を規制）

　こうした条項に違反しているということが分かった場合，内容により，た
とえば，カルテル，私的独占には，刑事罰として罰則，課徴金が課せられ，
不公正な取引には，罰則はないが，「排除勧告」を受けたり，民事（被害者
への損害賠償請求）が発生する。

　ヨーロッパでも，「競争の自由」と「競争の公正性」の両方が強調され，
カルテル規制の撤廃や規制緩和によって競争が激化すればするほど，不公正
取引（不当廉売：理由のないコスト割れ販売，差別価格など）の規制も強化
され，それによって自由で公正な市場秩序が護られるという考えが強いよう
である。

　アメリカには，日本の「独占禁止法」と同様の「反トラスト法」（An-
ti-Trust Law）（シャーマン法―取引の共謀，1936年制定のロビンソン・
パットマン法―価格差別の禁止，クレイトン法―合併，買収，合弁事業関
連）がある。

　しかし，米国では，「競争の自由」は強調されるが，「競争の公正」は軽視

されがちであるという。連邦政府は「競争の自由」のための政策に注力し，司法省反トラスト局は，価格カルテルや入札談合に対して毎年数十件の刑事告発を行っているが，差別価格などの不公正取引規制は，州政府や民間の「訴訟」に任せている。

　いずれにしても，グローバル化する企業にとって諸外国の競争に対する考え方や競争規制のあり方についての検討が，今後，ますます重要性を帯びてくることは間違いない。

日本における重商主義の時代と有効競争

　こう見てくると，たとえば，日本において，足利将軍支配の封建時代であった室町時代も有効競争概念が働いていたと考えられる。すなわち，その制約の枠内で，商人たちは，自由に商売を営んだり，貿易に従事したりができたという，いわゆる，「重商主義」の時代であったと考えられている。

　そうした意味で，室町時代，織豊時代，江戸時代の初期（田沼意次が失脚するころまで）は，有効競争が働いていたと考えてもあながち間違いとは言えないだろう。

7-2-3．市場概念：

　経済学においては，「市場とは，企業と消費者という別人格どうしが，あるモノを売り買いする"場"」ということである。

　これに対して，マーケティングでは，「市場とは，買い手の頭数（人数）のこと」である。これが，現代でも，マーケティングの定義とされる「マーケティングとは，ある企業が，市場（すなわち消費者集団）を創造したり，拡大することである」の意味に相当する。すなわち，マーケティングとは，自己が作った作品（製品）について，他の人に新規に購買者になってもらったり，その購買者数を増やしたりすることなのである[26]。

7-2-4．価値概念：

　「価値」と言えば，ポーターの「価値連鎖論」が有名である。作り手側の価値のつながりにおける「価値の総体（累積）」が，買い手側の価値と釣り

あったときに購買が実現するというものである。しかし，はじめから価値があるかどうかは分からないのであって，あくまでも，作り手側の価値なるものは結果論に過ぎない。

　買い手が購買してはじめて価値が生まれる。購買以前は，そのモノの価値はゼロであると考えねばならない。また，結果として，購買されなかった場合は，作られたモノの価値はゼロである。

　あるモノについて，その作り手と買い手の関係は，図表7-1のようになっている。

図表7-1　モノの価値はどこで決まるか

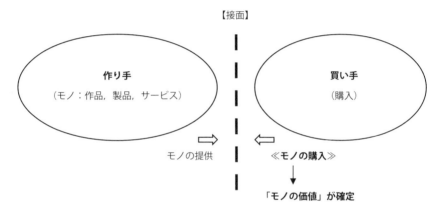

（出所）筆者作成

　「「問題解決」を行う場合，価値の問題が避けて通れない。目指す価値から考えろの指摘である」と長友隆司（2011）は言う[27]。

　この点は，経営学者の楠木 建（2010）も指摘している[28]。楠木は，競争優位の戦略ということで言えば，長期利益というゴールに向かって最終的に放つシュートが「競争優位」なのであって，その前にいろいろな段階があると言う。

　　　ストーリーはそれに向けてさまざま他社との違い（components）を因果論理でつなげたものです。ストーリーの「筋の良さ」とは因果論理の「一貫性」（consistency）を指しています。

　そして，楠木は，一貫性の高いストーリーを構想するためには，終わりから逆回しに考えることが大切だとしている。つまり，意図する競争優位のあり方を先に決めるということである。

　実際に，この論理を採用している典型例は，トヨタ自動車であると筆者は考えている（これについては，第 10 章で検討する）。

社会全体を意識したモノとサービスの取引の抽象化：

　モノやサービスを提供するのは，小売業者（企業全体の代表者）である。購入するのは，購買者（家計の代表）である。最前線では，モノ作り・コストの総体と価格（貨幣で表現した購買者の満足度）の交換が行われる。この交換の成立を「価値の実現」と呼ぶ。現場では，小売業者は，売りやすい品質と価格で提供する。購買者は，その時の状況で購買するのであり，このモノに対する価値は出来る限り満足の得られる価値である。最大の満足とは限らない。サイモンの言う「限定的満足」である。ある意味購買者にとっては妥協の産物である。それほど購買者にはさまざまな制約条件がある。基本的には家族の一員であるから，世帯主一人でモノの購入ができるほど甘くはない。

　一方，企業側も小売業者の前には，数段階の変形があり，それぞれの企業（メーカー）があって，それぞれの事情がある。

　モノを購入する現場には，多くの企業者がいて，多くの家計構成員がいることを考える必要がある。両者のせめぎ合いである。また，小売業（売り手側）も，そのとき購買者が購入した価値のモノを提供したに過ぎない。

　購買者が購入したものが「価値あるもの」である。決して小売業者が作り出した価値ではない。購買者が価値を作り出すのである。飲食業サイゼリヤの社長の言う "おいしいから売れるのではない，売れるからおいしいのだ" は，この考えから出発しているといってよいであろう[29]。

　はじめからコストや技術で価値を作られるのでないと考えることである。したがって，モノ作りでは，どういう形で最終取引がなされたかが注目すべき点である。そしてまた，その実現価値（額）から出発することが肝要なのである。トヨタ自動車の「カンバン方式」はその点の配慮から生まれたと考

えられるのである（この点は第 10 章で述べる）[(30)]。

7-2-5. 利益概念：

　売上（sales）や利益・利潤（profit, gain）を上げなければわが社はやっていけない，とはよく聞く言葉である。だからマーケティングをしっかりしなければならい，といったことをよく耳にする。しかしながら，ただひたすらマーケティングをやって利益を上げる，でよいのであろうか。

　「利益」で重要なのは，ドラッカーの概念である。

《ドラッカーの利益》

　ドラッカーはかならずしも明確に「利益」を定義しているようには見えないが，その点，リチャード・スミス（2010）の見解が参考となる[(31)]。

　リチャード・スミスの理解によるドラッカーの「利潤」概念は，以下のようになっている（原文のまま）。

> 　　利潤動機：利潤動機は，最大とまでは言わないが，非常に高い社会的効果を有している。権力への強い欲望は多様に表現されるが，利潤動機以外で知られているあらゆる形式は，仲間への直接的な権力の行使を許すことで野心的な人間に満足を与えるが，（企業の）利潤動機だけが物に対する力の行使を通じて充足感を与える。
>
> 　　利潤と収益性は，しかし，個別のビジネスというよりも，むしろ社会にとって重要である。収益性は，ビジネスを遂行する企業とビジネス行動の目的ではなく，それを制限する一要素である。
>
> 　　利潤は，説明，原因，あるいはビジネス行動の存立根拠とビジネスにおける意思決定ではなく，むしろその妥当性の判断基準である。……混乱の原因は，個人の動機―いわゆる事業人（ビジネスマン）の利潤動機―がその行動あるいは彼を正しい行動に導く導きの糸についての説明であるという誤った確信に潜んである。

　この訳文において，「利潤」は「利益」の方がよかったのではないか。というのは，日本語の「利潤」は経済学で定義されている以下のようなものと考えられているからである。

　利潤（gain）＝売上（revenue）－費用（cost）

この「利潤」と，ドラッカーの「利潤」とは，説明文から見て，明らかに違うものである。ここでは敢えて，ドラッカーの「利潤」ということは，筆者は「利益（profit）」であるとしておきたい。

ドラッカーの利益概念は，「利潤と収益性は，個別のビジネスというよりも，むしろ社会にとって重要である。収益性は，ビジネスを遂行する企業とビジネス行動の目的ではなく，それを制限する1要素である」なのである。

また，「利潤」という言葉は，説明，原因，あるいはビジネス行動の存立根拠とビジネスにおける意思決定ではなく，むしろその妥当性の判断基準に過ぎない。……すなわち，その混乱の原因は，個人の動機─いわゆる事業人（ビジネスマン）の利潤動機─がその行動あるいは彼を正しい行動に導く導きの糸についての説明である，という誤った確信に潜んでいる。また，「利潤」概念は，Win–Win（共によし）の関係重視も導き出している。

筆者は，ドラッカーの「利益概念」は，アダム・スミスの「見えざる手（un invisible hand）」を想起させるし，また，近江商人の「三方よし」にも通じるものがあると考えている。つまり，Win–Win の関係にもう1つの Win（世間よし）を加えた，Win–Win–Win の関係を満たす「利益」なのである。本稿では，「利益概念」としては，ドラッカー流の「社会的に承認される利益」を採用することにしている。

7-2-6. トランスベクション（transvection）：

オルダーソンは，1965 年に，*"Dynamic Marketing Behavior: A Functionalist Theory of Marketing"* を出版している[32]。具体的内容については，第8章【8-4】で説明するが，これはオルダーソン思想の均衡体系をあらわすものとなっている。

この均衡体系には，ある種の重要な概念が内蔵されている。「取引」の付随する企業の採る「活動」にかかわる概念である。つまり，オルダーソン体系で特徴的なのは，競争的調整や流通経路調整の問題で独自の概念を用いているということである。

"transvection" と呼ぶ概念がそれである。この概念は，オルダーソンによれば，「特に，マーケティング体系の一方の端から他方の端へ貫流するこ

とに関連している。たとえば，一足の靴のように単一の最終製品が，自然の状態における原材料からすべての中間品揃え形成と変形（transformation）を通じて移動した後に，消費者の手元に供されるようにする体系の行為単位である。」としている。

つまり，最終的に，消費者は自己にとって価値あるモノとしてある靴を購入する。"transvection" とは，その靴を仕上げるまでに採られるであろう「活動」（取引を含む）のすべてのこととなる。仕上げ途中の中間財（1つの変形物である）から次の中間財（別の変形物）へと移りながら最終的に完成財となり消費者へオファーされる商品となっていく。

これらの活動は商品に仕上げていくための変形財を形作って行くと同時に，変形財間の「取引」をも形作っている。

"transvection" 概念は，購買者に受け入れられる商品をいかに作成していくか（変形していくか）の諸活動とその活動間に生ずる個々の取引（transaction）とを統合する概念である。

このようなことから，オルダーソンでは，「取引の種類」を大きく分けて，

(a) モノの出来るまでの取引：部品から製品への取引（素材産業から中間財産業へ，さらに製造業へ）―モノを変形して完成品にするまでの取引，

(b) 出来上がったモノの取引：完成品の取引（モノとモノとの交換，物流段階の引き渡し）―所有権の移転

一般的に「取引 transaction」とは，(a) を前提とした (b) のみが対象となる。"transvection" は (a) と (b) の両方を引き起こす活動ということになる。

"transvection" ＝「有効変形行動経路」

筆者は，"transvection" を，日本語で「有効変形行動経路」と訳すことにしている。

オルダーソンの言う，「有効変形行動経路」では，最終製品を，購買者個人として対応を考えるのではなく，生活面を中心に考えること。現在の生活状態のみならず，ライフ・サイクル，ライフ・スタイル，生活価値観など生

き方や家族や社会との関係のあり方を考えたり，考え直したりする必要がある。

　「有効変形行動経路」の考え方は，価値連鎖の根底からのあり方を教えてくれる。最終的にモノ・サービスを購入するには，「購買代理人」という概念が欠かせない。彼（彼女）らに購入してもらってはじめてモノ・サービスの「価値が生まれる」のであり，そうあるように商品製造に関わるすべての企業（企業集団）は一体化しなければならない。

　これには，もともとすべての企業組織を構成する従業員は，生活者であことから，皆自己の問題として捉えねばならないということも含まれている。そして，最も重要な点は，すべてのもの・サービスは，人びとの「もたれ合い」の中で生まれるものということである。

　これは，素材（M_1）から始まって，作品（a work）（M_N）になるまでの一連の変形経路を辿ると考えられる。この作品が，購買者によって購入されて，はじめて「商品」となるのである。購入されなければ，その作品は廃棄処分となるであろう。作品は購入されなければ無価値である。

　ポーターに「価値連鎖論（Value Chain）」という説がある[33]。製造経路において存在する中間業者が価値あるモノを作ってそれを引き渡して，購買者にその最終価値を提供すべしという考え方である。

　しかし，「価値概念」ところで見たように，価値があるモノなのかどうかは結果でしか判断できない。つまり，最終的に，それが購買されてはじめてそれぞれの段階で価値あるものを作っていたということにほかならない。したがって，「価値連鎖論」は結果論なのであり，起こったことを後に一枚の紙にまとめたもの，あるいは，静態的な概念図にしかならない。楠木 建（2010）が言うところの，「ポーターの競争戦略論」は静態的であって実際にはそんなに使いものにならない代物である，というのと同じである[34]。

　この点は，コトラーについても同様で，"Marketing Management"も事柄の分類整理であり，その意味で静態的理論である。

　たとえば，コトラーは，「製品の定義」として，

　「製品」：製品多様性，品質，デザイン，外形，ブランド名，パッケージ，サイズ，サービス，保証（warranties），払い戻し（返品）（returns）。

などを挙げている。しかし，それらの属性が何時どのようなときにどうつ
ながるのかは明らかにしていない（つまり，動態性がないのである）。

　一方，「有効変形行動経路」概念は，オルダーソンによれば，「特に，マー
ケティング体系の一方の端から他方の端へ貫流することに関連している。た
とえば，一足の靴のように単一の最終製品が，自然の状態における原材料か
らすべての中間品揃え形成と変形（transformation）を通じて移動した後に，
消費者の手元に供されるようにする体系の行為単位である」としている。

　これを，筆者は，

$$製造過程　\to\to\to　流通過程　\to\to\to　（購買者）$$
$$T_1{}^*, T_2{}^*, \cdots\cdots, T_k{}^*, T_{k+1}{}^*, \cdots, T_N{}^*$$

と表していた（T_i は，変形行動単位で，＊印はその有効経路上の行動単位）。

　これは，江戸時代にあった浮世絵の製作工程と同じである。
　一般に，

$$版元\to　絵師\to　彫師\to　摺師\to　販売（者）\tag{1}$$

という工程であらわされる。
　ここで，絵師＝ M_1，彫師＝ M_2，摺師＝ M_3，販売（者）＝ M_4，とすると，
(1) は，

$$M_1 \to M_2 \to M_3 \to M_4 \tag{2}$$

となる。
　最初は，この工程は，すべて1人で行っていた。そのため完成品を得る
までには結構な時間が掛かる。人気が出てきたので，多くの枚数を刷る必要
が出てきた。そうするには，版元は，1人でやるより，分業化する方が，よ
り効果的・効率的であると考えたわけである。
　この版元は，こうも考える。$M_1 \to M_4$ の流れ（これが動態性ということ
である）は変えられないが，それぞれの担当者（絵師，彫師，摺師，販売

者）はその特性に応じて変更することができると。それぞれの担当部署に何人もの人を抱えていた。つまり，1枚の絵でも多種多様な擦り物に作り替えることができるし，それぞれ違った人たちの組合せで多様な浮世絵が製作されていたわけである。

　そして，この工程は，そのような多様であってもスピーディに完成品を得る特徴を有している。版元は，人々の要求に迅速に対応できる巧妙とも言える体制づくりを実行していたわけである。

　これこそ，オルダーソンの言わんとする「トランスベクション」の原理なのである。

　この工程を一般化して見よう。

　ある消費財メーカーを，M_K と表すと，取引ある前方の企業は，M_{K-1} であり，

$$M_{K-1} \quad \rightarrow \quad M_K$$

となる。もし，M_{K-1} の前にも取引企業 M_{K-2} があるなら，

$$M_{K-2} \quad \rightarrow \quad M_{K-1} \quad \rightarrow \quad M_K$$

以下同様にして，先頭のおそらく素材提供企業（M_{K-L}）に行きつく。

$$M_{K-L} \quad \rightarrow \quad \cdots \quad \rightarrow \quad M_{K-2} \quad \rightarrow \quad M_{K-1} \quad \rightarrow \quad M_K$$

また，M_K の後方に，流通企業（卸売（M_{K+1}），小売 M_{K+2}）などがつながるならば，

$$M_K \quad \rightarrow \quad M_{K+1} \quad \rightarrow \quad M_{K+2}$$

オルダーソンでは，M_{K-L} から M_{K+2} までが，「トランスベクション」である。

　これは，上記した，

$$製造過程 \quad \rightarrow\rightarrow\rightarrow \quad 流通過程 \quad \rightarrow\rightarrow\rightarrow \quad （消費者）$$

$$\underbrace{T_1{}^*, T_2{}^*, \cdots T_{k-1}{}^*, \boxed{T_k{}^*}}, \underbrace{T_{k+1}{}^*, \cdots, T_N{}^*}$$

の意味である。

　また，

$$\text{``}T_1{}^*, T_2{}^*, \cdots\cdots T_{k-1}{}^*, \boxed{T_k{}^*}, T_{k+1}{}^*, \cdots\cdots, \ T_N{}^*\text{''}$$

までが「オルダーソンの企業集団」である。

　つまり，最終的に，購買者は自己にとって価値あるモノとしてある浮世絵を購入する。トランスベクションとは，購入された（また，購入されることが確かな）浮世絵を仕上げるまでに採られるであろう「活動」（取引を含む）のすべてをあらわす概念となる。仕上げ途中の中間財（1つの変形物である）から次の中間財（別の変形物）へと移りながら最終的に完成財となり消費者へオファーされる完成品（作品）となっていく経路である。

　一方，これらの中間的活動は完成品に仕上げていくための変形財を形作って行くと同時に，変形財間の「取引」をも形作っていると考えている。

　「有効変形行動経路」概念は，消費者に受け入れられる商品をいかに作成していくか（変形していくか）の諸活動とその活動間に生ずる個々の取引（transaction）とを統合する概念なのである。

製造工程を逆転して考えることの重要性

　マイケル・ポーター（Michael Porter：以下，ポーター）の「価値連鎖」（Value Chain）では，作り手側の価値のつながりにおける「価値の総体（累積）」が，買い手側の価値と釣りあったときに購買が実現するというものである。第3章【3-4】にあるように，基本的に，プロセス上の各機能の価値の積み上げが総価値を生むという考えである（図表3-1）。

　しかし，はじめからできあがった製品に価値があるかどうかは分からないのであって，あくまでも，作り手側の価値なるものは結果論に過ぎない。買い手が購買してはじめて価値が生まれる。購買以前は，そのモノの価値はゼロであると考えねばならない。また，結果として，購買されなかった場合は，作られたモノの価値はゼロである。購買されてはじめて，各機能の価値も分かるのである。したがって，ポーターの理論は，「後付け論」ということになる。

図表 3-1　価値創造・伝送連鎖モデル（再掲）

価値の選択プロセス			価値の提供択プロセス					価値の相互作用択プロセス		
顧客セグメンテーション	マーケット選択／フォーカス	価値のポジショニング	製品開発	サービス開発	プライシング	調達・製造	流通・サービス	セールスフォース	販売促進	広告

＝ 戦略的マーケティング ＝＝＝＝＝＝＝＝＝＝＝＝＝＝＝＝ 戦術的マーケティング ＝＝＝＝＝

（資料）Lanning, M. J. and E. G. Michaels（1988）.
（出典）Kotler, P.（2000）, p.85.

（出所）黒田重雄他著（2001）『現代マーケティングの基礎』，千倉書房，p.77, p.79.

　一方，経営学者の楠木 建（2010）は，『ストーリーとしての競争戦略―優れた戦略の条件―』の中で，ポーターの"Competitive Strategy"（訳本，『競争の戦略』）を「静態論」として退けている。事業の意思決定は，連続的なプロセス（ストーリー）において決定されるもので，あれもある，これもある，ということではないというものである。

　筆者としては，マーケティングにおけるコトラーの著書"Marketing Management"（マーケティング管理論）についてもこれと同じことだと考えている。

　また，流通システム論では，ともすれば，製造工程との関係を忘れがちである。すなわち，まず，ある作品（製品）を受け取って，買い手に提示する，引き渡すとき何をすれば良いか（外装（カバー）をどうするか，また，どう変形すればよいか（どのようなサービスを付加すればよいか））だけが問題となりがちである。

　流通部門（卸・小売・運送）も製品づくりから関与すべきと言うことが重要となる。

　しょうゆ醸造のキッコーマン社の森戸孝雄（1992）が書いているように，製造過程でいくら密な検討を行っていても，市場に出荷した場合にうまくいかなかった。そこで，販売手段に一工夫を凝らし，売り上げを伸ばすことができた，というものである[35]。

　つまり，徹底的に購買者と一体化して作った製品でも，販売面でうまくいかなかった場合があるということである。リサーチを徹底的に行い，「共創」

の考え方を徹底的に実行し，長い時間掛けて作り上げた作品でも，それだけ
で買い手が購入するものになったかどうかは確かではないのである。販売・
流通部門がしっかりフォローしなければ成功しない（多くの買い手が購入し
ない）場合があることを考えておかねばならないということである。

　いかなるビジネス・システムを構築するかにかかわって，その設計思想が
問われるが，加護野忠男（2010）は，「企業間協働」が重要になると述べ
る(36)。

> 　20世紀の最後の四半世紀に，その後の私たちの生活を表させてしまうよ
> うな新しい事業が多数つくられた。コンビニエンスストア（以下，コンビ
> ニ），宅配便，引っ越しサービス，ビデオレンタル，お惣菜やお弁当などの
> 中食ビジネス，文房具の通販，カテゴリーキラーと呼ばれる特化型ディス
> カウンター，製販統合型アパレル業（SPA）などである。
> 　これらの事業は，それまでになかった企業間協働によって可能になった。
> 携帯電話，テレビゲームなどの商品と直結した，新しい企業間協働関係も
> 現れた。消費財の分野だけではない。生産財の世界でもサプライチェーン，
> アナトソーシング，EMS（電子機器の受託製造サービス），工場を持たない
> 形態を示すファブレスなどのカタカナ言葉で示される企業間協働関係が新
> たに生み出された。
> 　1990年代にはいると，これらのビジネスのいくつかはインターネットと
> 結びつき，さらに発展した。同時に，インターネット主導のネットビジネ
> スも台頭し，ここでもまた新しい企業間協働関係が構築された。このよう
> な企業間協働関係を，経営学では「ビジネス・システム」と呼ぶ。20世紀
> の最後の四半世紀は，ビジネス・システムの革命的変化の時代だったといっ
> てもよいほどの，大きく重要な変化が起こったのである。

　筆者としては，システムの設計については，オルダーソン（1965）の造
語である，「有効変形行動経路」概念が有効と考えている。
　オルダーソンの理論構築の背景は，第1章「異質市場と組織型行動体系」
で明らかにされている。まず，オルダーソンは，マーケティング理論構成の
現状について大略次のように述べている(37)。

> 　理論構築に際しては，非常に限られた基礎概念を用いることが価値ある
> ことと考えられる。マーケティング理論は，定理が公理から導出され，経
> 験的事実によって検証されるという厳密な演繹的装置をもつ状態には未だ

> 至っていない。マーケティング理論は市場の機能様式を説明する。その究極目的は市場機能様式の改善方法を発見することにある。理論構築にさいしては，マーケティング現象と考えられる多様な事実から，マーケティング過程の成果を規定し，整合性をもっと考えられる事象や活動が選別される。マーケティング現象の単なる記述的または歴史的論述はマーケティング理論とはいえない。……。自己のマーケティングについての経験あるいは過去のマーケティング活動の方法にかんする省察は理論概念の主要な源泉といえる。

オルダーソン（1965）は，「序章」の中でも，「理論とマーケティング科学」の項で，「実践と理論の関係」について書いている。

> 理論の発展は，実践を改善しようとする斉合的な努力の中からかならず生まれてくるものである。われわれはもっと実践的になるためにもっと理論的にならねばならない

なおかつ，この理論には「予測のため」が含意されている点に注意が肝要である。

> マーケティング理論はマーケティング活動の成果を予測する試みがなされる場合のみ生成するといえる。マーケティング科学は，予測を理論にもとづいて行ない，予測事象が現実に生起したかを観察または測定を通して確認することによって進歩する。マーケティング科学はマーケティング活動を改善するために立案されるマーケティング計画に究極的に適用される。

結果的に，組織活動を行う背景には何らかの予測を伴っているのであって，それを前提に理論モデルが構築されるものであるということにほかならない。

逆回しで競争優位を考える

「逆回しで物事を考える」のは，「歴史研究」でもある[(38)]。なぜ，この事件や事柄が起こったのか，と前へ前へと遡及していくやり方である。

長友隆司（2011）は，「「問題解決」を行う場合でも，価値の問題が避けて通れない。その場合「目指す価値から考えろ」が重要である」と述べる[(39)]。

この点は，経営学者の楠木　建（2010）の考えも同じである。彼は『ストーリーとし ての競争戦略 ―優れた戦略の条件 ―』という本の中で，ポー

ターの"*Competitive Strategy*"（訳本名，『競争の戦略』）を「静態論」だと決めつけ退けている。

事業の意思決定は，連続的なプロセス（ストーリー）において決定されるもので，「あれもある，これもある」ということではないとするものである。このことは，後に見る，「トランスベクションの逆回し」と同じことなのである。筆者としては，コトラーの"*Marketing Management*"（マーケティング管理論）についてもこれと同じことだと考えている。

流通システム論では，ともすれば，製造工程との関係を忘れがちである。すなわち，まず，ある作品（製品）を受け取って，買い手に提示し，引き渡すとき何をすれば良いか（外装（カバー）をどうするか，また，どう変形すればよいか（どのようなサービスを付加すればよいか））だけが問題となりがちである。流通部門（卸・小売・運送）も製品づくりから関与すべきなのかもしれない。これはオルダーソンの「トランスベクション」の考え方を受け入れることでもある。

つまり，徹底的に消費者と一体化して作った製品でも，販売がうまくいかなかった場合があるということである。リサーチを徹底的に行い，「共創」の考え方を徹底的に実行し，長い時間掛けて作り上げた作品でも，まだ，それだけで買い手が購入するものなったかどうかは確かではないのである。販売・流通部門がしっかりフォローしなければ成功しない（多くの買い手が購入しない）場合があることを考えておかねばならない。

逆廻しと蔦重の浮世絵製作工

7-2-6でも見たように「有効変形行動経路」概念は，江戸時代にあった浮世絵の版元蔦屋重三郎（蔦重）による製作工程と同じである[40]。

一般に，蔦重では，

$$版元→　絵師→　彫師→　摺師→　販売（者）　\qquad (1)$$

という機能工程であらわされる。

ここで，絵師＝M_1，彫師＝M_2，摺師＝M_3，販売（者）＝M_4，とすると，(1) は，

$$M_1 \rightarrow M_2 \rightarrow M_3 \rightarrow M_4 \tag{2}$$

となる。

　ここで，《M_4 という「モノの価値」が確定する点》を出発点とすることを考える。オルダーソンの「トランスベクション」の逆回しである。

　(2) で，矢印の向きを変えると，

$$M_4 \rightarrow M_3 \rightarrow M_2 \rightarrow M_1 \tag{3}$$

　つまり，M4 の意味は，完成した作品（浮世絵）は売れたもの，ないし売れることが確実なものである。それを前提に，$M_3 \rightarrow M_2 \rightarrow M_1$ となり，最終的に絵師（の絵）が決まる方式である。

　こうしたことが，オルダーソンの「トランスベクション」から類推できるのである。

　そして，この工程は，そのような多様であってもスピーディに完成品を得る特徴を有している。版元は，人々の要求に迅速に対応できる巧妙とも言える体制づくりを実行していたわけである。

　経営組織のおける「事業部制組織」の解明で有名な，チャンドラー，Jr. の大著『組織は戦略に従う』でも，組織をいかに市場動向に合わせるかという観点が分析の中心となっている[41]。

　　　アメリカ企業の戦略，組織面での変更には，市場がきわめて大きく影響しているのは言うまでもない。アメリカ企業が成長，統合，多角化を経験したのは，市場の変化に促されたからだ。新旧の経営資源をうまく結集して変わりゆく市場に対応するためには，集権的職能別組織の構築が求められた。地理的拡大や製品多角化がさらに進むと，今度は事業部制へと移行して，需要動向の変化に合わせて大規模な職能別活動を統合した。**多数の大企業がたどってきた軌跡からは，市場と経営体制が密接に関係し合っているとの事実が浮かび上がってくる。**この関係を理解すれば，アメリカの大規模企業がいかにして成長を遂げ，どのように組織を改編してきたのか，その大筋の流れを説明できるのだ。（注：太字は筆者）

　これこそ，オルダーソンの言わんとする「トランスベクション」（「有効変形行動経路」）の考え方なのである。

　ところでこれは，経済学者のアルバート・ハーシュマン（Albert O. Hirschman）の『経済発展の理論』（1958）における「前方連関効果」と「後方連関効果」の概念と類似のものと考えられるものである[42]。

　ハーシュマンによると，「ある生産物を国内で生産できるという事実は，生産者の側に，その生産物をより多量に〔投入物として〕利用せんとする努力を呼び起こし，また，そのような仕事に資金面から参加せんとする意欲を喚起するであろう。このように，ある生産物の国内的入手可能性は，新経済活動にそれを投入物として使用する力を刺激し，ついで，その新経済活動が，新しく生み出される「引きずられた欲望」を満足させるのである。したがって，これは，そのような意味で，道路の敷設がより多量の交通量を単に「誘発する」といった誘発機構にくらべて，任意性のいっそう少ない誘発機構である」，と述べる。

　くり返すと，体系化の出発点は，実際に購買された作品（製品）である。それと同じか，またはそれに近い作品が出発点である（これを経済学的に表現すると，「市場性があるもの」となる）。

　そして，このことを2点に集約している。

　　1.　投入物供給効果，派生需要効果もしくは「後方連関効果（backward linkage effects）」。これは，第1次産業以外のあらゆる経済活動が，自己の活動に必要な投入物を国内生産によって供給しようとする努力を誘発することである。
　　2.　産出物利用効果もしくは「前方連関効果（forward linkage effects）」。これは最終需要の充足だけを本来の目的とする産業以外のあらゆる経済活動が，その産出物を別の新しい経済活動の投入物として使用せんとする努力を誘発することである。

　正に，オルダーソンの「トランスベクション概念」が意味するところのものである。すなわち，ある企業（ビジネス）の存在は，その前後のつながりの連鎖による全体（トランスベクション）効果によって，買い手（家族の代表）の欲求に応える，あるいは欲求喚起に貢献するということにほかならない。

7-3.　結語

　人は，仕事をしなければ生きていけない。そこで重要なのは，現代におい
て必要な生活品を得るためには，自給自足の仕事だけでなく，「利益の付い
た仕事」をしなければならない。この利益の付いた仕事のことを「ビジネ
ス」と呼ぶことにする。

　ビジネスでは，モノ（サービスを含む）を作り，それを他の人に購買して
もらう必要がある。購買してもらってはじめて，そのモノの価値が発生する。
購買なしにはそのものの価値はゼロである。

　すべての人は，ビジネスをして，他の人に購買してもらう関係で，もたれ
合って生きている。人は皆，もちつもたれつで生きている。（これが本論の
前提である）ビジネスを決めること，実践することが，「マーケティング」
である。これは，「マーケティング・リサーチ」に類似する考え方である。

　この意味は，今日，マーケティングの定義とされる「消費者の欲求に合わ
せること」だけではないことを包含している。そこでは，「儲け方」，「儲け
る方法」といった「戦略論」としての意味が強い。それが，夥しいほどの
「○○マーケティング」を生み出している。

　もう一方で，日本はもとより，世界的に企業による不正や偽装のオンパ
レードである。これには，世界中にアメリカ・マーケティングが蔓延した結
果であることも指摘されている。ついには，「マーケティング至上主義」と
か「マーケティング民主主義」なる言葉も囁かれ出している。

　これを良い意味と受け取ることは出来ない。こういう事態を招いたのは，
一部の実業界の人びとの要請に迎合してきた，マーケティング研究者や，大
学や大学院で講義する者にもあるのであって，彼等（筆者も含めて）にも問
題に対する責任の一端があると考えざるをえない。そうした事態を招いたの
は，マーケティングの責任ではない，使う方の問題である，という言い逃れ
は最早できない状況に立ちいたっているのではないかということである。

　では，どうするか。マーケティングを学問にすることである。しかも，
マックス・ウエーバーが述べた，人間が生きていく上で極めて重要な問題を
取り扱い，しかもそれは他の学問では取り扱っていないものでなければなら

ないのであるが。また，それを学問にするためには，独自の概念，定義，体系化，方法論などの問題を一体的にクリヤーしなければならないだろう。このうち，本章では，独自の概念となるべきもののいくつかを検討してみたものである。

●第 7 章の注と参考文献

(1) 黒田重雄（1980）「消費者行動論とマーケティング―理論経済学の応用に関する一考察―」『現代経済学の政策論』（小林好宏，三浦収編）・第 1 章所収，新評論。

(2) 『日経ビジネス・アソシェ』（2013）では，宮田矢八郎教授の意見を参考に，6 つのモデルにまとめている。

(3) 効用極大概念と利潤極大概念

(4) 木村尚三郎（1993）「さまざまな顔をもつ現代人」（『西洋文明の原像』，講談社学術文庫）。

(5) 竹内日祥（2003）「序文」『文明の未来，その扉を開く―近代文明を超える新しい思考の原型（モデル）を求めて―』，晃洋書房，pp.11-23。

(6) Osborne, Richard（1996），Eastern for Philosophy by Borin Van Loon, Icon Books.（小幡照雄訳（1997）『東洋思想（for Beginners)』，現代書館）。

(7) 鈴木大拙著（上田閑照編）（2010）「東洋的見方」『新編・東洋的な見方』，岩波文庫，pp.15-28。

  （＊）鈴木大拙著（上田閑照編）（2010）『東洋的な見方』，岩波文庫（初版 1997 年），pp.166-196。

(8) Prigogine, Ilia and Stangers, Isabelle（1984），*Order out of Chaos: Man's New Dialogue with Nature*, Bantam Books.（伏見康治・伏見　譲・松枝秀明訳（1999）『混沌からの秩序』，みすず書房）。

  （＊）プリゴジン（2003）「巻頭言・東洋における"統合の学派"―人類にとっての和解の試み―」『文明の未来，その扉を開く―近代文明を超える新しい思考の原型（モデル）を求めて―』，晃洋書房，pp.1-9。

(9) 池田善昭（2003）「統合学の可能性」『『文明の未来，その扉を開く―近代文明を超える新しい思考の原型（モデル）を求めて―』，第 11 章所収，晃洋書房，p.296。

(10) 稲盛和夫（2012）『稲盛和夫の実学―経営と会計―』，日本経済新聞出版社，

pp.21-22。

(11) 黒田重雄（2012）「マーケティングの体系化における人間概念に関する一考察―二分法（企業と消費者）概念から統合的人間概念へ―」『経営論集』（北海学園大学経営学部紀要），第10巻第3号（2012年9月），pp.123-138。

(12) 黒田重雄（2013）「マーケティングの体系化における人間概念はどうあるべきか―統合的人間（マーケティング・マン）を想定する―」『MFJ・マーケティング・フロンティア・ジャーナル』

　　　（北方マーケティング研究会誌），第3号（2013年1月），pp.19-29。

(13) 黒田重雄（2013）「マーケティングを学問にする一考察」『経営論集』（北海学園大学経営学部紀要），第10巻第4号（経営学部10周年記念号）（2013年3月），pp.101-138。

(14) 黒田重雄（2013）「マーケティングを学問にする際の人間概念についての一考察―マーケティング・マンの倫理観・道徳観を考える―」『経営論集』（北海学園大学経営学部紀要），第11巻第2号（2013年9月），pp.95-116。

(15) 佐和隆光（2016）『経済学のすすめ―人文知と批判精神の復権』，岩波新書，pp.108-109。

(16) Sen, Amartya（1982），*Choice, Welfare and Measurement*, MIT Press.（大庭 健・川本 隆史訳（1989）『合理的な愚か者―経済学＝倫理学的探究―』，勁草書房）。

(17) 藤原正彦（2017）「戦後70年，古き良き日本は，どこへ行ったのでしょう？」『文藝春秋』，2017年1月号，*Bunshun Lounge*（折り込み文）（pp.172-173の間）。

(18) 木村尚三郎（1993）（文献（4）に示す）。

(19) Simon, Herbert A.（1970），*Models of Man*, John Wiley & Sons, Inc.（宮沢光一監訳（1970）『人間行動のモデル』，同文舘）。
Simon, H.A.（1947），*Administrative Behavior: A Study of Decision-Making Processes in Administrative Organization*, 4th ed. in 1997, The Free Press.（二村敏子，桑田耕太郎他訳（2009）『経営行動』（新版），ダイヤモンド社）。

(20) 小林秀雄・岡 潔（2010）『人間の建設』，新潮文庫，pp.82-93。

(21) 「競争概念と規制」『現代マーケティングの基礎』（黒田重雄・菊池均・佐藤芳彰・坂本英樹著），千倉書房，pp.54-57。（2006年）

(22) 「流通における"公正な競争"について」『経営論集』（北海学園大学経営学部紀要），第11巻第1号（2013年6月），pp.71-86。

(23) Porter, M.E.（1980），*Competitive Strategy*, Macmillan Publishing Co. Inc.

(24) 今井賢一（1987）「経営学へのマクロ的接近―経営学と経済学の間―」『現代経営学ガイド』，日本経済新聞社。

(25) 後藤　晃・鈴村興太郎編（1999）『日本の競争政策』，東京大学出版会。

　　　帯：自由で公正な競争社会への制度設計。将来の競争政策のあり方を問う，経済学者と法学者による本格的共同研究の成果。

(26) 黒田重雄（2009）『現代マーケティングの理論と応用』（佐藤耕紀，遠藤雄一，五十嵐元一，田中史人と）（2009 年 3 月），第 1 章担当，同文舘。

(27) 長友隆司（2011）「IE 活動の再構築が組織の生産性を向上」『生産性新聞』，日本生産性本部組織広報センター発行，2011 年 1 月 25 日付。

(28) 楠木　建（2010）『ストーリーとしての競争戦略―優れた戦略の条件―』，東洋経済新報社。

(29) 正垣泰彦（2011）『おいしいから売れるのではない　売れているのがおいしい料理だ』，日経 BP 社。

(30) スーパーの棚管理からヒントを得たと言う。

(31) リチャード・スミス（長原　豊訳）（2010）「ドラッカーの先見」『現代思想』，Vol. 38-10，青土社，pp.114-140。

(32) Alderson, Wroe（1965），*Dynamic Marketing Behavior*, Richard D. Irwin, Inc.（田村正紀・堀田一善・小島健司・池尾恭一共訳（1981）『動態的マーケティング行動―マーケティングの機能主義理論―』，千倉書房）。

(33) Porter, M.E.（1980），（文献（23）に示す）。

(34) 楠木　建（2010）（文献（28）に示す）。

(35) 森戸孝雄（1992）「キッコーマン・特選丸大豆しょうゆの誕生について」『JMA ニュース・marketing horizon』（日本マーケティング協会），8 月号（1992 年），pp.26-29。

(36) 加護野忠男・山田幸三（2016）「ビジネスシステムの日本的叡智」『日本のビジネスシステム―その原理と革新―』，有斐閣。

(37) Alderson, Wroe（1965），（文献（32）に示す），（訳本）pp.31-35。

(38) 川合　敦（2017）『日本史は逆から学べ』，光文社知恵の森文庫。

(39) 長友隆司（2011）「IE 活動の再構築が組織の生産性を向上」『生産性新聞』，日本生産性本部組織広報センター発行，2011 年 1 月 25 日付。

(40) 蔦屋重三郎（蔦重）：（出典　小学館デジタル大辞泉）

　　　［1750 〜 1797］江戸後期の出版業者。江戸の人。本名，喜多川柯理（からまる）。号，耕書堂。通称，蔦重（つたじゅう）。狂名，蔦唐丸（つたのからまる）。大田南畝・山東京伝らと親交があり，多くの洒落本・黄表紙のほか，東洲斎写楽・喜多川歌麿らの浮世絵版画も出版した。

(41) Chandler, Jr., Alfred D.（1962），*Strategy and Structure*, The MIT Press.（有賀裕子訳（2008）『組織は戦略に従う』，ダイヤモンド社，p.481）。

(42) Hirschman, Albert O.（1958），*The Strategy of Economic Development*,

Yale Univ. Press.（小島清・麻田四郎訳（1961）『経済発展の戦略』，巌松堂出版）。

第8章

マーケティング学の体系化

はじめに

　本章は，マーケティング学の「体系化」の考察である。

　アメリカでは，20世紀初頭に「マーケティング」(marketing) という言葉が生まれている。その後のマーケティングの発展内容については，現代マーケティング研究の第一人者としてのコトラーを紹介した文に表されている。

> 　マーケティング・マインドの追求：マーケティングを唱える者がマーケティングの何たるかを知らないことは多い。しかも，「マーケティングはビジネスそのものである」がゆえに俗説や無手勝流の解釈が横行しやすい学問のようだ。そもそも顧客という'人間'を対象とした分野であり，その登場以来，不定形に進化し，いまなお続いている。マーケティングとは何か，その本質を見失いつつある現在，マーケティングを体系的に研究し，理論化を試みてきたコトラーにその再発見のカギを求める。

　これは，『DIAMOMDハーバード・ビジネス・レビュー』(“*Harvard Business Review*”の日本版)(2008年11月号) の表題は《マーケティング論の原点》とあって，その中に，コトラーとの対談が掲載されているが，その対談に先立って，コトラーを紹介したものである。

　これを読む限り，マーケティングは，単なる売り方や販売の仕方といったハウ・トゥ (how-to) を示すものではないとしている。また，コトラーをはじめとして多くのマーケティング研究者は，「マーケティングを学問として'ビジネスの体系化'を目指す研究」と考えているようなのである。

　しかし，コトラーは，自身のマーケティングを，「経済学の範疇にある」と述べていることに注意しなければならない[1]。経済学において，問題となるところや足りない部分を補っていると言うのがコトラーの言い分であるが，当然のことながら，ご本家経済学からの反応は今のところゼロである。

　したがって，経済学の概念をそのまま踏襲しているコトラー・マーケティングは，独自の学問化を目指す「マーケティング学」のプロトタイプとしては相応しいものとは言えないであろう。

　つまり，「ビジネス」の実践として生まれた「マーケティング」の体系化については，「千変万化する環境にあっていかなるビジネスを起こし，どう運営していくかについての厳しい現実」をどう取り込めるか，が最大の課題となっていることを忘れてはならないということである[2]。

　マーケティングが「ビジネスを探し，決定し，実行すること」だとすると，体系化するに際しては，その枠組みは，市場の全体像を描くことはもとより，その将来予測を相当程度可能にするものでなければならない。

　第7章【7-2-6】で見たように，経営学者（経済学者ともいう）のマイケル・ポーターの競争戦略は，楠木　建（2011）が『ストーリーとしての競争戦略―優れた戦略の条件―』で指摘したように静態的な戦略論であった。経済学における主流派経済学の一般均衡理論体系も，理論経済学者の宇沢弘文（2002）が『ヴェブレン』で指摘したように静態的均衡体系を持つものであった[3]。

　マーケティングにおいても，コトラーのマーケティング体系は，（経済学の範疇にあるとするならば），静態的なものと言わざるをえないのである。一方で，今日，マーケティングは，企業内の営業部とかマーケティング部などとして，経営の一部門を構成しているに過ぎないと見られることが多い。

　そんな中，アメリカ・スタンフォード大のマーケティング研究者のバゴッツィ（Bagozzi, Richard P.）（1986）は，マーケティングの「統合的機能」について書いている[4]。すなわち，「マーケティングは生産，財務，人事，R＆Dといった他の経営分野と同列という捉え方から，それらを統合し，かつ激変するビジネス環境にうまく対応していくための最も重要な機能という捉え方に変化しつつある」と述べている。つまり，マーケティングが統合

的機能を有するものだとすると，体系化に当たっては，予測を可能にする動態性をも併せ持つものという理解も欠かせないのである。

8-1. マーケティングの体系化の歴史

ところで，マーケティングの体系化を進めたいという動きは，マーケティングという言葉の発生地，アメリカにおいて比較的早く検討が始まっていた。

アメリカにおけるマーケティングの体系化研究の嚆矢

三浦 信（1993）は，コープランド（Copeland, Melvin T.）（1958）の説を紹介している[5][6]。すなわち，

> 米国で最初にマーケティング研究へ体系的接近（A systematic approach）を提案したのは，A.W. ショウ（Arch W. Shaw）である[7]。つまり，ショウ（Arch W. Shaw）は，40年前に，注意深い分析（analysis），成果（業績）（performance）の標準の確立，そして考え深い計画（thoughtfull planning）によってマーケティング・マネジメント（marketing management）という親指の法則（rule-of-thumb procedures）（経験から割り出した法則）を実行すべしと発しはじめていた。

しかし，本格的に体系化を目指すのは，その半世紀ほど後になる。

企業活動の市場環境に対して適応する行動が必要になり，そのために，総合的な対処のための（考え方）用具として「マーケティング」を「システム」として把握しようとする「システムズ・アプローチ」が生まれている。これは，ケリー＝レイザー（Kelley, E.J. and W.Lazer）（1958）によって唱えられたものである[8]。

ただし，ここでは，システムには経済的なものと社会的なものの2つがある。経済的なシステムは中間商人の間における流通業務の調整的役割に対応し，社会的システムは経済的地位を占める人々の相互的作用の関係性に対応するものである。

経済的システムの流れで，行動科学的モデルを形成したものと考えられるものに，アムスタッツ（Amstuts, Arnold E.）（1967）がいる[9]。アムス

タッツの場合は，消費者・小売店・生産者の交互作用の巨視的フローチャートを作り，個々の概念間に確率的な関係を築き，投入要素（象徴的，記号的，社会的）が産出要素（消費者の購買，意図，態度，ブランド理解，注意）を導く関係を置き，計算を容易にした。アムスタッツは，仮説的数値例も示している。

　一方，ハント等（Hunt and others）（2006）によると，「マーケティングの一般理論化の試み」は過去いくつか見られたという[10]。そのうち代表的なのは，バーテルズ（Bartels, R.（1968）），エル・アンサリー（El-Ansary（1979）），そして，オルダーソン（Alderson, Wroe（1965））の3つとしている。

　しかし，これらについてのハント等の見解はさらに分かれる。すなわち，バーテルズの概念化はマーケティングの理論ではないのみならず，マーケティングの一般理論でもないと結論づけ，また，エル・アンサリーについては，定義によって，マーケティングの一般理論はマーケティング現象を説明する「最広義理論」でなければならないが，彼によって提起されたマーケティングの一般理論の概念化は未だ，決定的な分析にかけられていないとした。この2つに対し，オルダーソンの研究は，マーケティング一般理論に接近する内容を有しているとされる。

　そして，オルダーソンの主たる論点をあらわしているとして紹介される著書は，以下の2冊であるとなっている。

　　Marketing Behavior and Exective Action（1957）
　　Dynamic Marketing Behavior（1965）

8-2.　日本におけるマーケティングの体系化研究

　日本では，「商学」の体系化は早くから行われていたようである。日本において，最初にマーケティングの体系化を目指したのは，深見義一（1963）である[11]。

　深見の「全ビジネス体系」（または，マーケティング大体系）の中身は，具体的には，研究開発部門，財務部門，生産部門，マーケティング部門，の

4 本柱に加えて，人事，PR，法律等の別格的部課を併せた，そうした連系一体化のものが，いわゆる全ビジネス体系，ないし，マーケティング大体系，となっている。また，マーケティング部門にも体系があるとしている。

　筆者としては，深見の体系は，管理論的方式はとらないで，マーケティングに関連せる諸件を「連系一体化せるもの」として捉えようとしたものと考えている。

　問題は，この体系は概念的・静態的であり，人（事務）は自主的・自動的に動くものとなっていることにある。事態（消費者）は時々刻々変化する。そのとき，この体系を誰が，いつ，どう動かすかが最も重要なテーマである。また，企業目的，すなわち，消費者の欲求に合わせる活動という志向性も考慮される必要もある。つまり，深見の体系には，「どういう事業をするか，どういう製品を作るか」というマーケティング（企業）にとって一番肝心な点が抜けていると言えるだろう。

　もし，コトラーが，マーケティングを経済学の範疇に位置づけているのであれば，これからはコトラーに関する評価を若干変えなければならない部分もあると感じるのである。なぜそうなるのか。彼が大学で修めてきた経済学や数理経済学などの応用を試みてみたかったこと，実際の企業に適用してみたかったこと（多くのコンサルタントを経験している）ことからくるのかもしれない。読む方も，戦略的なものを求めていたこともあろう。

　しかし，こうなってくると how-to ものではないにしろ，how-to ものに基礎的な考え方を提供する程度のものでしかなくなるのではないだろうか（ただし，コトラーは「商学」の延長線上にあって，その体系化を狙ったものという説はある）。また，マーケティングは単に戦略の基礎を与えるもの（この局面では，こういう考え方で行ってみてはどうか），すなわち，局面限定論に過ぎないものなのだろうか。

8-3．体系化研究の揺り戻し

　一方では，ひところ（1950 年代）盛んであったが，最近は若干鳴りを潜めていた感のあるマーケティングの理論化・体系化研究の方の揺り戻しも起

こっている。たとえば，社会学の学問化を目指した富永健一説を用いて，「マーケティング学」を形成してみるとどうなるか，といった観点である[12]。

　こうした点に配慮した「マーケティングの体系化」の方は現在どうなっているのであろうか。現時点では，十分整っている状況にない，と言わざるをえない。筆者の見るところ，それぞれの状況に応じた理論化に止まっているのである。しかし，それには，それなりの理由もある。

　まず第一に，マーケティングは，実務を援用するための用具である，と考えるところからきている。これは，マーケティングは，「実務」か「学問」か，との問い掛けがあったときには，前者と答える方に属する。

　この場合，マーケティングの理論は，当面の問題に対する「道しるべ」を指し示すものとなる。マーケティングが生まれた当初のプラグマティックな考え方をする場合に相当する。すなわち，ある企業に発生した問題に対して，どこそこの企業はどういう戦略でどう解決していったか，というケース・スタディ（事例研究）を参照する，また，誰それ（学識者，コンサルタント）が，それに対して，どんな考え方で臨むべきと言ったか，などが検討され，場合によっては，それに基づき，早速，実行（実践）に移される。マーケティングが，きわめて実践的理論として受け入れられているのは，このためである。

　第二に，学問にまで高めたいと考えているが，未だその途上にあるとするものである。対象となる「市場に向けた企業行動」が時々刻々変化しているということである。

　マーケティングの場合，方法論として，帰納法を採用する

→　〈特殊から一般へ〉

　つまり，ある問題に対して，多くの行動結果を集め，分析し，一定の法則を見出し，最終的に「何々についての理論」として提起する方式である。これに対し，経済学では，基本的に演繹法を採用している

→　〈一般から特殊へ〉

　理論研究者の多くは，科学性を問題とする。（ある問題に対して）行動結果を収集するところで，いくら集めても足りないと感じるか，また，ある行動が無脈絡に出現していて，どう理解してよいか捉まえられない行動結果が

頻繁に出現していると感じている。

　理論化もままならない状況にあると言った方がよいかもしれない。体系化を指向している研究者でも，それを完成させるのは，まだまだ先のことであると感じているということかもしれない。

8-4.　オルダーソン思想とはどういうものなのか

　1965年にオルダーソンは亡くなっているが，その年，“*Dynamic Marketing Behavior: A Functionalist Theory of Marketing*”（以下 DMB と略す）が出版されている[13]。

　DMB が出版されてから41年経った2006年，“*Twenty–First Century Guide to Aldersonian Marketing Thought*”（オルダーソン・マーケティング思想の21世紀ガイド）（以下，『21GAMAT』と略す）が刊行された[14]。

　総勢20名によって書かれたこの「論文集」は，研究者個々が得意とするテーマごとに「オルダーソンを高く評価」するとともに，オルダーソンとの関係で「マーケティングの理論や体系化の重要性」を改めて強調する内容を持つものとなっている。

　そうした中で，なぜオルダーソンは同時代の人々に受け入れられなかったのか，また，なぜマーケティングの教科書にならなかったのか，という研究論文も多く載せられていることに気が付くのである。

オルダーソンとコトラーの教科書

　マーケティングの専門家ならば，一般・学生用向けマーケティングのテキストは何かと問われれば，何冊か挙げられるだろうが，そのうちに，コトラーの3部作，“*Marketing: An Introduction*”，“*Principles of Marketing*”，“*Marketing Management*”の少なくとも1冊が入っていることは，まず，間違いないと思われる。

　これに対し，オルダーソンの書いた「テキスト」は入っていないことは確かなように思える。これには若干の注を付ける必要があるだろう。というのも，これは筆者の認識不足が関連している。オルダーソンに一般・学生用の

テキストがあったとは，タミラ（Tamilia, Robert D.）の論文（2006）を読むまで，筆者は知らなかったということである[15]。

タミラによると，オルダーソンが執筆したテキストの名は，

（＊）Alexander, Ralph S., Surface, Frank M., and Alderson, Wroe（1953），*Marketing*, Gin & Company, Boston, 3rd edition.

で，アレキサンダー＝サーフェス（Alexander, R. S. and F.M.Surface）との共著であった。しかし，これもタミラによると，1953年の第3版を最後に消えた（絶版）ことになっている。

　片や，世界中に300万冊売れているベストセラー教科書，片や，絶版である。ということは，マーケティングの分野で，オルダーソン思想は，教科書としては取るに足らないものでコトラーと比較するなどおこがましいということなのであろうか。

　実は，そうでもないらしいのである。

　論文集『21GAMAT』における，マーケティングの教科書に関する検討のうち，たとえば，ウイルキンソン＝ヤング（Wilkinson, Ian and Louise Young）は，彼等の論文で，「オルダーソンは，一般に“大学院の研究テーマ”に相応しいと思われているようであるが，マーケティングの基礎的なテキストで教えられるべきものである」ことを強調している[16]。

　（彼等の執筆した）オルダーソン思想に基礎を置いたミクロ（micro）とマクロ（macro）を融合したマーケティング・テキストは，コトラーの入門的テキストよりも優れているとしている。

　しかし，このような断り方をするということは，これまではオルダーソン思想は重要視されてこなかったこともあろうが，一般向けの教科書とはなりえてなかったということの裏返しである。

　片やポピュラーになり，片や全く消えてしまったのはなぜか，について『21GAMAT』を参照しつつ考察してみたい。

オルダーソン思想の概略

〈オルダーソンの人となり〉

オルダーソンの教科書に関する検討を行う前に，人となりや学界など時代背景の考察を行っておこう。

オルダーソンの「人となり」については，ウーリスクロフト（Woolis-croft, Ben）が詳細に回想している（DMBの訳本の「訳者あとがき」にも書かれている）[17]。

それらを参照すると次のように要約される。

オルダーソンは，1898年に米国ミズーリー州のセントルイスの近くで生まれている。敬虔なクエーカー教徒であった。また，彼の職歴等については，1925年の合衆国商務省勤務から始まり，1944年にマーケティング・リサーチとコンサルティングを業務とする会社"Aldersons and Sessions"を創設した。

ちなみに，「市場細分化と製品差別化」の重要性を最初に言い出したのはW. スミス（Smith, Wendell R.）であるが，彼がその論文発表当時（1956年），"Aldersons and Sessions"の一員であったことは所属欄に記されている[18]。

> より多くの利益を獲得するために企業組織における市場細分化と製品差別化概念の導入はきわめて重要になるという論文を発表した。

研究者としてのオルダーソンの活躍はこの会社の設立以降活発になっている。1953年には会社を休職して1年間，マサチューセッツ工科大学（MIT）でマーケティングを教えている。そして，1959年以降は死にいたるまでペンシルベニア大学のマーケティング担当教授の職にあった。享年67歳であった。

このような略歴からも窺えるように，彼は実務家として豊富な経験を持つとともに超一流の研究者でもあったことが分かるのであるが，大学教授としては10年足らずの履歴ということになる。

また，ウーリスクロフトによると，オルダーソンは，1963年に日本にセミナーに招待されて来ており，丁度日本では，デミング（Deming, W.E.）

の「品質管理法」を学んでいたころであったが，日本人はオルダーソンの数多くのセミナーでマーケティング理論に耳を傾けたことを伝えている。その後教え子である日本人学生から，彼に「俳句」が送られてきている。このとき，彼の教え（idea）が異文化に価値（value）をもたらしたことを非常に喜んだとある。

1984 年には，オルダーソンの "*Marketing Behavior and Executive Action*"（1957 年出版）の日本語訳『マーケティング行動と経営者行為』が出版されている。

オルダーソン思想の基本

では，オルダーソン思想とはどのようなものであったか。黒田重雄（2008）で検討されている[19]。

（1）オルダーソン理論の基本前提（組織における諸行動の動態的均衡理論）

一般に，「理論」（theory）とは，「科学において個々の事実や認識を統一的に説明し，予測することのできる普遍性を持つ体系的知識」（『広辞苑』（第 6 版））と考えられている。

オルダーソンの理論構築の背景は，第 1 章「異質市場と組織型行動体系」で明らかにされている。

まず，オルダーソンは，マーケティング理論構成の現状について次のように述べている。

　　理論構築に際しては，非常に限られた基礎概念を用いることが価値あることと考えられる。マーケティング理論は，定理が公理から導出され，経験的事実によって検証されるという厳密な演繹的装置をもつ状態には未だ至っていない。マーケティング理論は市場の機能様式を説明する。その究極目的は市場機能様式の改善方法を発見することにある。理論構築にさいしては，マーケティング現象と考えられる多様な事実から，マーケティング過程の成果を規定し，整合性をもっと考えられる事象や活動が選別される。マーケティング現象の単なる記述的または歴史的論述はマーケティング理論とはいえない。……。自己のマーケティングについての経験あるいは過去のマーケティング活動の方法にかんする省察は理論概念の主要な源

泉といえる。

　オルダーソン（1965）は，DMB の「序章」の中でも，「理論とマーケ
ティング科学」の項で，「実践と理論の関係」について書いている。

　　　理論の発展は，実践を改善しようとする斉合的な努力の中からかならず
　　生まれてくるものである。
　　　われわれはもっと実践的になるためにもっと理論的にならねばならない。

　また，この理論には「予測のため」が含意されている点に注意が肝要であ
る。マーケティング理論は，マーケティング活動の成果を予測する試みがな
される場合のみ生成すると言える。マーケティング科学は，予測を理論にも
とづいて行い，予測事象が現実に生起したかを観察または測定を通して確認
することによって進歩する。マーケティング科学は，マーケティング活動を
改善するために立案されるマーケティング計画に究極的に適用される，とい
う内容である。
　結果的に，組織活動を行う背景には何らかの予測を伴っているのであって，
それを前提に理論モデルが構築されねばならないということを十分認識して
おく必要があるということになる。

（2）組織型行動体系の概観

　オルダーソンは，体系を記述するに当たって，最初に，基本概念（原始
語），体系，市場を定義する。基本概念として，「sets（集合群）」，「behav-
ior（行動）」，「expectation（期待）」を用いる。ここで，「集合群」とは，
「体系とは相互作用する諸要素の集合から成るが，それらの集合の集まり」
の意である。なお，ここでの集合群は，2つの意味がある。1つは，「企業
群」であり，さらにこれは，人々の集まりとしての「一組織（企業）」と
「いくつかの企業の集まり」（企業集団）の意味で使われている。もう1つは，
「家計群」であり，これには最終消費者としての「家計」と「多数の家計の
集まり」の意がある。また，それぞれの「集合群」は，独自の「行動」と
「期待」を持つと仮定されている。

　さらに，オルダーソンでは，機能主義理論の本質を具体化するという2つの高次な概念として，「組織型行動体系」（Organized Behavior System：OBS）（この定義は，集合，行動，期待に依拠）と「異質市場」（heterogeneous market）が用意されている。

　再述すると，オルダーソンのOBSでの「組織」（家計と企業）は，体系の成員が個人あるいは独立の行動によって獲得しうる以上の余剰が可能であるという期待がこめられている（すなわち，基本的に，企業は「企業集団」（の行動）として捉えられ，消費者は「家計の代表者」である）。

　オルダーソン体系における理論のタイプは「規範理論」である。この理論形成の前提として，まず，彼が枠組みの外側にあるものとして念頭においているのは，「経済学」と「生態学」である。さらに，生態学のうち，「文化生態学」に属するものを考えている。

　ところで，経済学については，経済学の用具・概念や希少性についての数理論理を借用する（または，制約条件として採用する）ことはあるものの，それを越えるものと考えている。したがって，後に見るように，コトラーのように「マーケティング戦略論を経済学の範疇で考えている」ものとは完全に相違している点が強調されねばならない。

　また，経済学との相違については，すなわち，経済学においては，社会的平均または利潤最大化の仮説的企業（平均的企業）が前提されるが，オルダーソン体系では文字通り現実の個々の企業が想定されている。つまり，

　　　　マーケティングは，個別単位間の外的関係，すなわち組織型行動体系間の関係に関心をもっている。これらの諸関係が含んでいるのはまさしく競争と協調の特異な合成物であって，それは生態学では認知されているが，一般の経済学の枠組み内で取り扱うのは非常にむずかしい。（DMB，訳本，p.372）

との見解を示している。

　また，「文化生態学」からは，次のような内容を取り入れている。

　　　　文化生態学は，集団の環境への順応を取り扱う。強調されるのは，集団

行動であり，また，種族やより大きい社会がその資源を開拓するに際し利用できる技術である。ある文化を持つ社会あるいは集団とその環境との調整の程度に関しては種々な条件がある。

　結果的に，オルダーソンでは，企業（企業集団）や家計は，文化生態学的な意味で自由に行動したり，期待（予測）したりするものであるが，全体均衡を考えるに際しては，たとえば，現代における経済体制すなわち資本主義市場経済ないし混合経済体制などの社会経済体制が法的措置などを含めて制約条件としてカバーされることになっている。

　さらに，オルダーソンで注意されるべき点として，彼の考える規範の文脈には，静態均衡や不均衡状態ではなく，「動態的均衡状態」であるということである。動態的均衡では，利用技術が消費財余剰の増加と技術それ自体の進歩を生み出す。社会がその希求水準を引き上げ，その欲求の拡大を満たしても環境の長期的な居住適合性を破壊しないような技術を採用する傾向が助長される。

　現代社会は，洋の東西を問わず，動態的な生態学的均衡の状態の維持を望んでいる。マーケティング機能が重要な役割を果たすのは，財と欲求の斉合の動態的過程においてであり，また，この究極目的に役立つ制度と過程の組織化においてである（DMB，訳本，p.372）。

　組織（企業，家計）内部の均衡関係についても以下のように述べている。

　　　　マーケティングが組織型行動体系の一機能であり，これらの体系は社会がその環境を開拓する際の機関であるから，マーケティング理論は，組織型行動体系の構造と性質に必然的に関わることになる。体系の内部構造と活動はマーケティングのような外部機能に重要に関連してくる。

　結果的に組織内部の人間関係からみた「均衡」に関しては，ミクロとマクロに関連する 3 つの均衡水準にまとめている（DMB，訳本，p.373）。

　　1）組織型行動体系間の外部関係のネットワークにかかわる市場均衡
　　　　（企業と家計の取引の成立にかかわる）。
　　2）個別（企業と家計のそれぞれの）体系内の内的均衡の一形態である
　　　　組織均衡。

　3）社会とその環境との調整にかかわる生態学的均衡（人々の生活条件
　　や社会経済制度などの制約条件との関係）。

　以上の均衡においては，組織（企業と家計）が，あくまでマーケティング
体系の主体であるが，その内部における個人の上記された3つの均衡に基
づく行動が，組織全体の「存続」と「成長」を高める原動力なのである。つ
まり，マーケティング活動は，社会を動かす原動力なのである。

　組織は，家計によって希求された欲望を動機として行動を起し，一旦，需
給関係は均衡へと向かうが，実際に家計の欲求は常に変化するので，均衡は
移動せざるを得ない。この結果，均衡は動態的なものとなる。

　こうして，オルダーソン体系は，「規範理論」となっている。しかし，こ
れらの見解は，

　　「体系の病理，死滅様式にある体系，体系の健康維持，広い視角から見た
　　存続」について書いた件（くだり）（後段の章）へとつながっていくことに
　　なる（DMB，訳本，p.377-383）。

（3）Transvection 概念

　また，オルダーソンの均衡体系には，ある種の重要な概念が内蔵されてい
る。「取引」に付随する企業の採る「活動」にかかわる概念である。つまり，
オルダーソン体系で特徴的なのは，第7章【7-2-6】で説明したように，競
争的調整や流通経路調整の問題において独自の概念を用いているということ
である。"transvection" と呼ぶ概念がそれである（DMB，訳本，第3章）。

　この概念は，オルダーソンによれば，「特に，マーケティング体系の一方
の端から他方の端へ貫流することに関連している。たとえば，一足の靴のよ
うに単一の最終製品が，自然の状態における原材料からすべての中間品揃え
形成と変形（transformation）を通じて移動した後に，消費者の手元に供さ
れるようにする体系の行為単位である」と述べている。

　筆者は，この "transvection" を，「有効変形行動経路」と訳すことにし
ている。つまり，最終的に，消費者は自己にとって価値あるモノとして，あ
る靴を購入するわけであるが，"transvection" とは，その購入された靴を

仕上げるまでに採られるであろう職人たち（組織）の間の取引，つまり，「機能的活動のすべて」のこととなる。

　仕上げ途中の中間財（1 つの変形物であり，一個の機能的活動の結果である）から次の中間財（別の変形物）（別の機能的活動の結果である）へと移りながら，最終的に完成財となり消費者へオファーされる製品（作品）となっていくと考えるわけである。

　これらの機能（活動）は，商品に仕上げていくための変形財を形作って行くと同時に，変形財間の「取引」をも意味している。「有効変形行動経路」概念は，消費者に受け入れられる商品をいかに作成していくか（変形していくか）の諸活動とその活動間に生ずる個々の取引（transaction）とを統合する概念なのである。

　このようなことから，オルダーソンでは，「取引の種類」を大きく分けて，

　(a) モノの出来るまでの取引：部品から製品への取引（素材産業から中間財産業へ，さらに製造業へ）—モノを変形して完成品にするまでの取引，

　(b) 出来上がったモノの取引：完成品の取引（モノとモノとの交換，物流段階の引き渡し）—所有権の移転

　一般的に，「取引（transaction）」とは，(a) を前提とした (b) のみが対象となる。これに対して，"transvection"（すなわち，「有効変形行動経路」）は，(a) と (b) の両方を引き起こす活動ということになる。

8-5.　同時代の人々のオルダーソンの評価（批判の中身）

(1) 同時代の人々と評価の内容

　ハント＝マンシィ＝レイ（Hunt, Shelby D., James A. Muncy and, Nina M. Ray）（2006）は，彼らがオルダーソンを評価する一方で，オルダーソンに対する批判がどのあたりにあったのかについて書いている（本論文は，1981 年が初出とのことわりがある）[20]。

　　　かなりの論争がオルダースンの「マーケティング一般理論とマーケティ

ング思想（marketing thought）への貢献」に対して起こっている。Nicosia（1962）は，早々と，オルダースン理論は，「関係の枠組として考慮に値すると示唆した。同様に，Schwartz（1963）は，全体として，オルダースンのOrganized Behavior System（OBS）の概念と彼の市場行動理論はマーケティング理論に重要な貢献を示していると結論づけた。しかしながら，多くの研究者は，現行の文献の中にオルダースンの理論の状況を真面目に調べたが，彼らは，「先駆的な（売れている）マーケティング原理のテキスト」のどこにも，この先導的なマーケティング理論家によるパイオニアの概念をほとんど見出すこととはできなかったと結論づけた。

　　Barksdale（1980）は，「マーケティングの書物は，オルダースンの研究（論文）を，ほとんど参考文献にしていないことが分かった」と述べた。

　また，バークスデール（Barksdale）（1980）の分析に対し，『21GAMAT』には「文献にないことは，重要でないことの証拠とはならない」と言うプリム＝ラシード＝アミラニ（Priem, Richard L. Abdul M. A. Rasheed and Shahrzad Amirani）（2006）の論文を載せている[21]。

　　　マーケティング学者によるAldersonの理論に対する関心の少なさは，部分的には体系的でない彼の論文スタイルにも起因するし（Hostiuck and Kurtz, 1973），また部分的には彼の理論を引き継ぐ学派や伝統が無かったことにも起因する。特定の科学的研究（Kuhn, 1959, p.10）が，Aldersonの均衡理論から派生したということは明らかになっていない。その状況は，企業の特質に関するCoase（1937）の研究に対することと同質的である。つまり，Coaseの理論への貢献に対する価値が，学会によって広く認識されるまで多年を用したことと同質的である（Macharzina and Oesterle, 1994）。

　バークスデール（Barksdale）は，オルダーソン概念（Aderson's concepts）は，うまく展開されなかったと結論づけたのである。オルダーソン自身の考え（idea）を厳密に論理化することはしていなかったばかりか，彼の理論的システム（theoretical system）は，マーケティング思想の主流の概念（構成概念）（organizing concept）にはなっていない，と述べたのである。

　前出のプリム＝ラシード＝アミラニ論文の中でも，バークスデールが，

「オルダースンの理論体系は，マーケティング思想の本流として形成される
概念には決してなりえないことを論述している」としている。

一方，ハント＝マンシィ＝レイは，オルダーソン思想の"A Formaliza-
tion"を行っている。

また，R.D. タミラ（Tamilia, Robert D.）（2006）は，オルダーソンと同
時代の研究動向について書いている[22]。

> 　現代の多くの学者の典型です。型破り的な，そして，創造的な思想家で
> した。それはオリジナルの思想家の顕著な特徴です。彼は，彼のキャリア
> の間に存在した主流のマーケティングの世界からいくらか孤立しているよ
> うに思えました。彼の刊行物は，彼の同時代の人の仕事を反映もしません
> でしたし，当てにもしませんでした。
>
> 　彼の最も近い同僚の多くが多くの非マーケターでした。ケネス・ボール
> ディングやラッセルでした。
>
> 　恐らく，オルダーソンとセッションズ（彼のコンサルティング会社）は，
> 彼のマーケティング理論づけと調査機会の需要を満たすために十分な接触
> と知的な刺激を彼に提供しました。
>
> 　オルダーソンは晩年に学界に入りました。彼には，彼の死の後に彼の仕
> 事を続けるために将来の弟子を築き上げる時間がほとんどありませんでし
> た。

こんな状態が現代まで持続したようで，オルダーソンは，現代のマーケ
ティング分野でほとんど忘れられた存在のようであったという。当然のごと
く，オルダーソン思想は，教科書には採用されない状況となっている。

(2) 日本におけるオルダーソン研究動向

DMB の訳本は，1981 年（今から 30 年前）に出版されているが，その
「訳者あとがき」では，オルダーソン理論についての1つの見解（オルダー
ソン研究への期待観）が示されている[23]。

マーケティング・サイエンス学会マーケティング・コンセプト部会（1982）
でも，オルダーソンを取り上げ，好意的に評価している[24]。

また，マーケティング史研究会編（1993）『マーケティング学説史―アメ
リカ編―』では，「W. オルダースン―機能主義的マーケティング管理論の栄

光と挫折―」（山中豊国担当）と題して，オルダーソン思想の機能主義論に
対する批判的評価を下している[25]。

　一方，オルダーソンについてのわが国におけるまとまった研究書としては，
マーケティング史研究会編（2002）『オルダースン理論の再検討』がある[26]。
　ここでは，全体を通して，オルダーソン思想の批判に満ちみちたものと
なっている。この共著（5人）の代表者である堀田一善（オルダースン著
『動態的マーケティング行動―マーケティングの機能主義理論―』の訳者の
1人である）は，「はしがき」で以下のように書いている。

> 　　わが国のマーケティング研究分野にあって，1950年代後半以降のアプ
> ローチ・ジャングルの渦中で，たとえそれが一部の人々であったとしても，
> 進むべき方向を探し求めていた人々の間に，オルダースン理論が一元的な
> 統合理論への展望を切り開く可能性を秘めているとする淡い期待に導かれ
> て，オルダースン・マニアとでも呼べるような集団が形成されたことはよ
> く知られているところである。しかし，このブームもやがて下火にあり，
> これまで持て囃されてきた多くのアプローチや枠組みがそうであったよう
> に，オルダースンの名も，いつの間にか人々の口の端に上ることが途絶え
> がちになってから既に久しい時間が経過した。

と述べ，オルダーソン没後35年を超えた時点で，改めて彼の残した足跡を
辿ってみたいという意図の下で出版したということであった。
　そして，堀田は，上記の共著の「第1章・オルダースンのマーケティン
グ研究方法論の特徴―初期方法論争の流れの中で―」においてオルダーソン
思想を強い調子で批判している。

> 　　オルダースンが主張するような，個人が偶然にであった，異なる領域の
> 知識の糾合という主張とはほど遠い形式のものであろう。オルダースンの
> 主張が示唆するもっとも危険な側面は，その正当化主義と結びついて，全
> 体認識の論理的不可能性に寸毫も気づかずに展開される研究が行き着く先
> に待ち受けているドグマ主義と党派制である。それはまさに，知識の世界
> を死出の旅路に誘う道にほかならない。

　一方，共著における他の研究者たちは，第2章（堀越比呂志）では，「オ
ルダースンの一般理論から，O.B.S.（Organized Behavior System）を取り

除いた時に，彼の市場における企業間の相互行為による動態的理論の部分は，制度主義的個人主義のプログラムとして再解釈可能であり，新たな統一的一般理論の可能性を示唆しているといえる」，第4章（西村栄治）では，「オルダースンのマーケティング論は一般理論よりも部分的理論（チャネル論，消費者行動論，競争戦略論など）を構築するためには有益なものと考える。……。オルダースンのマーケティング理論は，マーケティング研究におけるひとつの発射台の役割を果たすものと思われる。その発射台からどこに向かっていくのかは各研究者の課題となるであろう」と論じている。

8-6.　サイモンの「システム」における「デザインの科学」の考え方の導入

　オルダースン批判者のうち，体系化を進める上において，「オルダースンは社会学のパーソンズの行為論を念頭においていたのではないか，そうすると，そこには相当な問題がでてくる」と評価に疑問符を付ける向きもある[27]。

　しかしながら，オルダースンは，パーソンズの行為論には直接触れていないこともあり，筆者としては，パーソンズよりも，サイモンの「デザインの科学」の方が念頭にあったと考えている[28]。

　モノは人の欲求によって作られる。人は遠くを旅していろいろなものを手に入れてきた。黒曜石は重要な道具でかなり遠くから運ばれていた。その研磨物は，世界各地から出土している。自然物を人工物に変えた例である。

　サイモンでは，人工的な物体と現象に関する知識の体系である「人工」科学（"artificial" science）になる。

　「人工的な世界（人工物）は，まさしく内的な環境と外的な環境との間の接面に位置している。すなわちそれは，内部環境を外部環境に適合させることによって目標を達成する，ということにかかわりをもつ。人工物に関心をもつ人たちの固有の研究領域は，いかにして環境に手段を適合させるかということであり，したがってその中心課題はデザイン過程それ自体なのである。専門学部はやがて，デザインの科学を，すなわちデザイン過程に関する知的に厳密で分析的な，なかば定式化でき，なかば経験的でかつ教授可能な，そういった学説体系を見出し，かつそれを教えるようになるにつれて，再び専

門的な責任を果たせるようになる」と述べる[29]。

　オルダーソン理論の核心を図示したものが図表 7-1（再掲）である。

図表 7-1　モノの価値はどこで決まるか（再掲）

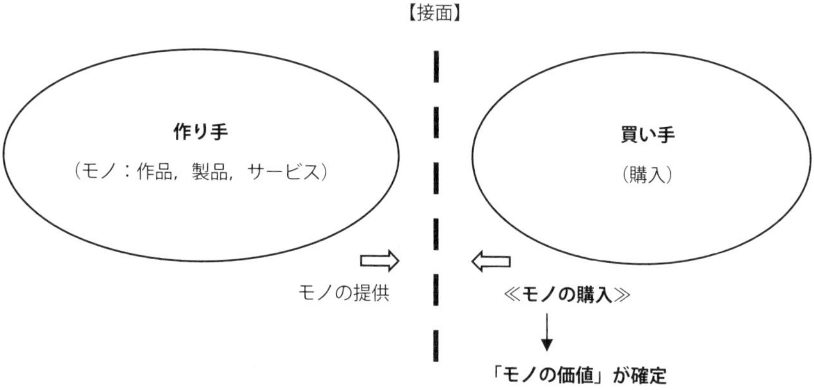

【接面】

作り手
（モノ：作品，製品，サービス）

買い手
（購入）

モノの提供　　　≪モノの購入≫

「モノの価値」が確定

（出所）筆者作成

　オルダーソンでは，「接面」は，企業（内部環境）が作成するモノを唯一購買者（外部環境）に合わせると言うに等しい。また，サイモンは，「システムは，いくつかのサブ・システムに分散化させることが望ましい。また，サブ・システムを階層化することにより，問題解決を楽にする」という[30]。

　オルダーソンは，マーケティングの体系化を指向していた。どちらかというとサイモンのシステム・デザインの計画の影響を受けていたと考えた方が分かりやすい。

　つまり，内部環境と外部環境の接面を問題としていたと考えられるのである。

　オルダーソンの基本要素は，企業集団と家計である。この考えによると，消費者（ここでは家計）は使用価値でモノを購入するのではない。家計という集団の枠内で消費を決定している。所得や家計構成員の制約を受けながら「品揃え」をしている。

　企業側も一社にかぎらない。企業間のつながりの中で物を作り，家計にオファーしている。企業集団の成長と存続とをはかるため，彼らは一致団結し

て，接面に向かって行動（行為）する。目的向かって行動（behavior）することを行為（action）というが，企業集団としての行為である。

　家計の品揃えの中に，自社製品を位置付けてもらうため，消費者（家計の代表者）の欲求を研究する。ここに，W. スミスのいう「市場細分化と製品差別化」の重要性が出てくる。注意を要するのは，これらはすべて予測（期待）の域を出ないということである。つまり，家計により購入してもらって，はじめて物の価値が決まるのである。サイモンも，需給が一致して，そこにはじめてモノの価値が決定すると考えている。

　したがって，価値あるものを提供するという論は成り立たない。つまり，ポーターの「バリュー・チェーン（価値連鎖）理論は，かならずしも成り立たないのである。

8-7. 体系化の条件について
―欲望と予測が織り込まれた理論の包含の必要性―

　企業（business）というものを考えさせるのに，今から30年以上も前に出版された著名な経済学者である，ハイルブローナー（Heilbroner, Robert）（1976）の "Business Civilization in Decline"（邦訳『企業文明の没落』）は，極めて示唆に富んだ内容を持っている[31]。

　訳者である計量経済学者の宮川公男も「1978年に最初の訳書を出したが，近年の社会・経済状況を見る限り，ハイルブローナーの大局的歴史観の卓越性と確かさは30年余りを経た現在の読者にも訴える多くのものを持っていると考え再刊した」と述べている。

　そこで彼は，「企業文明（business civilization），すなわちわれわれが資本主義という名で呼んでいる文明は，消滅する運命にあると信じる。それはおそらくわれわれの生涯の出来事ではないであろうが，多分あるいは曾孫の時代の出来事となるような気がする」[32]としているのである。また，資本主義が滅亡すると考えられる理由の1つとして，（国境を越えて進出する現代企業の生産に見られるような，）「企業システムの特徴である拡張への駆動力の抑圧」，つまり，「企業文明の持つ私的拡張への強い熱情（利潤動機）は

停止させられざるをえない」とも言っている。

　ここで，ハイルブローナーは資本主義社会の成立の根元には企業（動向）があり，その企業を突き動かす原動力である「利潤」が減退することから資本主義の没落を導き出しているのである。その後にくる社会はどのようなものかについて，相当枠のはまった社会が想定されており，当然のこと企業の在り方も今までのような（利潤を求めて）自由な振る舞いはゆるされない管理された存在（たとえば，国営）となっていくであろう，と述べるのである。

　しかし，筆者としては，ビジネスがなくなるとは想像できないのである。ビジネスは，もともと紀元数千年前に「commerce（商）」と「商人（merchant）」が発生したことと同根のものと考えている（筆者は，ビジネスと商は同じ内容を持つものであるが，唯一の相違は行動主体にあって，ビジネスの方は「人々の集まりである組織」であり，もう一方は商人個人である，と考えている）。

　したがって，商人や企業がいなくなるということは，人々が物財を得るためには，強制的に物々交換の世界に戻すか，ハイルブローナーの言うように，配給を前提にした計画経済社会を作り出すかのどちらかということになってしまう。しかし，こうした完全計画社会が人々の欲望を満たす仕組みではないことは，すでに歴史が明らかにしている事柄である。

　一方，経済学説史研究者の佐伯啓思（1993）は，資本主義の原動力は人間の本来持っている「欲望」であると書いている[33]。簡単に意訳すると，人間の欲望が続く限り，資本主義社会は続いていくということになる。

　すなわち，人間は本能的に生存を持続するべく，子孫を残すべく行動する動物である。人間はその欲望を満たす行動を延々と続けてきたし，これからも冷めることはない。また，人間は社会生活を営む上で相対的・社会的欲望も作り出してきた。現代社会において欲望の具体化といわれる「欲求」の数は計り知れないほど莫大である。

　一方で，そうした人間の欲望を満たすのに，最初は物々交換でやっていたものを，より効果的・効率的に果たすべく出現したのが商人であり，少しの時間を経て企業なのである。この商人・企業は古から今日に至るまで長時間いろいろな時代や社会を生き続けてきた。現在では，資本主義（市場経済）

社会であるが，企業にとって，比較的動き回るに好都合な社会であるし，また，これからどのような社会が出現しても企業は生き残るであろうと考えている。（商とビジネス，商学とマーケティングの関係については稿を改めて検討する）

　企業という組織が目的とするのは，人間（家計）の「欲望」を充足することなのであって，それによって基本的に企業自身の存続の糧を得ることである。企業の行動動機は，人間の本能的な欲望充足に基づくものであり，「利潤動機」だけではないのである。

　以上より，本能的欲望と社会的欲望が続く限り資本主義社会は続くとなってもおかしくはない。ハイルブローナー流に考えるならば資本主義は廃れるかもしれない。しかし，企業は残り，別の社会の中で生き続けるのではないか。たとえば，「比較制度論」で検討している何らかの社会においてもである。

　こうした点，オルダーソンは，「利潤動機」のみで動き回る企業を想定することは，マーケティングでは出来ないという思想である。筆者としても，おそらくそこに経済学とマーケティングの学問上の根本的な相違があるのではないかと考えている。

8-8.　結語

　最後に，マーケティングの体系化の可能性について，オルダーソン思想を基底にして筆者なりに展望してみたい。

　人間が生きるために明日の予測をしてきたように，企業も将来予測をしなければならない。理論はそのために必要とされる1つの情報である。その情報はこれからの行動（計画）を立てるために必須の材料である（これらは，企業人であったオルダーソンの経験からくるものと考えられる）。企業は人間の欲望を満たす活動が主である。その意味で消費者行動にはことさら敏感でなければならない。マーケティング理論は，1つの経営現象を説明するに過ぎないものであってはならない。全体の枠組みの中で捉えられる性格を持っていなければならない。

　全体の枠組みは，組織（企業）の動態型均衡体系である。これは理念系と考えられ，実証化されることを想定していない。その場合，その体系を動態的にするものは"transvection"（最良商品化活動）概念である。この活動こそが個々の企業のある商品の完成化を段階ごとに促す（transformation：変形）と同時に，その商品の製造・流通過程の「取引（transaction）」を制御するものと考えられている。

　こうした体系より出てくる「命題」（150本）は実証化によって確かめられ理論として活用化が図られるものである（オルダーソンではポパーの「反証可能性」に基づく命題〈したがって，帰納主義は想定していない〉と言っているが）。

　マーケティングの理論は使い物にならないとは，よく聞かれる言葉である。しかし，実証化によって形成される理論は，追加されるデータによってリファインされても100％信頼されるものにはならないことは周知のことがらである。ここは「統計科学」の思想を援用する方がよいであろう（この点は，黒田（2012）で検討している）[34]。

　マーケティング研究者はミクロとマクロと関係を念頭におきながら不断に理論化の試みを続けることと組織（企業）はそれをあくまで意思決定の情報の1つとして活用する姿勢を持つことの2つが肝要ということにほかならない。

　2013年4月，大学の研究室で夜の講義を待つ間，送られてきた『書斎の窓』に載っていた法学者伊藤　眞の「体系書執筆者の三憂一歓」と題する一文を見つけた[35]。読んでいくうち，まず，「体系書」の必要性について述べているわけだが，（法学者の専門における「会社更生法」と「マーケティング」の違いはあるが）筆者と同様である。

　また，伊藤は，体系書を書く上で，いろいろな感想を洩らしている。曰く，まず，「体系書執筆者の三つの憂い」である。鬱屈状態になって，（1）孤独，（2）記述内容についての不安，（3）改定の圧力，に悩まされるとしている。しかし，「一歓」はある，という内容である。

　石田梅岩の『都鄙問答』が画期的だったのは，職業に貴賎はないということを明確にしたことであった。それを「士農工商」の報酬や利益で説明した。

　筆者は，マーケティングを学問（マーケティング学）にするべく研究している。その過程で，日本における（今日言われる）マーケティングの実務に関連する事柄は，鎌倉時代に端を発する近江商人に，また，マーケティングの学問化の原型（プロトタイプ）を江戸期の石田梅岩の『都鄙問答』に見ることができると考えるようになっている。

　また，学問形成には，いくつかのことがらがクリヤーされねばならないだろう。独自の概念，定義，体系化，方法論などが一体的につめる必要である。

　ここでの方式には，西洋からの学問についての考察が参考となる。とりわけ，体系化には，オルダーソンの「トランスベクション」に注目している。トヨタ自動車の「カンバン方式」を彷彿させるものがあるからである。

　筆者の基本的な考えは，次のようなものである。

　人は生まれたからには生きて行かねばならない。そのため，何らかの仕事をしなければならない。自給自足のための仕事はあるが，いろいろな欲求を満たすための糧をもたらす仕事（一般に，事業とかビジネスという）をしなければならない。仕事をして他の人から対価とか報酬をもらわねばならない。

　働きたくとも働き口のない人は大勢いるが，人は，原則，すべからく何らかの仕事をして（他の人に購入してもらって），それで得たお金で，生活するに必要な物，贅沢品や嗜好品を購入するのである。もとより，貯金や家族の有無といった制約もあり，それらを勘案しながら配分の意思決定を行わねばならない。

　ここで，重要なのは，人はそれぞれ他の人のために何かを作って（サービスして），互いに凭れ合いの関係の中で生きているということである。

　これらについて，梅岩もオルダーソンも，彼ら自身のビジネス経験から得た原理・原則を共有してマーケティングの体系化（マーケティング学）に臨んでいると考えられるのである。

　楠木　健（2010）は，競争優位の戦略ということで言えば，長期利益というゴールに向かって最終的に放つシュートが「競争優位」なのであって，その前にいろいろな段階があるという[36]。そして，楠木は，一貫性の高いストーリーを構想するためには，終わりから逆回しに考えることが大切だとしている。つまり，意図する競争優位のあり方を先に決めるということである。

(筆者注：トヨタのカンバン方式)

　これは，あらかじめ「コンセプト」を固めておくということになる。ここ
でのコンセプトとは，その製品（サービス）の「本質的な顧客価値の定義」
を意味している。このことは，「本当のところ，誰に何を売っているのか」
という問いに答えることで，競争優位とは，こちらが儲けるための内側の理
屈を考えることにほかならない。結論的に言えば，コンセプトとは，ストー
リーの起承転結の「起」に当たる部分に相当し，「結」が最終的に構築され
る競争優位ということになる。

　楠木によれば，コンセプトは最終的には短い言葉として表現されるが，そ
れは，一言でいってそのビジネスが本当のところ何であり，何ではないのか
を凝縮して表出する言葉であるとしている[37]。

> 　コンセプトはストーリーの起点であると同時に，顧客への提供価値とい
> う終点でもあるという。
> 　コンセプトは顧客に対する提供価値の本質を一言で凝縮的に表現した言
> 葉です。それを耳にすると，われわれは本当のところ誰に何を売っている
> か，どのような顧客がなぜどういうふうに喜ぶのか，要するにわれわれは
> 何のために事業しているのか，こうしたイメージが鮮明に浮かび上がって
> くる言葉でなくてはなりません。

　ビジネスの始まりは，どのような事業をするか，どのような製品を作るか
である。

　(何が売れるか，売れているか，……起承転結の「起」の部分に相当。「結」
とは，そこにいたるまでの理屈を考えることであり，素材までの一貫したス
トーリーを考えることである。これを，オルダーソンは「トランスベクショ
ン」と名づけたのである。

　加護野忠男（2010）は，これからの経営には，「ビジネス・システム」の
変革の必要性，特に企業間協働が欠かせない，として，加護野等は，『日本
のビジネスシステム―その原理と革新―』（有斐閣，2016 年）をあらわし，
日本企業における独自のビジネス・システムの有様を歴史的にも考察してい
る[38]。

　そこでは，たとえば，伊藤博之（2016）の論考において，鎌倉に端を発

する近江商人の行動形態や経営仕法について書かれている[39]。今日の有力大企業で，今に近江商人の商原理や経営仕法の流れを汲んで，日々実践しているところは多い。

　伊藤忠商事株式会社は，2016 年の正月の新聞に全面広告を出しているが，今に近江商人の哲学「三方よし」（自分よし，相手よし，世間よし）でやっていることを前面に打ち出している[40]。

　中鉢良治・産業技術総合研究所理事長が，日本インダストリアル・エンジニアリング（IE）協会の 2019 年の年次大会で，講演して以下のように述べたという[41]。すなわち，

　　　自前主義の限界を指摘し，オープンイノベーションの重要性を述べた上で，「これからのモノづくりは，経済価値と社会価値の両立を目指した開発・設計・生産へのシフトすることが重要だ」と強調した。

　アメリカ・マーケティングには，「双方よし」（Win-Win）の関係重視があるが，日本の近江商人には，「三方よし」（すなわち，Win-Win-Win の関係）の重視がある。

　「三方よし」の最後の“Win”は，中鉢の「社会価値」と同じものと考えられる。

●第 8 章の注と参考文献

(1) Mazur, Laura and Louella Miles (2007), *Conversations with Marketing Masters*, John Wiley & Sons, Ltd.（木村達也監訳（2008）『マーケティングをつくった人々―マーケティング・マスターたちが語る過去・現在・未来―』，東洋経済新報社，訳本，pp.9-33）。

(2) 筆者による「マーケティングの定義」そのもの。

(3) 宇沢弘文（2002）『ヴェブレン』，岩波書店。

(4) Bagozzi, Richard P. (1986), "Marketing Management", *The Executive Course: What Every Manager Needs To Know About the Essentials of Business*, edited by Gayton E. Germane, witi Assison-Wesley Publishing Company.（石川泰彦・本部和彦訳（1988）「マーケティング・マネジメント―戦略，戦術，新手法―」『スタンフォード・ビジネススクール・エグゼクティブのための経営学講座』，第 1 章所収，TBS ブリタニカ，pp.17-87）。

(5) 三浦　信（1993）「A.W. ショー―マーケティング論のパイオニア―」『マーケ
　　ティング学説史―アメリカ編―』（マーケティング史研究会編），第 1 章所収，
　　同文舘，pp.3-21）。

　　＊『マーケティング学説史―アメリカ編―』（マーケティング史研究会編）
　　　では，M.T.Copeland は，merchandising の先駆者となっている。

(6) Copeland, Melvin T.（1958），"Arch W. Shaw", *Journal of Marketing,* Jan
　　58, Vol. 22, Issue 3, pp.313-315.
(7) Shaw, Arch W.（1915），*Some Problem in Market Distribution*, Harvard
　　University Press.（伊藤康雄・水野裕正訳（1975）『市場配給の若干の問題点』，
　　文眞堂，（第 3 版（1951）の翻訳））。
(8) Kelley, E.J. and W.Lazer, eds.（1958），*Managerial Marketing: Perspec-
　　tives and Viewpoints,* Richard D. Irwin.（片岡一郎・村田昭治・貝瀬　勝訳
　　（1969）『マネジリアル・マーケティング（上）（下）』，丸善）。
(9) Amstuts, Arnold E.（1967），*Computer Simulation of Competitive Market
　　Response*, M.I.T. Press.（山下隆弘訳（1969）『マーケティングの計量モデ
　　ル』，新評論）。
(10) Hunt, Shelby D., James A.Muncy and, Nina M. Ray（2006），"Alder-
　　son's General Theory of Marketing: A Formalization", *A Twenty-First
　　Century Guide to Aldersonian Marketing Thought,* （edited by Ben
　　Wooliscroft, Robert D. Tamilia, and Staley J. Shapiro），Springer Science
　　+Business Media, Inc., Chapter 26, pp.338-349（本論文の初出は，1981 年
　　とのこと）
(11) 深見義一（1963）「マーケティングの発展と体系」『現代経営学講座―マー
　　ケティングの理論と方式―』（高宮 晋・古川栄一編集），有斐閣，pp.1-40。
(12) 富永健一（1999）『社会学講義―人と社会の学―』，中公新書，p.4。
(13) Alderson, Wroe（1965），*Dynamic Marketing Behavior*, Richard D. Ir-
　　win, Inc.（田村正紀・堀田一善・小島健司・池尾恭一共訳（1981）『動態的
　　マーケティング行動―マーケティングの機能主義理論―』，千倉書房）。
(14) Wooliscroft, Ben, Robert D. Tamilia, and Staley J. Shapiro（edited）
　　（2006），*A Twenty-First Century Guide to Aldersonian Marketing
　　Thought*, Springer Science +Business Media, Inc.
(15) Tamilia, Robert D.（2006），"Placing Alderson and his Contributions to
　　Marketing in Historical Perspective", *A Twenty-First Century Guide to
　　Aldersonian Marketing Thought*,（edited by Ben Wooliscroft, Robert D.
　　Tamilia, and Staley J. Shapiro），Springer Science +Business Media, Inc.,
　　Chapter 34, pp.473-511.

(16) Wilkinson, Ian and Louise Young (2006), "To Teach or not to Teach Alderson? There is no Question," *A Twenty-First Century Guide to Aldersonian Marketing Thought*, (edited by Ben Wooliscroft, Robert D. Tamilia, and Staley J. Shapiro), Springer Science +Business Media, Inc., pp.529-538.

(17) Wooliscroft, Ben (2006), "Wroe Alderson a Life", (文献 (14) に示す), pp.3-32.

(18) Smith, Wendell R. (1956), "Product Differentiation and Market Segmentation as Alternative Marketing Strategy", *Journal of Marketing*, July 1956, pp.3-8.

(19) 筆者のオルダーソン関連の論文

＊黒田重雄 (2008)「マーケティングの体系化に関する若干の覚え書き―オルダースン思想を中心として―」『経営論集』(北海学園大学経営学部紀要), 第 6 巻第 3 号 (2008 年 12 月), pp.101-120。

＊黒田重雄 (2011)「オルダースン思想がマーケティングの教科書にならなかった理由―4P とフィリップ・コトラーとの関係から―」『経営論集』(北海学園大学経営学部紀要), 第 9 巻第 1 号 (2011 年 6 月), pp.77-96。

(20) Hunt, Shelby D., James A.Muncy and, Nina M. Ray (2006), (文献 (10) に示す)。

(＊) ハント＝マンシィ＝レイによる, オルダーソン思想の "A Formalization"。

人間は, 消費をし, 仕事をする。商品は, 互いに分業やもたれ合いの中で作られている。したがって, あるときは,「消費者集合（家計）household」として商品を購入し, またあるときは,「企業集合 (firm's transvection)」に属して商品を作っている。

1 製品は, 1 つの企業集合で作られ, 家計と取引する。企業集合と家計との取引が成立したとき, 製品の価値が決まる。同時に, transvection 上に存在する企業の利益配分（コストとの関係や取引条件の下で）も決定している。家計の欲望（各種制約がある）は, それだけ多くの企業によって満たされる（企業発生原因）。

すべての transvection を足し合わせたものが世界に存在するモノ・サービスの数である。一般均衡の意である。

公式化に関する考察
オルダーソンの "transvection" を公式的に表現するものとして, ハン

ト・マンシー・レイ（S.D. Hunt, J.A. Muncy and, N.M. Ray（2006））の論文がある。

二分化：「企業集団と企業」と「消費者集団と家計」
①オルダーソン理論の基本前提（組織における諸行動の動態的均衡理論）
　　オルダーソンは，「理論の発展は実践を改善しようとする斉合的な努力の中からかならず生まれてくるものである。われわれはもっと実践的になるためにもっと理論的にならねばならない」と述べている。（訳本，p.2）
②「物の価値生成の場」の理論………オルダーソンの一般理論

図表 7-1　モノの価値はどこで決まるか（再掲）

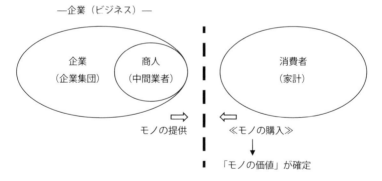

（出所）筆者作成

今，一般的な transvection の過程を考えてみる。
S：製品の状態，T：変形関数，A：行動　とすれば，この状態，変形関数，行動（transvection の一段階）の間の関係は，
　　　　A ＝ T（S）
で表わされる。

　　また，Tt を第 t 期の変形とすれば，n 期間の政策というのは変形関数の
系列
　　　　　$\{T_1,\ T_2,\ T_3,\ \cdots\cdots,\ T_n\}$
である。

今，transvection $T_i{}^*$ を，「製品 a_i の最終製品」とすると，

　　　企業（提供商品）（取引）　消費者（家計）（購入）

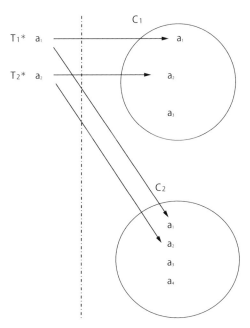

企業集団側：

$T_1{}^*$, $T_2{}^*$, ……のそれぞれにとっては異質市場（a_1, a_2, a_3, ……）（多数の
　　　　　商品が購入される）に対応している。

$T_1{}^*$：　商品　a_1 を製造：

　　　　　競争者いない：同質市場（企業と家計が一体化している）。消費者を
　　　　　　　　　　　いかに維持するか。

　　　　　競争者がいる：異質市場（各種の製品がある。自社はどの製品で勝
　　　　　　　　　　　負するか，また，同業他社との競争優位をいかに勝
　　　　　　　　　　　ち取るか。

「異質市場 heterogeneous market の意味」：

　1つの作品の制作過程では，いくつか考えられる。古では，1人ないし1企業によってのみ作られる。今日では制作過程が複雑となり分業化が進んでいる。

（過去，人々の営みの中で自然になされてきたこと。文献的には，イギリスにおけるアダム・スミスの『国富論』に出てくる「分業」，宮崎市定（2006）の中国において古くからあった「分業」体制[注]，日本では，江戸時代の浮世絵の製作工程，などにみられる）

　　（注）宮崎市定（2006）「中国商人気質」『中国文明論集』（礪波 護編），
　　（本論文の初出は 1960 年），岩波文庫，pp.353-358。

　どの程度の分業化が行われるかは，出来上がった作品の価値（品質と価格と言い換えることも出来る）に影響するであろう。この分業では，分業間競争もあれば，一企業が系列化することもある。いずれにしても，分業が多段階であろうと少なかろう（一段階）と一作品は一企業によって作られることが仮定される（同質市場）。つまり，一家計と対応するのは，トータルな意味での1企業である。

　しかし，実際上，1作品には，多数の家計が想定され，1家計には，そのクラスの多数の企業による作品がオファーされている。これが「異質市場」の存在の意味である。

　どちらの市場にしても，「市場細分化戦略」，「"transvection"のあり方」が検討されねばならない。（ここでは，最終製品の価値： $U(a_1)$ ）

　消費者（家計）側（たとえば，C_1 という家計について）：
　どういう商品を購入するかの意思決定がある（収入制限，趣味思考……）（製品選択）
商品 a_1，a_2 のそれぞれに競争者がいる（ブランド選択）
　　　家計側の a_1 に対する価値：$V(a_1 \mid a_2, a_3, \cdots a_n, R)$　R：収入
取引成立：　　　$U(a_1) = V(a_1 \mid a_2, a_3, \cdots a_n, R)$ …… この時，a_1 の価値額が決まる。

transvection の関係を n 財に拡張することは容易い。

企業（製造者）2社（1，2），購買者2人（1，2），商品は2個の場合を考える。
世界に a_1 と a_2 だけしかない場合を考える（a_1，a_2 は製造数量）。

実際に取引されるた（購入された数量）が，a_1，a_2 であれば，購買者の収入が，それぞれ R_1，R_2 とすると，

$$V_1 (a_1) = U (a_1, a_2 | R_1)$$
$$V_2 (a_2) = U (a_1, a_2 | R_2)$$

しかし，現実には，売れ残りが発生している。たとえば，transvection で作られた a_1，a_2 は，それぞれ Δa_1，Δa_2 だけ売れ残るとすれば，売り手の総価値額は，

$$V (a_1 + a_2 + \Delta a_1 + \Delta a_2)$$

一方，買い手の総価値額は，

$$U_1 (a_1, a_2 | R_1) + U_2 (a_1, a_2 | R_2)$$

であるから，その結果，売り手，買い手の価値額（貨幣額）は，

$$V (a_1 + a_2 + \Delta a_1 + \Delta a_2) = U_1 (a_1, a_2 | R_1) + U_2 (a_1, a_2 | R_2)$$
$$（ただし，\Delta a_1 + \Delta a_2 \ \ は売れ残り）$$

でバランスしていることになる。

　この売れ残り部分は，次の時点では，購買者の収入 R に跳ね返ってくる。したがって，事前には

$$V (a_1 + a_2 + \Delta a_1 + \Delta a_2) = U (a_1, a_2 | R_1) + U (a_1, a_2 | R_2)$$

であるが，事後では，

$$V (a_1 + a_2) = U^* (a_1, a_2, | R^*) + U^* (a_1, a_2, | R_2^*)$$

ここで，

$$U (a_1, a_2 | R_1) > U^* (a_1, a_2 | R_1^*)$$
$$U (a_1, a_2 | R_2) > U^* (a_1, a_2 | R_2^*)$$

したがって，$R_1 > R_1^*$，$R_2 > R_2^*$　であることから，生産側に売れ残りがあった場合，購買者側では，その分収入が減ってくるので，結果的に高いものを買ってしまった，買わなければよかった，といった感想が生まれる。

(21) Priem, Richard L., Abdul M. A. Rasheed, Shahrzad Amirani (2006), "Alderson' s transvection and Porter' s value system", *A Twenty–First Century Guide to Aldersonian Marketing Thought*, edited Wooliscroft, Ben, Robert D. Tamilia, and Staley J. Shapiro, Springer Science +Business Media, Inc.
（加藤敏文・金　成洙共訳（2010）「Priem, Richard L., Abdul M. A. Rasheed, Shahrzad Amirani の交変系と Porter の価値システム―二つの独立発展理論の比較―」『酪農学園大学紀要』，第 35 巻第 1 号, pp.29-41）。

(22) Tamilia, Robert D. (2006),（文献（15）に示す），Chapter 34, pp.473–

511.

(23) Alderson, Wroe (1965),（文献 (13) に示す）。

　　　　オルダースン理論の特徴はそのユニークさと壮大さにある。かれは伝統
　　　的マーケティング理論を正面からみすえながらも，周辺諸科学の発展を積
　　　極的に吸収し，それらを機能主義に　もとづいて統合しようとした。これ
　　　にかれの豊富な実務経験が加味されて，きわめてユニークで壮大な理論体
　　　系ができあがったのである。

　　　　しかし，その革新性のゆえにオルダースン理論はしばしば難解であると
　　　評されている。これがわざわいしてか，オルダースン理論はマーケティン
　　　グ学説史上孤高の位置を占めているといえよう。

　　　　しかし，マーケティング研究がますます専門的に細分化され全体像を見
　　　失いがちになっている今日，オルダースン理論の重要性はますます高まっ
　　　てきているといえる。なぜならそれはマーケティングの全体像を展望しう
　　　る唯一のパラダイムを示しているからである。このことを反映してか，近
　　　年アメリカ・マーケティング学会においてもオルダースン理論に関するセッ
　　　ションがもたれている。

　　　　これは実務的指向の強いアメリカにはめずらしいことである。

　　　　同じように，日本においてもオルダースン理論は荒川祐吉教授によって
　　　紹介されて以来，多くの研究者によってとりあげられてきた。しかし，そ
　　　の全体系を完全に批判し吸収しきったとはいえない段階にある。

　　　　本書の邦訳がきっかけとなってオルダースン研究がさらに進行し，現在
　　　急速に展開しつつあるわが国独自のマーケティング研究発展に資すること
　　　ができれば，訳者の喜びはこれに過ぐるものはない。

(24) マーケティング・サイエンス学会マーケティング・コンセプト部会 (1982)
　　　「マーケティング・サイエンスの基礎概念としてのマーケティング・トランザ
　　　クション」『マーケティング・サイエンス』，千倉書房，pp.3-10。

(25) マーケティング史研究会編 (1993)「W. オルダースン―機能主義的マーケ
　　　ティング管理論の栄光と挫折―」『マーケティング学説史―アメリカ編―』，
　　　第 4 章所収（山中豊国担当），同文舘，pp.61-77。

　　　　バーチルズは，オルダースンに言及して次のようにいう。「従来の記述的，
　　　非管理的マーケティングにもっとも強烈な異を唱えたのは，オルダーソン
　　　の『マーケティング行動と経営者行為』という大著である。彼はそのなか
　　　で次のような諸概念を示した。機能主義，品揃えの 1 過程としてのマーケ
　　　ティングという概念，生存と成長のための差別的優位性，問題解決に従事
　　　する買手という概念，学際的諸概念の諸原理の組合わせとしてのマーケティ

ング科学という概念である。この管理的視点から書かれたオルダーソンの著作は、それまでの著作のなかで、もっとも包括的にマーケティングの一般理論を述べている。

．．

しかし、しばしばでてくる機能主義への言及が、精巧な分化された体系としてのマーケティング論の体系に、壮大なたとえ話以上の意味をもちうるかどうか、いささか疑問を感じざるをえない。

現代のマーケティング理論は、内在的にも外延的にもマーケティング管理論の発展としてとらえるべきである。しかしそれが、オルダーソン流の機能主義の方向からではないという事実は、マーケティングにおける機能主義あるいはオルダーソンの意義と限界についてのひとつの回答を示しているのではなかろうか。

(26) マーケティング史研究会編（2002）『オルダースン理論の再検討』、同文舘出版。
(27) 山中豊国（1993）「W. オルダースン―機能主義的マーケティング管理論の栄光と挫折―」『マーケティング学説史―アメリカ編―』（マーケティング史研究会編）、第4章所収、同文舘、pp.61-77。
(28) Simon, Herbert A. (1996), *The Science of the Artificial*, The MIT Press. （稲葉元吉・吉原英樹訳（2001）『システムの科学』（第3版）、パーソナルメディア）。
(29) Simon, Herbert A. (1996)『同上書』、訳本、p.7
(30) Simon, Herbert A. (1996)『同上書』、訳本、pp.135-136。
(31) Heilbroner, Robert (1976), *Business Civilization in Decline*, W.W. Norton & Co., Inc. （宮川公男訳（2006）『企業文明の没落』、麗澤大学出版会）。
(32) 筆者は、この意見に賛成していない。
(33) 佐伯啓思（1993）『「欲望」と資本主義 終りなき拡張の論理』、講談社現代新書。
(34) 黒田重雄（2012）「マーケティング体系化における方法論に関する研究ノート―反証主義、論理実証主義、そして統計科学へ―」『経営論集』（北海学園大学経営学部紀要）、第10巻第2号（2012年9月）、pp.117-139。
(35) 伊藤 眞（2013）「体系書執筆者の三憂一歓―『会社更生法』を公刊して―」『書斎の窓』、第623号（2013年4月1日発行）、有斐閣、pp.2-6。

体系書執筆者の歓び

もっとも、体系書の上梓に歓びがないわけではない。わが国を代表する事業再生実務家の一人である瀬戸英雄弁護士（企業再生支援機構・企業再

生支援委員長）から頂いた励ましの言葉の一節「会社再建は，経済活動の一部です。その最強ツールである会社更生手続は，もっと活用され，実務で生じる不都合と対峙し，その解決のための工夫を，集積し，練り上げ，そして環境の変化に機動的に対応していくべきだと思っておるところです。」は，私にとって文字通り福音の響きがある。

　同じく事業の再生を目的とするものであっても，裁判外のものに比較すると，会社更生をはじめとする司法手続は，公正で信頼性が高い反面，手続に時間を要するとか，関係者の間に「倒産」という連想がされるなどのために，事業価値が毀損しやすく，その申立てをすることをためらわせるものがあるといわれてきた。

　具体例でいえば，日本航空の事業収益の悪化が明らかになったにもかかわらず，会社更生手続の開始申立てに至るまでに様々な紆余曲折がみられたことの背景には，こうした意識があったのではないだろうか。そして，破産法や民事再生法と異なり，会社更生法は，司法試験の選択科目でもなく，また法曹養成の専門教育機関である司法研修所でも系統的な修習の対象とはされていないために，法律家にとっても，身近な存在として意識されなかったように思われる。

　しかし，わが国における大規模事業体のほとんどすべてを占める株式会社の事業再生にとって，会社更生手続の中では，担保権を含む各種の権利の変更，資本の入れ替え，組織の改編，事業経営主体の変更など，再生のために必要なあらゆる措置をとることができる。

　アメリカにおける連邦破産法第11章手続は，管財人が必置とされていない点で，わが国の民事再生に相当するとの説明がなされることがあるが，手続の強力さを思えば，むしろ会社更生を超えるものがある。航空会社は言うに及ばず，GMやクライスラーのような巨大製造事業者が同手続によって再生した例をみれば，経済社会における会社更生の役割が理解されよう。この手続が経済人にとっても，また法律家によっても，より多くの機会に活用されることを願ってやまない。

(36)　楠木　健（2010）『ストーリーとしての競争戦略―優れた戦略の条件―』東洋経済新報社。

(37)　楠木　健（2010）『同上書』pp.237-292。

(38)　加護野忠男・山田幸三（2016）「ビジネスシステムの日本的叡智」『日本のビジネスシステム―その原理と革新―』，終章所収，有斐閣，p.308。

(39)　伊藤博之（2016）「取引制度の中核―総合商社・伊藤忠商事の誕生―」『日本のビジネスシステム―その原理と革新―』（加護野忠男・山田幸三編），第4章所収，有斐閣，pp.78-100。

(40)　「伊藤忠商事株式会社の新聞全面広告」『日本経済新聞』，2016年1月4日，

14 面。

(41) 中鉢良治 (2019)「技術を社会へ〜豊かな未来を迎えるために〜」『生産性新聞』(公益法人日本生産性本部会報)，2019 年 10 月 5 日号，p.1。

分析方法の確定

はじめに

日本経済新聞に次のような記事が掲載された[1]。

経済団体連合会（経団連）が大学側に「文系学生も数学を」を申し入れ

データ時代の人材求める

　文系の大学生も数学を学ぶべきだ——。経団連は若い人材の育成に向け，文系と理系で分かれた大学教育を見直すべきだとする提言をまとめる。近く大学側と対話する場を設け，意見交換をする方針だ。経団連は日本の大企業が加盟し，新卒の採用に大きな影響力を持つ。デジタル分野の人材確保に向け，大学に改革を迫る。

　経団連は 12 月 3 日に開く正副会長会議で人材の採用や大学の教育改革に関する提言をまとめる。

　大学との対話は定期的に開き，経団連からは中西宏明会長のほか副会長らが参加する。大学側からは国立・私立大の学長の参加を広く募る。

　大学には文系と理系でそれぞれ偏りすぎた教育内容の見直しを迫る。ビジネスの現場ではシェアビジネスやデジタルマーケティングが広がり，統計などの知識が必要と考える経営者は多い。データを扱うために「**最低限の数学**」を学生が学び続けるよう求める。

　理系の学生に対しても「リベラルアーツ（教養）」の充実を求める。グローバルに活動する企業は従業員の国籍が多様になり，他国の文化を理解しながら働く人材が求められる。（注：太字は筆者）

　文系学生に対する数学の必要性は，昨今の AI のディープ・ラーニング（deep learninng：深層学習）発展状況からもその必要性が叫ばれる素地が

あることは分かる。

　しかしながら，そこまで行くには相当程度の数学や統計学を理解していなければならないだろう。特に，体系が，動態性を有したものであるならば，分析方法もそれに相応しいものでなければならないのである。

9-1.　人間は予測で生きている

　未来は，"絶対"こうなるとは言えないが，人は，"明日"を，"将来"を予測しながら日々行動しなければならない生き物である。漫然と闇雲に行動していては日常生活を維持できない。人類は，仕事をせずして生きながらえられない仕組みを構築してきたとも言える。つまり，仕事をするためには将来の予測をしっかりしなければならないことを意味する。どうするのか。古来，人々は予測の精度を上げるためいろいろな方法を考えてきた。その最たるものが，天候を予測することであった。

　天気予報について：

　実際上，天気予報の精度は以前に比べて上がっているという[2]。「24時間以内に1ミリ以上の雨があるか」という予報の的中率は，東京で現在85%となっている。50年前の的中率が約70%であったことを考えると精度は上がっていることになるとある。

　地震の予知について：

　これも東日本大震災のときのように，ほとんど当たっていない。予知なく突然やってくるものという印象である。

　天気予報，地震予報も現代の技術の粋を集めて検討していると思われるのであるが，こうした自然科学系の予測でもなかなか当たらない。ましてや人間社会を取り扱う社会科学系の将来予測は当たらないのは当たり前といったところである。

9-2.　予測のはじまり

　マーケティングは「予測の方法」を求めている。これは，人類が予測しながら生きながらえてきたことと関連している[3]。

　人類最初の文明は，メソポタミヤ地方に発生した言われている。このことは，大河の氾濫と関係していて，エジプト文明におけるナイル川とメソポタミヤ文明のチグリス・ユーフラティス川の氾濫の違いに起因している。川が，定期的に氾濫して農業が毎年のように成立したエジプトと川による不定期の氾濫で毎年の農業が不成立であったため「遠距離交易」を活発化させることになったメソポタミヤ地方の違いを生んだ結果であった。

　マーケティングを講義する側は，ビジネスマンに対して，天候とビジネス行動の関係ぐらいの話ができる必要性があると考えるのは筆者だけではあるまい。

　ひところ，MIS とか POS とか言っていたが，今や，SNS とかスマホとかビッグデータといった言葉が飛び交っている。筆者のような老研究者には新しい言葉についての応接に暇がないどころか，ついていくのもままならないという時代に入っている。

　2014 年 3 月の新聞を見ていて，おや？　と思う広告記事が出ていた。「ビッグデータで創造する新時代のマーケティング戦略」というフォーラムの案内である（『日経流通新聞』（広告欄），2014 年 3 月 31 日付，10 面）。以下のようなものである。

　　　世の中のあらゆる情報がディジタル化され，その情報をビッグデータとして集めることがもはや当たり前になってきた今日。集めたデータを「どのように分析し活かしていくか」ということが企業の課題となっています。とりわけ，企業の経営戦略に不可欠なマーケット分野において，ビッグデータをどれだけ効率的に活用できるかということが，企業経営の重要な鍵を握ることは明らかです。そこで本フォーラムでは，ビッグデータを戦略的にビジネスに活かすために必要な，マーケット分野における活用方法に焦点を当てます。ビッグデータの収集，データベース作り，分析・解析，そしてそこからのビジネス戦略策定にあたりどのような手腕が求められるのか？事例を交えてご紹介していきます。

　これを見て，ふと，どこかで読んだ記憶があることに気が付いた。しばらくして，それはアメリカにおいて「マーケティング・リサーチ」というものが生まれた記述であることに思いがいたったのである。大不況を経験した後の1930年代に生まれた「何をして生きて行くか」から生まれた言葉であった。

　マーケティングという言葉は，もっとずっと前に現われていたが，そこでの戦略などは不況期にはほとんど役立たずであった。そこを乗り切る手立てが「リサーチ」であることを認識させたのであった。上記の文は，まさにそれと一緒の状況を思い起こさせる。80年前と内容において全く変わっていないのである。

　そこで挙げられている調査可能な事柄の「商品，企業組織，市場，人口，富，賃金，価格，1人当たりの消費者収入，生活水準，特定商品の市場，商慣習，購買意欲，潜在市場」等が「ビッグデータ」という言葉で一括されているだけである。

　世の中，言葉や状況は変化するが，本質は変わっていないのである。考えてみれば，マーケティング・リサーチと言われるものこそ「自己のビジネスを探すこと」であり，それはすなわち，「マーケティング」のこととなるのである[(4)]。マーケティングを学問にするためには，現代のマーケティング・リサーチを研究しなければならないということにもなるのであって，したがって，そこにおける方法論を吟味する必要があるということにつながっていくのである。

9-3. マーケティングの方法論争はどうなっているのか

　人類最初の文明は，メソポタミヤ地方に発生した言われている。このことは，大河の氾濫と関係していて，エジプト文明におけるナイル川とメソポタミヤ文明のチグリス・ユーフラティス川の氾濫の違いに起因している。川が，定期的に氾濫して農業が毎年のように成立したエジプトと川による不定期の氾濫で毎年の農業が不成立であったため「遠距離交易」を活発化させることになったメソポタミヤ地方の違いを生んだ結果であった。

　氾濫の起こらないメソポタミヤの人々は，家財道具一式を持ち生活物資との交換を求めて遠くまで彷徨い歩かねばならなかった。こうした歴史的考察を行うと，約 1 万年前にメソポタミヤ地方で彷徨い歩いた人々は，アメリカにおける大不況期の人々と重なることが示される[5]。大不況期を経験したアメリカでは，"Marketing Research"（MR：マーケティング・リサーチ）という研究領域が生まれた。

　以降，マーケティング・リサーチは発展の一路といった感がある。20 世紀半ばには日本にもいち早く移入されている。米国では，AMA（会員は世界中に 3 万人と言われている）から雑誌 *Journal of Marketing Research*（*JMR*）が 1964 年に生まれている（同じ AMA から出ている "*Journal of Marketing*"（*JM*）は，1936 年発行されている）。

　マーケティングの科学性に関しては，*JMR* の研究が参考となる。*JMR* の動向については，この雑誌の 30 周年記念号として書かれたバス（F.M.Bass）の論文（1993）「マーケティング研究の将来—マーケティング科学—」に注目したい[6]。その中で，バスは，次のように述べている。

　　　1964 年 2 月に発刊されたときの *JMA* 会長の趣旨は，次のようなものあった。
　　　JMR の焦点は，マーケティングの研究（research in marketing）における方法論と哲学的，概念的，また技術的諸問題におかれている。こうしたマーケティングにおける科学的方法を広範囲に研究することにより，マーケティング・リサーチ（marketing research）への関心を大いに高めるものとなった[7]。
　　　マーケティング研究の将来の方向性は，過去 30 年間に生み出されてきたもので，マーケティング科学（marketing science）の発展であった。
　　　「科学」というものは，以下の 3 つの要素，
　　　　1）経験事象の概念化（empirical generalization）
　　　　2）概念化の弁明（generalized explanation）
　　　　3）拡張，修正，最新化の過程（a process of extension, revision, and updating）
　　を有するものであり，マーケティング研究においても，同様である。
　　　そして，また新しい《現象》の発見によって，マーケティング科学をより一層進展させて行くのである。

　こうして JMR は，JM が広範囲の問題を取り扱っているのに対して，徹底的に科学的な姿勢に基づき，マーケティングの問題にアプローチしてきている。たとえば，購買行動過程，消費者の嗜好，ブランド・ロイヤリティ，調査の態度，世論調査，トレンド分析，商品テスト，メディアの選択，広告の測定，コンピュータの応用などである。

9-4.　これまで，マーケティングでは，どのような予測法を採用してきたか

論理実証主義と解釈学

　マーケティングでは，これまでどのような方法論が当てはめられてきたかについては，川又啓子（2009）が参照される[8]。そこでは，規範的，論理実証主義的，論理経験主義，相対主義的などのアプローチをはじめ，解釈主義，反証主義，批判的合理主義などが紹介され，検討されている。

　ここで，川又の分類で中心的に取り上げられる「実証主義（論理実証主義，論理経験主義，反証主義）」と「相対主義（パラダイム論や解釈主義（学））」のうち，後者に対しては，「得られた知識の真実が吟味されるような明確な方法基準が存在しないという難点がある」と述べて（このことは「解釈学」側に立つ石井淳蔵（1993）も指摘していることではある），「経営経済学に対する解釈学の本当の意義は，発見的科学領域にある」としている[9]。

　論理実証主義や論理経験主義の活用も本来その発見にあるのである。解釈主義の専売特許ではないのである。むしろ後世のマーケティング学者が，マーケティングに適用するに際して厳格に真のモデルの構築を目指したことがあったかもしれない。しかしもし，そこで100％のモデル（真のモデルともいう）を考えていたとすると間違いになる。応用する側もそう考えてはいけなかったのである。

　マーケティング現象への帰納法の適用もそういう意味と捉えた方がよいであろう。そこから得られた理論（これも1つの解釈に過ぎないかも知れない）で，現状を理解すると同時に将来を予測する一助にしたいだけなのである。

　たとえば，データ・マイニング法活用の典型的な例として以下のようなものがある。

　小売りの膨大なデータを調べると，米国における若い夫（男性）は，赤ちゃんのオムツを買いに来たとき，ついでに缶ビールも買っていることが多く観察された。そこで，店では子ども用品売り場のキャッシャーの傍に缶ビールの棚を設置して成功を収めた，という。

　普段気が付かないことが，膨大なデータ（ビッグデータ）の背後にはあるかもしれないのである。失敗は成功の元という「ことわざ」もあるとおり，失敗は事業につきものということであり，そこからまた新しい事業を展望するものであろう。それの繰り返ししかないということである。

　川又は，「むすびにかえて」において，「マーケティングの研究や理論構築の目的は，"科学になる"ことではなく，知的価値の創造であると考える。その目的を達成するのに，もっとも有効な方法論を採用すればよいと考えており，多様な方法論が共存することを認めないものではない」とも言う。ここでは，川又の言う知的価値とは何か，"何のため"の知的価値の創造か，が問われる必要がある。

　マーケティングでは「どういう事業をすればよいのか」が基本的に問題であることから，そのための知的価値の掘り起こしであり，そうして収集された情報を活用する"予測の方法"の開発が求められている。

　失敗は成功の元という「ことわざ」もあるとおり，失敗は事業につきものということであり，そこからまた新しい事業を展望するものであろう。それの繰り返ししかないということである。

　統計学者の田邊國士（2007）は，100％確かなものが考えられないときの予測には，統計科学の優位性を唱えている[10]。佐藤忠彦・樋口知之等も，マーケティング事象に，演繹と帰納の折衷法のあてはめを研究しているということの理由も，そこにあると考えられるのである[11]。

分析心理学の予測方法

　論理実証主義や相対主義などとは一線を画す分析法の考え方もある。各国のマーケティングはどうなるか，を考察するに際して1つの重要な考え方

を提供すると思われるものである。これは，分析心理学（ユング心理学）という研究分野であるが，それを専門に研究している河合隼雄（2017）によって説明されている[12]。

> 　私の方法はこれとまったく異なり，主観を棄てるどころか，あくまでそれを大切にして，それを依りどころとして研究をすすめる。そして，それに対する評価は，それに接する各人の主観的評価にかかわっている。したがって，自然科学のように，その方法論によって普遍性を主張しているのではない。極端に言えば，私一人が納得できればいいとさえ言えるが，やはり，ある程度の普遍性をもつためには，その追求の仕方や提示の仕方に工夫がいるし，何よりも，私自身の内的体験を深めることがもっとも大切である。
> 　しかし，ここで言う体験を深めるとはどういうことであろう。それは明白で矛盾をもたない明るい意識に頼ることを避け，自分の心の奥底にうごめく，あいまいで不可解なイメージに対して，じっと目をこらし，そこから得るものを頼りにあくまで自分の責任をもって慎重に行動する。それはまたあらたなイメージを生み，判断に苦しむことも多い。しかし，決して明確にすること，まとめあげることを焦らないことだ。耐えて待っていると自分の意志ではなく，イメージそのものの方がだんだんと自ずから形を見せはじめるのだ。このような経験を積み重ねることが「深める」ということだと思う。

9-5. ビッグデータの存在が脅威となってきた

"ビッグデータ"（big data）を，ダイヤモンド社編集部では以下のように解説している[13]。

> ビッグデータとは何か
> 　「ビッグデータ」とは，数多くの情報源から，さまざまな形態で，多くはリアルタイムで収集される膨大なデータ・セットをいう。B2Bの場合，ソーシャル・ネットワーク，電子商取引サイト，顧客との通話記録など，多種多様な情報源が考えられる。これは企業のCRM（顧客関係管理）データベースに入っている通常のデータ・セットではない。数十テラバイトからペタバイト級の大容量と複雑さゆえに，データの収集，管理，マイニングには専用のソフトウエアと分析技術が必要である。非構造化データ（ネット上での特定ブランドに関するコメントなど）から営業上の知見を得る，

地域の天候パターンを評価してビールの消費量を予測する，競争環境を綿密に理解するなど，その用途は実に幅広い。

(注：テラバイト（terabyte：2^{40}）約 1 兆バイト，

　　　ペタバイト（petabyte：2^{50}）約 1000 兆バイト）

　ここで，クラウドとは，クラウドコンピューティングを略したものであるが，この概念は，データを自分のパソコンや携帯端末などではなく，インターネット上に保存する使い方，サービスのことである。

　クラウドとは cloud（雲）のことであるが，雲の形はいろいろに変化する。このことから，クラウドは，変化するネットワークにも通じるものである。

　雑誌『Newton ニュートン』（2013 年 12 月号）では，特集「統計の威力」と題する特集を組んでいる[14]。それによると，

　　　ビッグデータとは，現時点では「企業が日々の経営で記録している膨大なデータ」を意味することが多い。たとえば，携帯電話やカーナビゲーションシステムに記録される利用者の位置情報や，クレジットカード会社が処理する取引履歴，ウエブサイトに入力される検索ワードなどだ。
　　　· ·
　　　企業が業務のすみずみにまでコンピュータを取り入れたことで，自動的に蓄積していく「ビッグデータ」出現した。わざわざ時間をかけて統計分析のためにデータを集めなくても，ビッグデータを分析できれば，母集団のデータそのものから，すばやく情報を得られるようになると期待できる。

　また，ビッグデータは，以下のような使われ方もある，と例を紹介している。

　　　まだ撮影されておらず，俳優も決まっていなないのに，脚本だけで「売れる映画かどうか」が予測できる！（過去の映画から「売れる要素」を見つけ出し，脚本を評価する）
　　　映画会社は，無数の脚本から「売れそうな脚本」を選び，製作費を投じる。莫大な製作費を投じたにも関わらず，売り上げが低く赤字になることや，逆に期待していなかった低予算の映画がヒットすることもある。これまで，興行成績の予測はむずかしかった。
　　　イギリスのエパゴギクス社は，過去の映画の筋を無数の要素に分解し，興行成績と組み合わせて，なんと脚本から興行成績を予測するプログラム

をつくりだしたと発表した。ここでは「ニューラルネットワーク」という技術が使われている。ある映画会社の進行中の映画の脚本9本の内，6本について収益を正確に予測したことが評価された。映画会社が1億ドルの売上を見込む脚本について，エパゴギクス社は4900万ドルと予測し，結果は4000万ドルに満たなかったという例もある。制作が決定している脚本をどうかえればヒットするかアドバイスできるため，過去の映画脚本をリメイクし，興行成績の予測を発表することで，予測能力を示したいとしている。（注：太字は筆者）

ビッグデータ分析の必要性の増大

　日本統計学会会長の川崎 茂は，「データは21世紀の石油」という[15]。

　世の中，「情報ネットワークの時代」だが，そこには情報量急速拡大して，いわゆるビッグデータの解析が重要性を増してきたと，山本 強（北大情報工学研究所教授）が解説する[16]。

　すなわち，情報ネットワークの時代は，

：人に向けた情報配信のネットワーク――WWW による情報発信，遠隔端末，ファイル共有サービス

：情報収集のネットワーク――データベースとしての WWW（検索エンジン）ユビキタスネットワークによるオンライン情報集約

　インターネット上に人知の理解を遥かに超える巨大データベース空間が存在している。

　身近には巨大なデータベースがある。

：ネット情報（WWW コンテンツ，オンライン・データベース）

：POS 情報――大規模店舗における販売実績データ

：自動計測されているデータ――気象データ（AMEDAS），交通データ（自動改札データ），通信履歴（WWW アクセスログ，通話履歴）

：GPS ログ情報（カーナビ）

：デジタルカメラ画像，ムービー映像

　ここで起こっている問題は，「巨大数値データベース・ブラウジング」である。

　2つの問題がある。

（1）時間的制約：データベース・レコード数が巨大
　　　　　──中規模スーパーチェーンでも年間 1 億レコード超
　　　　　──単純な集計作業でも時間単位の処理時間
（2）多様な可視化要求：構造が単純なるが故に，多様な可視化や分析が
　　重要になる
　　　　　──フレキシブルな可視化ツールが重要

一方で，「情報科学はどこへ向かうか」として，以下の 3 点を挙げる。
　　・情報の完備性と網羅性の向上
　　　　　──巨大ストレージシステムと高速ネットワークが可能にする網
　　　　　　　羅的データの収集と蓄積
　　　　　──プロセッサの高速化が可能にするリアルタイム分析と可視化
　　・持続可能性（Sustainability）
　　　　　──情報処理に必要なエネルギーの低下（FLOPS/W の向上）
　　　　　──低炭素社会への情報科学の貢献（情報処理による総エネル
　　　　　　　ギー消費の削減）
　　・システム研究からサービス研究へ
　　　　　──物理的実体としてのコンピュータではなく，機能としてのコ
　　　　　　　ンピューティングの研究開発
　　　　　──ハードウエアが見えなくなる“クラウドコンピューティン
　　　　　　　グ”の時代

などであった。
　一方では，消費者は，情報氾濫で悩んでいる。ビッグデータは，“生ゴミ
である”と言う人もいる。生ゴミと言う先生も，そうした生ごみの中から自
己のビジネスを選択したことにはならないのだろうか。
　NHK の『クローズアップ現代』（2012 年 5 月 28 日放送分）で「社会を
変える“ビッグデータ”革命」が放映された。

　　　　スマートフォン，IC カードなど身近な電子機器から，私たちは膨大な情

報を発信している。インターネットで検索した内容，買い物をした商品や
価格，駅の改札を通った移動，さらには病院で受けた検査結果まで，あら
ゆる情報がデジタル化され記録される時代。生まれるデータの量は，この
数年で飛躍的に増え，"ビッグデータ"と呼ばれている。解析不可能だった
ビッグデータを技術の発達で分析できるようになったことで，生活や社会
が劇的に変わりつつある。コンビニでは，購買行動をリアルタイムで捕捉
しパターンを発見，利用者が買う商品を事前に予測する。カーナビを使っ
て100万台の自動車の位置情報をつかむことで急ブレーキ地点を地図化，
"未来の事故現場"を見つけて事前に事故対策をする。アメリカでは医療分
野でビッグデータを活用した"先読み"をする医療が加速している。一方で
個人の情報が膨大に広がっていくことを懸念する声も。"ビッグデータ"時
代の最前線を見ていく。

9-6.　ポスト・ビッグデータの問題

　『統計学が最強の学問である』[17]という本がベストセラーになったという
こともあってか，雑誌『現代思想』（2014年6月号）は，「ポスト・ビッグ
データと統計学の時代」と題する特集を行っている。その中で，筆者の関心
を呼ぶ評論が掲載されている。

　データ科学者の水田正弘は，ビッグデータもスモールデータも本質的には
変わらないという[18]。

　　　データを活用する人にとって，スモールデータもビッグデータもすべて
　　の全てのデータ（any data）が重要である。統計学は，「従来，扱うことに
　　できなかったデータを解析する」ために，確率論やコンピュータを活用し
　　てきた。ポストビッグデータである any data は，統計学が率先して，情
　　報技術，ビジネス，医療などと協力しつつ発展させなくてはいけない。デー
　　タを活用する人にとって，統計学は頼りになる存在である。

　社会学者の太郎丸 博氏も類似の見解を示している[19]。
　そして，数理統計学者の竹内 啓氏は，ビッグデータに対する統計学の適
用に警鐘を鳴らす[20]。

　　　ビッグデータと統計とはきわめて密接な関係があると思われるかもしれ

ないが，そこには微妙な問題が含まれている。……。ビッグデータに統計的方法を適用するに当たっては，4 つの段階を経なければならない。1. データの吟味，2. モデルの選択，3. 手法の選択と適用，4. 結果の解釈と判断，である。

マーケティングにおけるビッグデータ

　人間社会における，ある問題に対して，ルールが明確に知らされ，データ上の信頼性が間違いないものであれば，予測するために深層学習法は有効であるというのは分かる。

　社会科学の場合，上記のことが保証されない場合が普通である。にもかかわらず，現実にはいろいろな意思決定問題に直面する。

　経営戦略・ディジタル・マーケティング専攻の牧田幸裕（2018）は，日本経済新聞の『やさしい経済学・デジタル時代のマーケティング戦略』の締の項で，「企業の未来像大胆な構想必要」と書いている[21]。筆者も，現代社会とビッグデータや AI との関係について書いてきている[22]。

　つまり，マーケティングでも分野によって，ビッグデータというものの受け取り方が違いそうである。筆者の場合は，企業のグローバル化との関係で「国際（比較）マーケティング」の一分野である「国際市場細分化分析」を行ってきている[23]。そこでの問題点は，こちらが分析に必要とする変数データの利用が世界各国でまちまちだということである。つまり，ある変数について計上している国と，していない国が多々あるということである。変数の定義も一致していない。そして，そうした変数データを取る必要のないところもある。

　いくら，データが量的・質的に大量（ビッグ）で幅広く細かくなっても，そもそも必要な変数値がないのであれば，分析評価に意味をなさない事態が起こる。それとインターネット・リサーチが利用できるのは，世界の人々のうちで精々 20％と言われている。後の 80％は関係ないということもある。国際市場細分化分析では悩みの種はつきない。

9-7. マーケティングにおける方法論はいかにあるべきか

（1）オルダーソンの反証主義：

オルダーソンは，「体系より出てくる「命題」（150本）は実証化によって確かめられ，理論として活用化が図られる」という（彼の命題は，ポパーの「反証可能性」に基づく命題であって〈したがって，帰納主義は想定していない〉と言っている）[24]。

しかしながら，反証主義は，佐和隆光（1993）も言うように，単に科学であるかどうかの問題であって，それ以上何も示唆していないものなのである[25]。

　　　要するに反証主義は，科学がしたがうべき「規範」の一つなのである。反証主義は「科学」たるものがあくまでも則るべき方法的立場であって，自然科学の歴史的展開においてそうした方法が有効に機能してこなかったからといって，べつだん反証主義に懐疑的になったり，いわんや「規範」としての反証主義をかなぐり捨てるべきだということにはならない。

その上，反証主義は予測の方法についても何も言っていないのである。筆者としては，反証主義は，佐和も指摘しているように，単に，科学性があるかないかの問題であり，論理実証主義に勝利した科学哲学ではない，という立場である。

経営学者の沼上幹（2000）は，「経営学では，理論はなくても理屈はある」と述べた。そのことから，予測するに際して，「カバー理論」を採用している[26]。

一方で，こうした理屈を作り上げる当座の論拠としては，既存の経済学，社会学，心理学といったコアとなる学問分野の学問の成果を活用するしかないというのが現状である。これでは，いみじくも森嶋通夫が明らかにしたように，単独の学問とするべく条件を満たさない[27]。筆者としては，マーケティングを学問に高めたいと考えている。単独の学問に仕上げるためには，独自の概念を形成し，それと体系化や方法論の問題を一体的にクリヤーしなければならない。

人が自己のビジネスを探索する（すなわち，マーケティング）ために，ま

ずやることは「予測」である。ある時代，ある地域において自分は何をして，何を生活の糧として生きて行くのかを考えるに当たって，関連ある情報を収集し，整理し，組合せたりしながら意思決定を下していくことになろう。

　こうした一連の考え方をどのように現わしていくかは方法論の問題となる。筆者は，帰納法を採用するしかないと考える。論理実証主義ないし論理経験主義の立場である。

　筆者の結論：論理実証主義（帰納と演繹の折衷説）：
　実証化で確かめようとしているのは，その時点の関係を説明し，近い（できれば遠い）将来の状況を予測し，行動の意思決定の方向を検討する情報の収集の一環で，予測力を増そうとするものである。決して，真理を追究するものではない。

(2) 統計科学の採用
「統計科学」については，北川源四郎の解説が参考となる[28]。

　【情報化に伴う研究対象の拡大と科学的方法論の変化】
　　IT 技術の発展は，あらゆる分野で，大量かつ大規模なデータを生み出し，巨大なサイバー世界を構築しつつある。
　　今後の科学・技術の発展は大規模データの活用抜きには語れない。大量データの活用技術に支えられた科学的方法論をここでは「第 4 の科学」と呼ぶことにする（図表 9-1）。

図表 9-1　「第 4 の科学」の位置づけ

第 1 の科学の方法	演繹的	（理論科学）	**（計算科学）**

第 2 の科学の方法	帰納的	（実験科学）	**（第 4 の科学）**

出所：北川源四郎（2008），文献（28）。

　統計科学におけるデータ科学あるいはデータサイエンスの発展形ともいえる。言うまでもなく，第1と第2は，理論科学と実験科学である。これらは演繹的（原理主導型）および帰納的（データ主導型）方法とも呼ばれ，車の両輪のように20世紀の科学研究を推進する原動力となった。

　しかし，20世紀後半，解析的方法に基づく理論科学の限界を補う方法として計算科学が確立し，非線形現象や複雑系あるいはシステムの予測や現象解析において，輝かしい成功を収めた。

　従来の理論科学と実験科学の方法論が研究者の知識と経験に依拠するものとすると，計算科学と第4の科学はCyber世界（IT）が可能とする新しい演繹的および帰納的方法論である。計算科学が発達し確立した現在，この第4の科学を戦略的に推進することが，情報時代の科学研究をバランスよく進展させるために不可欠である。

　こうしたことは，筆者としては，文化勲章受章者の篠原三代平教授が，かつてエコノメトリックス（計量経済学）をもじった言葉で，経済変数間の個別の関係を積み上げる考え方で理論を構成する方式を採用していたことから，「メノコメトリックス」学者と呼ばれていたこともあるが，それに通ずるものがあると考えている。マーケティング・リサーチの考え方や方法もそうした考え方の一環なのである。

9-8.　AIでは，どのような予測方法を考えているか

（1）人工知能（AI）の方法論

　近年は，人工知能（AI）における「ディープラーニング（深層学習法）」がクローズアップしている。

　将棋や囲碁では，ディープラーニング（deep learning：「深層学習法」）を駆使して人工知能がプロの強者を次々に撃破していることが報道されている。これが評判になってか否か，やがては（2045年），人工知能が人間を上回る「シンギュラリティ（singularity：技術的特異点）」がやってくるという人もいる[29]。

　松尾 豊（2016）は，人工知能と人間の関係についても書いている[30]。それによると，「深層学習法」とは，分けることであり，主成分分析（数量化

理論第Ⅲ類）の繰り返しを行って，結果の頑健性を求めるものである，という。筆者も，一種の「深層学習法」を実行しているとは気づかずに，ある実際のマーケティング現象を理解すべく，判別分析や成分分析・主成分分析（数量化理論第Ⅱ類・第Ⅲ類）を用いてきた。国内市場細分化や国際市場細分化を求める際である。

そこでは，未だ満足のいく結果を得られていないと考えている。なぜならば，使用するデータの信頼性や比較のためのデータの網羅性（欠落性）にかかわる問題が常に付きまとっているからである。この点は，筆者も最近の論文で明らかにしてきている。

ビッグデータが生み出される時代なのだから，これを分析することが重要といっても，その個々のデータの妥当性や信頼性が問われるケースが多々存在することに留意する必要がある。

いかに高度技術を駆使しても，たった1つのデータの不確実性や欠落が分析結果にゆがみが出ることは当然のこととなる（これでは，いつまでたっても「頑健性 robustness」は生まれない）。この点は，たとえば，数学者オスカー・モルゲンシュタイン（Oskar Morgenstern）（フォン・ノイマンとの共著 *Theory of Games and Economic Behavior*"（1944年）で知られる）が，著書 *On the Accuracy of Economic Observations*"（1950年）で明らかにしていることと軌を一にしている。2元連立方程式において，係数のほんのわずかな違いが，解における符号が正負逆転することなどを説明した。

（2）A. ゴブニックの AI における方法についての見解
　　―ボトムアップ方式とトップダウン方式―

A. ゴブニック（2018）によると，問題解決に，ボトムアップ方式とトップダウン方式がある，という[31]。特に，AI を復活させた2つのアプローチ例として，「ディープラーニング（深層学習)」と「ベイズ法」を挙げる。

たとえば，1つの典型的な意思決定問題を考えてみる。

〈バス会社が，ある新興住宅地に新しい路線を開拓するかしないかを判断する〉

　これは，バス路線を開拓「する」か「しない」か，の二者択一の意思決定問題である。これをどういう方法で解決を図るか，について大きく２つの方式が考えられる。

　(a)「深層学習法」で考える
　これまでのすべての路線のデータを収集する。それをいくつかの特徴に基づき分類する。その上で，新しい路線がどの分類に相当するかを評価する。もし，分類 i に相当するとなれば，採算性からみて，十分路線開拓の意味がある，との解釈となるであろうし，そうでなければ路線開拓を止めるという決断を下すことになる。

　(b) ベイズ推定法で考える
　人間社会の場合，何度も同じことを検証できない。せいぜい１回か，２回である。そんなとき「ベイズ推定法」は効果を発揮すると考えられている。
　１つの予想を立てる。それに対して，１回リサーチを行う。その結果を利用して，初めの予想を修正するという考えである。

　上記の問題の解決を図るために，
　(a) では，筆者も分析してきている[32]。
　(b) では，上記の問題の解決を図るには，どう考えていくのか。
　バス路線開拓に当たっては，採算性が第一である。これについても様々な状況が考えられる。外出の少ない高齢者が多いとか学童の少ないとかといった年齢構成に偏りがあったり，近くに買い物に便利なスーパーが出来ていたりで，バスを利用する必要の少ない人々が多い，とか，最初のうちは物珍しさで多くの人が乗ってくれるだろうが，そのうちに，徒歩や自転車に切り替えるかもしれない，とかあるだろうし，問題を解決するべく要素は複雑に絡み合うと考えられる。しかしここでは簡単に考えて，まず，路線バスが走っ

たときの沿線住民の乗車率のみを検討することから解決を図ると考える（採算性を考慮した乗車率であり，つまり，これだけ乗ってくれなければ採算は取れないというレベルのもの）。

　そこで，路線住民に対して，開通した場合，「乗る」か「乗らない」かのリサーチを1回行う。その結果を利用して，初めに設定した乗車率を変更するというやり方である。こうした問題設定では，ベイズ確率を利用して解決を図る典型的な例となる。

(3) 分け方の考え方と方法

前述の松尾は，「分け方」の方法についても書いている[33]。

　　新聞記事をカテゴリに分けることを考える。まずはコンピュータに訓練用のデータを読み込ませて，記事に出てくる単語をもとに，何らかの空間をつくる。たとえば，記事に出てくる単語から最も頻出するものを100個選んで，それで100次元の空間をつくると，1つの記事は，この空間上の1つの点として表すことができる。この空間では，同じ単語が出てくる記事は近くに，出てこない記事は遠くになるようにマッピングされる。新聞記事には，「政治」「科学」「文化」というカテゴリがつけられているとしよう。

　　ひと通りマッピングが終わったら，次に，新しいテストデータを読み込ませて，どのカテゴリに分類されるかを見る。下の図の真ん中の■（印）がテストデータだったとして，これが3つのカテゴリのうちのどこに分けられるか。図のように線引きされていれば，テストデータは「政治」に分類されるだろう。この線をどのように引くかによって，分け方が変わる。つまり，「分ける」ということは，分けるための「線を引く」ことと同じなのである。（筆者注：線形判別分析法）

　　最終的に，「国」「政府」「予算」「行政」「与党」などの単語が出てきたら「政治」，「宇宙」「物理」「生命」「細胞」「コンピュータ」などの単語が出てきたら「科学」，「音楽」「美術」「絵」「彫刻」「アニメ」などの単語が出てきたら「文化」といった具合に，コンピュータが学習してくれたらOKだ。線の引き方にはいろいろな方法があり，それぞれ異なる仮説に基づいている。ここでは代表的な分類のしかたを5つ紹介する。

　　①最近傍法，②ナイーブベイズ法，③決定木，④サポートベクターマシン，⑤ニューラルネットワーク

9-9. 結語

(1) ビッグデータと官庁統計の問題——厚生労働省の毎月勤労統計調査における不適切な方法による調査について

　新聞報道によると，2019年1月，厚生労働省が都道府県を通じて労働者の給与や労働時間の変化を調べている「毎月勤労統計」とよばれる調査が，長年にわたって決められたやり方と違う方法で行われ，その結果，データが誤っていたことが発覚した。

　毎月勤労統計は，失業中の人などに給付される雇用保険などの給付金の算定にも使われていた。データが誤っていたことによりのべ約2千万人の給付金が少なくなってしまい，少なくなった総額は数百億円に上るという。

　官庁による毎勤統計の不適切な統計処理の問題に関して，筆者も思い当たることがある。筆者は，大学で近代経済学や数理統計学をかじって来ていたので（学部卒業論文名は，「自己相関の一考察」），大学院に入って，経営統計学の分野を研究したいと，伊大知良太郎先生にその旨申し出たところ，統計の理論はよく知らないので，これをまず初めに読んで，1ヵ月後に，それについて発表しなさい，と言われ『家計調査年報』を与えられた。

　このときの筆者の感想は，こんなことをやっていたら，同期に入った連中から研究で1歩も2歩も遅れてしまうというものであった。しかし，これを読んで驚いた。全国には5千万世帯があって，そのうち8千世帯しか調べていない。それも標本理論というものに則って選ばれた世帯の，所得，消費支出，貯蓄など多様な家計項目をアンケート調査項目について，調査員が一軒一軒回って面接調査方式をとっていた。しかも，8千世帯の半数は，半年ごとに入れ替えるという抽出法を採用していた。

　この統計は，世界に冠たる統計であるということも，その時知った。日本の家計データは，『家計調査年報』を参照して分析されていることの意味をはじめて教わった気がしている。その後の筆者の分析は，『家計調査年報』の数値を大いに活用するとともに，そこから得た知識を活用していることは言うまでもない。

　今だに，伊大知先生のご指導には感謝してもしきれないご恩を感じている。
　とにかく，官庁統計というものは，このように作成されていると考えていたが，今回の厚労省の不正が発覚したことで，ところによっては，そうでもないことが分かったのである。
　日本統計学会からも，いち早く「声明」が発せられている[34]。

平成 31 年 1 月 28 日

　厚生労働省毎月勤労統計調査における
　不適切な方法による調査に関する声明

日本統計学会

　今回，厚生労働省毎月勤労統計調査において不適切な調査が行われていたことが発覚した．信頼性の高い公的統計の提供のために政府において原因が究明され，その結果が公表されるとともに，再発防止策が講じられることを強く希望する．原因究明と再発防止策の検討の過程において，求めがあれば，専門的な見地から本学会が協力することを表明する．

　これらのことがらは，データの量に関係なく生ずる問題であるということである。統計学を援用することはそう簡単なことではないことが理解できる。
　一方，官庁統計に，こうした事態が起こったことから，竹内 啓 (2019) は，「データ学のすすめ」を提案している[35]。

　　　最近「統計不正問題」がやかましく論じられているが，私はこの際［データ学］というものを提唱したい。このようにいうと「データ・サイエンス」（データの科学）がもてはやされている現在，改めて何をいうのかと怪しまれるかもしれない。
　　　しかし「データ・サイエンス」或いは「データ・アナリシス」はほとんどの場合，与えられたデータから出発して，それをどのように扱うかの方

法を論ずるものとなっており，データそのもの，そのあり方，品質等を論ずることはあまりない。しかし具体的な統計分析を料理することにたとえるならば，よい料理を作るには，優れた調理法とともによい食材をえらぶことが大切であるように有効な統計分析を行うには良いデータを選んで適切な解析を行わなければならない。利用できるデータが与えられている場合には，その性質をよく吟味して，それに適した解析法をえらばなければならない。その場合は，有り合わせの材料から食事を作るようなものである。いずれにしても良い料理人は食材をよく吟味して調理法を選ぶように優れた実際統計家は統計素材をよく調べて解析法を決めるものである。しかしデータを吟味する過程はしばしば「経験と勘」によるものとされ，定式化されて説明されることはほとんどない。しかしそれを何らかの形で一般化し定式化して示すことはできないだろうか。それがデータ学である。

(2) 文系学生に数学を教えるということ

マーケティングを科学として認知したいというのには，理由がある。

「これからどんな事業をしたらよいか，そこではどのような製品を作ればよいか，それをどのようにして売って行けばよいか」について，より科学的に「予測をしたい」からである。

本章の冒頭の現今の社会が要請する大学卒業生が，文系・理系の枠を取り払った教育が施させれている必要があるということは分かる。しかし，ことは簡単ではない。結局，文系・理系を問わず，大学生には「数学」と「リベラルアーツ（教養)」の教育が求められるということであろう。

しかしながら，マーケティング教育にふさわしい「数学」とはどういうものなのか，が問われる。まず言えることは，マーケティング分野で言えば，そもそも科目の性質上，数学・統計学が苦手な教師が多いのである。実際のビジネス・マーケティングに精通していて，数学・統計学の方は若干かじった程度の人が担当している場合が多いのである。

一方，経営学の方に数学を専門とする人が採用された場合には，ややこしい数式展開を念頭に置かれるので，実務にどう応用するかがおろそかになる場合がある。結果として，実務と専門がなかなか結びつかないといった現実問題が出てきている。

現状では，マーケティング担当者の大半は，必要に応じた数学・統計学活

用で済ませている（筆者もこれと同列にあった，詳しくは専門書を見なさいというアドバイス付きで）。

　また一方，リベラルアーツ（教養）の教育は，本来，大学で基本的に教えられるべきものである。ただ，リベラルアーツ（教養）とは何か，をしっかり共有しなければならないだろうが。

　いずれにしても，上記のことが満たされるためには，マーケティング教育にとって，どういう人が望ましいのかといった教師の資格から検討することにならざるをえないと筆者は考えている。

（3）筆者のマーケティング研究の始まりは数理統計理論の当てはめからであった

　筆者は，マーケティング現象に対する数理統計理論の当てはめから研究を開始した[36]。若かりしころ，数理統計学を少し勉強していたこともあって，大学における講義科目「マーケティング」を担当することになって，マーケティング現象に対する統計学理論の当てはめを研究対象としていた。「マーケティングにおける購買者行動論」という形で何編か発表している。

　とりわけ，「購買者行動の銘柄推移問題」に確率過程論のマルコフ過程（マルコフ連鎖）の当てはめの研究について発表したときは，フロアの一人から「君のマーケティングは統計学だね」と言われている[37]。

　つまり，マーケティング関連の購買者行動に関する数学モデルとして，
　　　（統計的確率的モデル・数学的解析法）
　　　　　　　マルコフ連鎖モデル
　　　　　　　エーレンバーグ（A.S.C.Ehrenberg）の「反復購買モデル」
　　　　　　　線形学習モデル
　　　（シミュレーション・モデル・数値解析法）
　　　　　　　モンテカルロ法に基づくモデル
　　　　　　　組み替え法
　　　　　　　ブートストラップ（bootstrap）法

などを取り扱っていたことに由来すると思われる。

　しかし，これらの研究過程で，エーレンバーグ（A.S.C.Ehrenberg）の著書 "*Repeat Buying*"（反復購買）を読んで，家計簿にあらわされた膨大なデータから購買者の反復購買についての精密な理論【負の２項分布モデル（*Negative binomial Distribution*（NBD））】を見出していくという，そうした地道に研究を進める彼の研究姿勢に，筆者は非常な感銘を受けた記憶がある[38]。

　本章の冒頭の大学教育の在り方に対する要望として，経団連から「文系学生に数学を，理系学生にリベラルアーツ（教養）を」が出されていることに関して言えば，教える側の方が，そこまで行くにはマーケティングとは何かということと相当程度の数学や統計学を理解していなければならないだろう。

●第９章の注と参考文献

(1)「文系学生も数学を――経団連，大学に改革提言へ」『日本経済新聞』，2018年12月1日，土曜版（1面）。

(2) ニュートン編集部（2006）「天気予報：天気予報はどれほど当たる？言い伝えは本当？」『ニュートン』，教育社，2006年6月号，pp.108-109。

(3) 黒田重雄（2009）「商学とマーケティングの講義ノート（1）」『経営論集』（北海学園大学経営学部紀要），第6巻第4号（2009年3月），pp.163-184。

(4)「マーケティング・リサーチ」は，「マーケティング」そのものである。

(5) 黒田重雄（2009）「商学とマーケティングの講義ノート（2）」『経営論集』（北海学園大学経営学部紀要），第7巻第1号（2009年6月），pp.123-142。

(6) Bass, F.M.（1993）,"The Future of Research in Marketing: Marketing Science," *Journal of Marketing Research*, Vol. 30, February, pp.1-6.（黒田重雄他著（2001）『現代マーケティングの基礎』，千倉書房，pp.204-205）。

(7) 質問表形式の実査は，1824年（今からおよそ180年前）に新聞において用いられていた。マーケティング・リサーチとしての始まりは，1910年頃であり，C.C.パーリン（Charles C.Parlin）の農機具製造業者の経営活動調査研究が嚆矢であるという説が一般的である。

(8) 川又啓子（2009）「方法論争の展開」（嶋口充輝監修『マーケティング科学の方法論』，白桃書房，第1章所収，pp.3-30）。

(9) 石井淳蔵（1993）『マーケティングの神話』日本経済新聞社。

(10) 田邊國士（2007）「ポスト近代科学としての統計科学」『数学セミナー』，第46巻11号（通巻554号），2007年11月号，pp.44-49。

(11)（a）佐藤忠彦・樋口知之（2008）「動的個人モデルに消費者来店行動の解析」

『日本統計学会誌』，第 38 巻，シリーズ J 第 1 号，pp.1-19。

　　(b) 佐藤忠彦・樋口知之（2008）「返答：マーケティングもデータ同化へ」『日本統計学会誌』，第 38 巻，シリーズ J 第 1 号，pp.31-38。

(12) 河合隼雄（河合俊雄編）（2017）「序説」『定本　昔話と日本人の心』，（〈物語と日本人の心〉コレクションⅣ），岩波書店。

(13) ダイヤモンド社編集部（2012）「ビッグデータで営業の精度を高める『DIAMOND ハーバード・ビジネス・レビュー』，第 37 巻第 12 号，2012 年 12 月，pp.92-104。

(14)「（情勢判断・意思決定の数学）統計の威力」『Newton ニュートン』，2013 年 12 月号，株式会社ニュートンプレス，pp.22-53。

(15) 川崎　茂（2019）「会長就任ご挨拶」『日本統計学会会報』，No.180（2019.7.31），pp.1-2。

(16) 山本　強（2014）「今そこにあるビッグデータ——デジタルデータで見る自然現象と社会現象——」，日本マーケティング協会北海道支部 4 月期セミナー，2014 年 4 月 22 日，於：電通恒産札幌ビル。

(17) 西内　啓（2013）『統計学が最強の学問である』，ダイヤモンド社。

(18) 水田正弘（2014）「ビッグデータブームを考える」『現代思想』，2014 年 6 月号，青土社，pp.69-79。

(19) 太郎丸　博（2014）「統計・実証主義・社会学的想像力」『現代思想』，2014 年 6 月号，青土社，pp.110-121。

(20) 竹内　啓（2014）「ビッグデータと統計学」『現代思想』，2014 年 6 月号，青土社，pp.28-37。

(21) 牧田幸裕（2018）「企業の未来像大胆な構想必要」（やさしい経済学・デジタル時代のマーケティング戦略（7））『日本経済新聞』，2018 年 7 月 16 日付（朝刊）。

　　これまで述べてきたように，デジタルマーケティングは何か特別なことをするのではなく，従来のマーケティングのある部分が進化したものです。これまで行ってきた企業活動をデジタル化や新技術の力で精度を高めたり，利便性を向上させているだけです。

　　現在，多くの企業がマーケティング分野に限らず，企業全体のデジタル化に取り組んでいます。

　　しかし，どのようにデジタル化を進めていくべきか決めかねている企業も少なくないようです。

　　その原因は企業の未来像を構想できないことにあります。技術革新のスピードが速すぎて，過去から未来を想像することが難しくなっているからです。

　　市場環境分析の枠組みに「PEST 分析」（企業を取り巻く政治，経済，社

会，技術の４つの面から企業への影響を分析する）がありますが，これは過去から現在の変化が業界に与える影響をもとに未来を予測します。過去と現在，そして未来に連続性があれば機能しますが，技術革新のスピードが速すぎると未来の予測が難しくなります。

　しかし，現在の技術レベルでは不可能なことも，未来では実現できるのではないかと発想し，未来を構想する。そうすると，実現の時期はずれるかもしれませんが，未来を予測できるようになります。仮説検証型で未来を予測し，企業の未来像を描くのです。

　未来は見えないので企業の未来像を描くのは勇気が必要ですが，思い切って未来像を構想する企業はデジタル化を推進できるようになります。多くの企業ができないからこそ，未来像を構想することは企業の競争力を決める重要な要素になり，競合企業から抜け出すチャンスになります。

　この連載で解説してきたように，デジタルマーケティングの目的は消費者行動データを分析することで消費者を理解し，それをもとに良い提案をし続けて消費者から高い信頼を獲得することにあります。江戸時代の商人は大福帳に顧客情報を記して顧客理解に努めていました。時代が変わって方法は変化しても，商売の本質は変わりません。

(22) 筆者による人工知能（AI）関連論文

　「人工知能（AI）の技術的発展が経営やマーケティングへどう影響を及ぼすかについての覚書」『開発論集』（北海学園大学開発研究所紀要），第100号（2017年9月），pp.161-195。

　「ビッグデータ，人工知能（AI），そしてマーケティング学 ―人工知能の技術的発達とマーケティングへの影響に関する一考察― 」『経営論集』（北海学園大学経営学部紀要），第15巻第4号（2018年3月），pp.147-170。

　「これまでのマーケティング方法論と近年のAIにおける二つのアプローチ法との関係についての一考察 ― 特に，ディープラーニングとベイズ推定法の考え方を中心に ―」『経営論集』（北海学園大学経営学部紀要），第16巻第3号（2018年12月），pp.43-55。

(23) 筆者による国際市場細分化分析関連論文等

(論文)「比較マーケティングと国際市場細分化」『経済学研究』（北海道大学），第45巻・第2号（1995年6月），pp.94-108。

(著書)『比較マーケティング』，1996年10月1日発行，千倉書房。

(論文)「比較マーケティングの研究方向に関する一考察」『経済学研究』（北海道大学），第47巻・第2号（1997年9月），pp.84-90。

(論文)「比較マーケティングの研究方向に関する一考察」『流通研究』（日本商業学会誌），第1巻・第1号（創刊号）（1998年3月），pp.19-32。

（論文）「比較マーケティング研究とグローバル・マーケティング」『経営論集』
　　（北海学園大学），第 1 巻・第 1 号（創刊号）（2003 年 6 月），pp.69-89。
（論文）「地域の国際マーケティングに関する一考察―北海道における貿易活性
　　化の必要性をめぐって―」『経営論集』（北海学園大学経営学部紀要），第
　　2 巻・第 3 号（通巻第 7 号）（2004 年 12），pp.55-73。
（論文）「国際市場細分化を中心とする実証化―1991 年時点と 2000 年時点の比
　　較分析―」『経営論集』（北海学園大学経営学部紀要），第 2 巻・第 4 号
　　（2005 年 3 月），pp.141-159。
（研究報告書）「比較マーケティング研究における一展開―国際市場細分化を中
　　心とする実証化―」，平成 15 ～ 16 年度科学研究費補助金（基盤研究（C）
　　(2)）研究成果報告書（2005 年 3 月），平成 17 年 3 月。
（論文）「比較マーケティングにおける国際市場細分化分析のビジュアル化」『経
　　営論集』（北海学園大学経営学部紀要），第 3 巻第 1 号（2005 年 6 月），
　　pp.1-38。

(24) Alderson, Wroe (1965), *Dynamic Marketing Behavior*, Richard D. Ir-
　　win, Inc.（田村正紀・堀田一善・小島健司・池尾恭一訳（1981）『動態的マー
　　ケティング行動―マーケティングの機能主義理論―』，千倉書房）。
(25) 佐和隆光（1993）「夢と禁欲」（浅田彰・黒田末寿・佐和隆光・長野敬・山
　　口昌哉著『科学的方法とは何か』，中公新書（1986 年初版））。
(26) 沼上 幹（2000）『行為の経済学』，白桃書房。
(27) 森嶋通夫（2010）「付記・社会科学の暗黒分野」『なぜ日本は没落するのか』，
　　岩波現代文庫，pp.197-206。
(28) 北川源四郎（2008）「知識社会における統計科学の役割」『日本統計学会誌』，
　　第 37 巻・第 2 号，pp.201-211。
(29) シンギュラリティ：2005 年にアメリカの未来学者レイ・カーツワイルが提
　　唱した説。
(30) 松尾 豊（2016）『人工知能は人間を超えるか―ディープラーニングの先に
　　あるもの―』，株式会社 KADOKAWA。
(31) A. ゴブニック（2018）「（特集・AI の新潮流）子供の脳に学ぶ AI」『日経サ
　　イエンス』，2018 年 2 月号，pp.28-41。
　　（原文：Gopnik, Alison. (2017),” Making AI more Human: Artificial
　　intelligence; Child psychology; Machine learning; Thought & thinking;
　　Cognitive robotics”, *Scientific American*, Jun2017, Vol. 316 Issue 6,
　　pp.60-65.)

(32) 筆者による研究（文献（23）の「国際市場細分化分析」）
(33) 松尾 豊（2016）（文献（30）に示す）。

(34) 赤坂昌文（日本統計学会会長）(2019)『日本統計学会会報』, No.179（2019年4月30日), pp.3-4。

(35) 竹内 啓（2019)「データ学のすすめ」『日本統計学会会報』, No.179（2019年4月30日), pp.1-2。

(36) 黒田重雄（1982)『消費者行動と商業環境』, 第6章所収, 北海道大学図書刊行会。

(37) 黒田重雄（1975)「購買者行動と確率過程モデル―マルコフ過程モデルを中心として―」『経済学研究』（北海道大学）第25巻, 第2号。

(38) Ehrenberg, A.S.C. (1972), *Repeat Buying: Theory and Applications*, North–Holland Publishing Co.

　　この研究の紹介は, 以下で行っている。

　＊黒田重雄（1982)『消費者行動と商業環境』, 北海道大学図書刊行会, pp.266-278。

第10章

マーケティング学で現代企業の行動を分析してみる

はじめに

　現代企業の行動を，オルダーソンのトランスベクション概念を使って分析してみる。企業（ないし企業群）がある製品を作るにあたって，製作過程に機能別の分業体制を作ることを考えるであろう。その際，出来上がった製品が購買者にとって，新製品と意識し，実際に購買することが（ほとんど）確かであるように（機能）をつなげ，順に並べる必要がある。

　トランスベクションでは，素材選択から始まって，製品を完成し，販売網を使って購買者へ届けるという一連の機能別製作過程が想定されている。

　しかし，この想定では不十分である。すなわち，まず，どういう製品を購買者が必要としているかが問われねばならないのであって，しかる後に，それを製品にしていくために，どういう機能が必要となるか，それらの機能をどういう順につなげていくか，を決めていかねばならないということである。

　これは，トランスベクションを逆転させるということにほかならない。

　そのとき，効果を発揮する1つの解法が，「ダイナミック・プログラミング法（動的計画法）」であることを示す。

10-1.　企業分析の視角―出発点は買い手

　「トランスベクション概念」を使った場合，商業・流通業ではどう生かされるのかを考えてみる。

　一般に，商品は，

　　素材の（開発）選択→加工製造段階→卸売段階→小売段階（→購買者）

と進む。しかし，第7章において述べたように，商品は，小売段階で購入
されてはじめて価値（額）が決まると考えて，逆の流れを考える。

　　（購入）→小売段階→卸売段階→加工製造段階→素材の（開発）選択

　つまり，「買われたもの，買われることがほとんど確実なもの」を前提と
して，製品づくりが行われると考えるのである。

　サイゼリアの社長が，「おいしいから売れるのではなく，売れるからおい
しいのだ」ということで，新しい料理を出すとき，1000回も試していると
言うのがそれである[1]。「競争戦略」でも，こうした考え方を持つべきでは
ないかと言うのが，経営学者の楠木 建（2011）の『ストーリーとしての競
争戦略』である[2]。

　これに関することとして，新聞の1面に「米ウォルマート 巨体改造実験」
という見出しが出た[3]。その解説では，

　　　　売上高50兆円の世界最大企業，米ウォルマート・ストアーズが成長の壁
　　　に直面している。消費者のライフスタイルの変化などで大型店は伸び悩み，
　　　ネット通販との競合も激しさを増す。そこで米国内の5000店舗を生かし，
　　　ネット融合型などの新型店の運営に乗り出した。成功モデルを確立し，か
　　　つての成長力を取り戻せるか。アーカンソー州の実験店に密着した。

とある。

　直接，買い物客に接する小売業は，買い物客の反応には特別の配慮が必要
となる。素早い対応が欠かせない。世界的大企業のウォルマートも例外では
ないということである。店の看板には「ウォルマート・ピックアップ・グ
ロッサリー」とあって，消費者は駐車場に止めた車から降りることなく，事
前にネットで注文した食料品を受け取れる仕組みになっている。

　新聞では，ある2児の子育て中の主婦の話として，店舗内で商品を一つ
一つ買い物カートに入れる作業は「苦痛でしかない」，そのため肉や野菜は
もちろん，牛乳ですら同店舗で購入し冷凍保存し，追加で必要な食品を近く
のスーパーで買い足す習慣が身についた，ということを紹介している。

こうした実験は，商品に対する一種の変形を試みていると見ることも可能である。製造や卸から受け取った商品を小売が，購買者の買いやすさを促す変形行動をしていると受け取れるのである。

10-2. 分析の具体化

まず，第 7 章【7-2-6】の「トランスベクション」が表す生産工程の一般化を再説する。

あるメーカー（全社）の現在の機能状況を

$$\boxed{M_K}$$

と表すと，→　で表された前方の企業（機能）は

$$\boxed{M_{K-1}}$$

であり，

$$\boxed{M_{K-1}} \quad \rightarrow \quad \boxed{M_K}$$

もし，M_{K-1} の以前にも取引企業（機能）があるなら，M_{K-2} となる。

$$\boxed{M_{K-2}} \quad \rightarrow \quad \boxed{M_{K-1}} \quad \rightarrow \quad \boxed{M_K}$$

以下同様にして，先頭の素材企業（機能）（M_{K-L}）に行きつく。

$$\boxed{M_{K-L}} \quad \rightarrow \quad \cdots \quad \rightarrow \quad \boxed{M_{K-2}} \quad \rightarrow \quad \boxed{M_{K-1}} \quad \rightarrow \quad \boxed{M_K}$$

また，M_K の後に，流通企業（卸売（M_{K+1}），小売（M_{K+2}））がつながるならば，

$$\boxed{M_K} \quad \rightarrow \quad \boxed{M_{K+1}} \quad \rightarrow \quad \boxed{M_{K+2}}$$

オルダーソンでは，$M_{K-L} \sim M_{K+2}$ 方式までが，「トランスベクション」である（決定した機能群は，$M_{K-L}{}^* \sim M_{K+2}{}^*$ である）。

これは，

$$製造過程　\rightarrow\rightarrow\rightarrow　流通過程　\rightarrow\rightarrow\rightarrow　（消費者）$$

$$\underbrace{T_1{}^*, T_2{}^*, \cdot\cdot\cdot T_{k-1}{}^*, T_k{}^*,}\underbrace{T_{k+1}{}^*, \cdot\cdot, T_N{}^*}$$

と同じことである。

　また，

$$\text{“}T_1{}^*, T_2{}^*, \cdots\cdots T_{k-1}{}^*, T_k{}^*, T_{k+1}{}^*, \cdots\cdots, T_N{}^*\text{”} \tag{1}$$

がオルダースンの「企業集団」である。

　この一連の（機能別）作業工程の流れの中で，（1）において，

（a）どことどこを入れ替えるか。製造工程の変更（リエンジニアリング
　　　方式）してはどうか――ベネトン社の場合―

（b）工程間（機能間）で合併した方がよくはないか――また，どの工程
　　　に他の企業を導入した方がよくはないか（ネットワークの形成）。

が，全体の工程の中で機能戦略として考えられる。

10-2-1. 製造工程の変更例

　まず，（a）の場合である。

（1）ベネトン社の製造工程の変更による優位性確保

　消費者の意識や行動の変化（特に，製品を出来る限り早く手に入れたいという欲求）に応える手法として，従来の「先染め方式」から，「後染め方式」に変えるなど，「製造工程（process）を変更」したことによる競争優位性確保の政策を実行し成功している。リエンジニアリング方式と言う（図表10-1）。これも，トランスベクションの観点から分析評価可能な例である[4]。

　ファブレス（fabless）とは，半導体産業で企画設計と販売を行い，製造は他に任せる企業のことであるが，そこから，ファブレス経営とは，各方面より注文を取り，出来上がった製品を回収して買い手に納品する（この場合，製造は専門メーカーに任せる）経営方式のことである。製造業者と買い手との双方の情報（製品情報，買い手（市場）情報）の橋渡しと物流を調整・拡

図表 10-1　ベネトン社のリエンジニアリング（プロセスの変更）

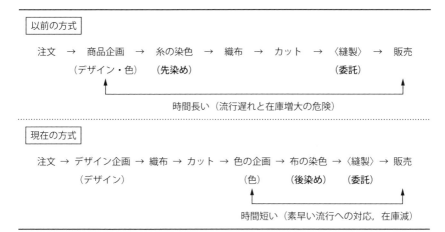

(出所) 今井賢一 (1990) (文献 (4) より作成)

大する。

　この「ファブレス経営」という経営方法は，北イタリア地方の「産地」における「インパナトーレ」と呼ばれるコーディネート企業が参考となる。インパナトーレは，製造を行わない点に特徴があるが，そうかと言って単なる調査会社でも販売会社でもない。その両方を併せ持った企業である。イタリアでは，業界ごとに数多くのインパナトーレが存在している。インパナトーレ同士が競争するシステムとなっている。

　インパナトーレ自身が職人企業を専門職ごとに束ね，その有する情報網を駆使し，世界的視野で取引相手（市場）を探し，それに見合った商品を企画設計し，適切な職人に製造依頼し，それをすみやかに顧客に提供するという意欲的な企画力と販売力を持った企業（株式会社）なのである。

　こうして，イタリア・ブランド製品が全世界を駆けめぐっている。イタリアは，世界第 6 位の工業国であるが，その中心は中小企業であり，また，中小企業が輸出の中心的役割を果たして貢献しているのは，そこにあると言われている。

　つまり，古いものを，全く新しいものに蘇らせているところにイタリア・

ブランド製品の神髄があるとされる。ここで，インパナトーレが行うことは，イタリア国内のみならず，世界中からの注文をとって，それに最も適した12世紀以来の伝統的技術を受け継ぐ職人企業（ほとんど家内工業）に製造を依頼し，出来上がったものを回収し顧客に届ける方式である。インパナトーレ1社で，職人企業を数十社，数百社と契約しており，各々の職人的・技術的特徴を熟知している。

　ここで注意されねばならないのは，日本のミスミ（株）やベネトンは，もともとは精密機械分野や縫製業分野での経験豊富な製造企業であったということである。そのノウハウを存分に生かして代理業者となっているということである。

10-2-2.　ネットワークによる素材開発例

　次いで，（b）の場合，どれとどれを一緒にすることがよいか，また，どの部分に他の企業を導入するか（ネットワーク），である。

　ⅰ）新合繊ポロシャツの開発概要──チームMDによる新製品の開発─

　イトーヨーカ堂の衣料品部門において，最初の「チームMD」（チーム・マーチャンダイジング）（図表10-2）の成果として公にしたものが，「新合

図表10-2　衣料品のチーム・マーチャンダイジング

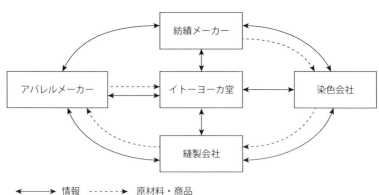

◀──▶　情報　┅┅▶　原材料・商品

（出所）佐藤芳彰（2001）『現代マーケティングの基礎』千倉書房，p.191。
　　　　（『日経ビジネス』，1994年9月5日号，日経BP社，p.24をもとに作成。）

繊ポロシャツ」の開発である。素材である織布を提供する「クラボウ」，染色加工の「東海染工」，縫製を「シキボウナシス」，販売の「イトーヨーカ堂」の4社がチームを作って，新商品の開発が進められた。クラボウと東海染工が，新商品のための生地段階での形態安定加工技術を開発した。アパレル業界では素材・染色・縫製などで生産系列化がなされているが，系列を越えた共同開発が実現された。つまり，シキボウナシスは，クラボウの競争会社であるシキボウの子会社であり，従来なら一緒に仕事をすることは考えられないことであった[5]。

ⅱ）ダイニーマ

東洋紡の超高強力ポリエチレン繊維のダイニーマ（Dyneema）は，超高強度・高弾性率のスーパー繊維で水に浮くほどの軽量素材で，多方面で利用可能を謳っている。日本ダイニーマは，DSMダイニーマ［本社オランダ］と東洋紡との合弁会社である[6]。

以上のような，ネットワークによる素材開発（図表10-3）の基本には，各機能（企業行動）を効果的につなげる「トランスベクション」（有効変形経路）の考え方で解釈できることは明らかである。このことは，流通システムの問題でも同じである。

図表10-3　ネットワークによる素材開発

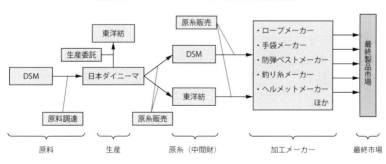

（出所）星野雄介（2012）（文献6）。

10-3. 流通システム論の問題

　既に述べた通り，楠木 建（2011）の，『ストーリーとしての競争戦略 ― 優れた戦略の条件 ―』では，ポーターの "*Competitive Strategy*"（訳本，『競争の戦略』）を静態論として退けている。事業の意思決定は，連続的なプロセス（ストーリー）において決定されるもので，個々の製造工程段階で，「あれもある，これもある」ということではないというものである。筆者としては，マーケティングにおける，コトラーの "*Marketing Management*"（マーケティング管理論）についてもこれと同じく静態論だと考えている[7]。

　「流通システム論」では，ともすれば，製造工程との関係を忘れがちである。すなわち，まず，ある作品（製品）を受け取って，買い手に提示する。引き渡すとき何をすれば良いか（どのようなサービスを付加すればよいか）だけが問題となりがちである。流通部門（卸・小売・運送）も製品づくりから関与すべきであると考えたとき，これはオルダーソンの「トランスベクション」概念を（逆転の発想で）受け入れることにつながる。

キッコーマン社における「特選丸大豆しょうゆ」開発と販売の経緯から得た教訓

　流通システムの問題点を端的に示しているのが，キッコーマン社の販売責任者であった森戸孝雄（1992）によって書かれた，キッコーマン社における「特選丸大豆しょうゆ」の開発過程にかかわる論文である[8]。

　以下にその概要を示す。

　1980年代後半におけるしょうゆ業界をとりまく状況：

　当時のしょうゆの消費構造は，躍進しつづける日本経済（バブル経済）のもと，外食の増大，しょうゆベース調味料（つゆ・たれ等）の伸張等によって，いわゆる業務加工用が大きく成長し，一方，家庭用はその影響もあって逆に毎年約2%ずつ減少する傾向にあった。

　しょうゆ製造業者は，全国におよそ3000社（一説には，3500社）で，大手5社（キッコーマン，ヤマサ，ヒゲタ，丸金，ヒガシマル）の中でも

最大手のキッコーマンの市場占有率は 30％を超え，大手 5 社のシェアは 50％に達している。5 社に続く準大手 50 社が，全体の 25％を生産している（他大多数のメーカーで残り 25％を分け合っている）。

　しょうゆ全体の消費量は年間約 120 万キロリットル（1 人当り 10 リットル）でほとんど変化はなかったが，消費構造はすでに述べたように変化の途上にあった。すなわち，業務加工用の比率が高まって，家庭用を上回ってしまったのである（その数年前までは，家庭用印 60％，業務加工用 40％の比率でほぼ安定していた）。

　そこで，キッコーマン社の取った戦略・戦術は以下のようなものであった。

キッコーマン社の課題：

　キッコーマン社は，家庭用に強い地盤を持つメーカーである。したがって家庭用の消費量低下は，かなりの痛手であった。売上数量を維持するためには，当然価格競争に巻き込まれることを覚悟しなければならなかった。価格競争に巻き込まれると，ブランドロイヤリティが徐々に低下し，その結果どうなるかは分かっていた。

　キッコーマン社としては，家庭用の地盤を良好な状態に立て直すことが緊急課題であったし，そのため，社内でも「しょうゆの 3 大原料のひとつである大豆を脱脂大豆でなく丸大豆で，消費者に好まれるおいしいしょうゆを至急開発すべし」（社長の指示）という気運が高まっていた（1987 年ころ）。

　（筆者注：当時，丸大豆はしょうゆ業界でもタブーであった）

製品開発を行うに際しての戦略と戦術：

　最も重要な課題：開発し，発売した商品が長期的に参入障壁を築き，キッコーマン社の収益向上とブランドロイヤリティのアップに大きく寄与することができるか。いかに消費者のニーズにマッチした商品を開発しても，ライバルがすぐ同じようなもので追随してきたのでは，先発商品とはいえ，成功はあまり望めない。少なくとも 5 年間，ライバルに対して本格的な参入を許さないものでなければならない。その後の参入は，むしろプラスに働くも

のと考えた。なんとなれば，当社得意の土俵が相乗効果によってさらに飛躍的に拡大するだけの力を蓄積しているからである。

　長期間ライバルに対して参入障壁を築くための検討要件（3点）：

　第1は，消費者の望む，よりおいしいしょうゆを開発する技術力があるかどうか。

　第2に，大型商品に育てあげるだけのマーケティング力があるかどうか。

　第3は，どこよりも安く大量に作ることができるかどうか（コスト競争力と生産能力の優位性）。その結果，消費者にたやすく手の届く価格設定ができ，しかも収益性が十分にあるかどうか。

　以上3点のうち，いずれが欠如していても成功しないと考えた。3点セットでなければゴーサインは出せない。

　消費者調査（ホームユース・テスト）：

　「キッコーマン・特選丸大豆しょうゆ」という商品名で発売されたのは，トップからの指示があってから3年後の1990年5月であり，実に3年間の長い開発期間が掛かっている。この商品を発売するまでに，何回も工業試験（実験室でなく工場で実際に市販するのと同じ状態で作る試験）を繰り返し行い，一方で，その都度，ホームユース・テストを行い消費者の評価を得て欠点の改善を心掛けた。

　消費者が評価した言葉の5つのポイント：

　①まろやかな風味，②バランスのとれた深いうまみ，③ソフトな塩味，④上品な甘味，⑤淡い色調

　発売後の状況：（開発・販売責任者談）

　発売後の1年間は期待通りの成果が得られなかった。「調味料に対する消費者の保守性は他の食品に比べてかなり強いという調査結果」を思い出したりもした。発売してから半年後に，回転率の悪さから返品が相次いだ。そこで，売れない原因を追及して，マーケティングの立て直しをすることにした。そして原因を追及しているうちに，買い求めたお客のリピート率がきわめて高いことに気がついたのである。つまり，消費者の手に渡れば，必ず継続的に売れるということであった。

　そこで打つ手は 2 つ，すなわち，「大量のサンプル配布」と「広告宣伝の強化」，これを徹底的に実施することにした。まず，「大量のサンプル配布」であるが，無料では金がかかりすぎる。そうかといって安売りしたのではブランドに対する信頼を失うのでどちらもできない。そこで思いついたのが「ギフト商品の品揃えを特選丸大豆しょうゆ中心にすること」であった。

　当社のしょうゆギフトのシェアは 80% を占め，しかも大量に売れている。これを「特選丸大豆しょうゆ」中心にすれば，一種の有料サンプルになり，その波及効果はきわめて大きい。さっそく実行した。さらに広告宣伝の強化を行い，新聞の他に特にテレビで大々的に告知した。

　その結果，1991 年 9 月頃から急激に売れだし，製造が間に合わないほどとなった。当初は発売して 5 年以内に 100 億円商品にする計画であったが，1992 年に早期達成できた。

　発売 3 年目にして，ライバルの小規模参入があったが，まだ本格的な参入はない。というよりは今のところできにくいというのが本音であろう。森戸としては，これからもライバルの参入が簡単にできないよう，現在のものに満足することなしさらに一層努力して，家庭用市場活性化のための切り札であると同時に，キッコーマンしょうゆ全体の機関車的商品に育てあげていきたいと考えている。

　キッコーマン社の新製品開発に見るように，製造過程でいくらやり取りをしていて市場に出荷しても，うまくいかないということがある。ここから，販売手段の一工夫が必要ということが分かる。

　つまり，徹底的に消費者と一体化して作った製造品でも，販売がうまくいかなかった場合がある。リサーチを徹底的に行い，「共創」の考え方を徹底的に実行し，長い時間掛けて作り上げた作品でも，まだ，それだけで買い手が購入するものになったかどうかは確かではないのである。販売・流通部門がしっかりフォローしなば成功しない（多くの買い手が購入しない）場合があることを考えておかねばならないのである。

ある製品の製造から販売までを跡付けてみる

ⅰ) 単独での製作販売

製品毎に，いくつかの製造工程がある場合でも，1人ですべての製品製造を行う。たとえば，靴という製品であれば，特定の人の要望に合わせて，なめし皮を作る（選択する）から始まり，裁断から，フィッティング（完成）まで職人一人でこなす場合で，この靴は世界で一足であることを特徴とする。この場合は，購買者側の注文が前提となるため宣伝など販売戦略は存在しない。

$$M \rightarrow C$$

これは，かつての作り手が直接（また，イチバで）買い手に手渡す（交換する）場合でもある。

ⅱ) ある製品を分業で製造する場合

次いで，ある製品製造について同一会社内で製造工程の分業化を図る場合である。アダム・スミスも『国富論』で述べていたことであるが，たとえば，日本の江戸期の浮世絵製作の場合である。

第7章文献（40）で紹介した「蔦重」と言う浮世絵制作のプロデューサーがいて，浮世絵を分業化の下で製造販売していた[9]。

浮世絵製作の機能を，簡単にみると，絵師（M_1）の原画に基づいて彫師（M_2），塗師（M_3）がいてそれぞれの担当者による工夫が可能になっている。さらに，完成品を店先（M_4）で売るか売り手（M_5：販売員）が販売する。すなわち，

製造過程　　　流通過程　　　　　　　　　　　$\rightarrow$ C

$$M_1 \rightarrow M_2 \rightarrow M_3 \rightarrow \quad M_4 \rightarrow M_5$$

一般に，製造工程と流通過程において完成品に至るまでの図式は，次のようになる。

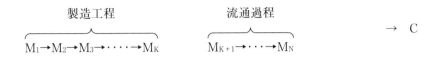

次のある製品の製造工程では，素材や工程の変更，ないしコストの低減等の理由から，どこかの製造工程（たとえば，M_3）や流通過程をどこか他の事業者（L）と入れ替えることを考えたとする。

ⅲ）卸売業において，機能の一部を集約して分業を考えた場合[10]
　　（図表 10-4）

図表 10-4　分業化の例

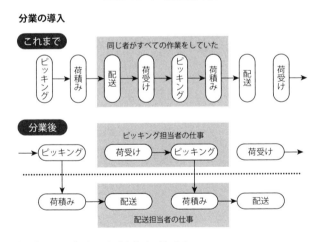

（出所）小川 進（2003）（文献（10））より

また，機能分担をさまざまな企業で置き換えることも考えられる。

　コストの低減のため新しい事業者を入れることを考えた場合が，経済学における，R.H. コース（1988）の場合と同等である[11]。

10-4. トヨタ自動車の「カンバン方式」
──オルダーソン理論への DP の当てはめ

　ハーバード大学経営大学院教授のウィリー・C・シー（Shih, Willy C.）が，「トヨタのカンバン方式」を，MIT の学者が名付けた「リーン生産方式（"lean product system"）を使って，企業間分析を行っている[(12)]。

　トヨタの「カンバン方式」は，スーパーの商品の棚の管理からのヒントを得て，始まったということのようであるが，売れ行きのよい商品が，「商品棚で何個までになったら」，いつ，何個補充するか決定するという「在庫管理方式」のことである。まさに，その方式を企業の製品製造工程に応用しようというのが「トヨタのカンバン」ということになる。

　「棚が何個になったら」というのが，トランスベクションの最終局面，売り手と買い手が合致した（取引した）ところである。そこから，前へ前へと「カンバン」が提示されるもの，と理解する。そして，最終的には，初めの素材まで到達するという過程なのである。つまり，買い手が購入する時点から遡って，素材までの過程を最適化するという考え方になっている，との解釈である。これは，解法として「ダイナミック・プログラミング（DP）」という手法を使うことを示唆している。

10-4-1. ダイナミック・プログラミング（DP）の考え方

ｉ）動態モデルと動的計画法

　通常，経済性に関する問題は，数理計画問題の一種と考えることが可能である。数理計画法としては，さまざまなモデルが考えられるが，基本は，与えられた制限の下で，目的関数を最適にするための数学的手法のことを言う[(13)]。

　数理計画法のうちで，制限条件が一次不等式，または一次方程式の形で表わされたものをリニヤー・プログラミング（線形計画法）という。どうしても一次では具合が悪いときは，ノン・リニヤー・プログラミング（非線形計画法）がある。しかし，こうしたモデルは静態モデルであり時間を考慮に入れていない。したがって，「戦術」などの短期的計画に応用可能であるとさ

れる。

　何期にもわたる長期の計画を立てようとするとすれば，動態モデルになる。R. ベルマン（Bellman, R.）によって創始されたダイナミック・プログラミング法（DP：動的計画法）は，多段階の計画に適応される[14]。この方法は，何期にもわたる多段階の計画が本質的であるが，各期の計画を具体的な数量の形で前もって与えるのではなく，全体として最適の方策を与えるのである。全体としての方策というのは，「戦略」のことであり，環境条件の変化に適応して，具体的に取る手はいろいろ変わることとなる。

　DP は，モデルとしてはかなり一般的なものであるので，一般解法は存在しない。問題の型ごとに解法が研究されている。たとえば，DP に，確率過程の考え方を取り入れ，特にマルコフ過程として考えたものにマルコフ計画法があり，種々の解法が考えられている[15]。

ⅱ）最適性の原理

　多段階最適決定問題の最適政策の持つ性格を調べてみよう。最適政策を構成する各期の決定関数は，当該期のシステムの状態が実際にわかる前に決めるのであるから，最適な決定関数は起りうるシステムのあらゆる状態に対して，最適なアクションがとれるようになっているものでなければならない。当期の状態は，前期に行なった決定と前期の状態によって決まるわけであるが，当期の最適決定関数は当期の状態がどのようになろうともその状態に応じた最適なアクションがとれるようなルールを表わしている。したがって，以前にどんな決定がなされたとしても当期の最適決定関数から得られる決定はやはり当期の状態に関して最適な決定になっている筈である。

　動的計画法の創始者である R. ベルマンは，このことを最適性の原理（principle of optimality）と呼んで，次のように述べている。

　【最適性の原理】1 つの政策が最適であるとは，最初の状態および決定が何であっても，残りの決定は最初の決定によって生ずる状態に関して最適になっていなければならない。

　このことはまた，政策が決定関数の系列であることに注目すれば，最適政

策の部分系列がやはりその時点以後の最適政策になり得るということにほかならない。

10-4-2.　トヨタのカンバン方式

　トヨタ自動車のカンバン方式からのヒントとして,「前工程は, 後工程（顧客）のためになるのかどうかを配慮して部品づくりを行う」という考え方がある。このトヨタのカンバン方式の考え方からは, 個々の部分の最適化しつつ処理すると, 最終的に全体の最適化につながる。全体として, 最終顧客の価値に合致する。そのとき, 個々の部分で最適になっている[17]。

　これは, ダイナミック・プログラミング（DP）の手法活用を示唆する。

「有効変形行動経路」（"transvection"）にダイナミック・プログラミング法（DP）を適用

　ⅰ）「有効変形行動経路」を構成する

　「最適性の原理」を用いて, オルダーソンの「有効変形行動経路」について考察する。ここでは, 西田等（1971）の説明を参照している[18]。

　「最適性の原理」は, また, 行動が決定関数の系列であることに注目すれば, 最適政策の部分系列がやはりその時点以後の最適政策になり得るということを示唆している。

　以上より「有効変形行動経路」の定式化を行ってみる。

　ⅱ）DP の当てはめで理解されること

　　製造過程と流通過程の分離

　T_t を第 t 期の変形とすれば, n 期間の政策というのは変形関数（すなわち行動）の系列 $\{T_1, T_2, T_3, ……, T_n\}$ であるが, 消費者に価値あるものと認められ購買された商品を作り出した行動は $T_N{}^*$ である。そのときの最適政策（最適行動系列）を $\{T_1{}^*, T_2{}^*, …………, T_N{}^*\}$ で表わせば, それは製品製造過程（製造工程）と流通過程（卸, 小売など）に分けられる。

製造過程　　→→→　　流通過程　　→→→　　（消費者）

T_1^*, T_2^*, ・・・・・, T_k^*, T_{k+1}^*, ・・, T_N^*

　この系列において，トヨタのカンバン方式にたとえると，T_N^* を前提にしつつ，製造過程か流通過程のどこかでさらなる最適政策（コストを低減など）を考えることができる。

　新素材による変更，新しい機械導入による製造期間の短縮といったメリットを導入することも可能である。その結果，T_1^*, T_2^*, …………, T_k^* のどこかを短縮するなどである[19]。

10-5. 結語

　トランスベクションの理解するに当たって，DP の解法は 1 つの整理を与えてくれる。しかしながら，DP をトランスベクションに充当するに当たっていくつかの留意点が発生することを考えておかねばならない。

　1 つは，上記のモデルでは，原料集合から最終消費者の手に渡るまでの状況を理解することを助けるものに過ぎないように見えるかも知れない。しかし，そうではないのである。というのは，消費者との取引が成立してはじめて，商品の価値（最適価値額）が決まるということである。したがって，その時点が DP の出発点と考えなければならない。

　トヨタのカンバン方式で言えば，注文に基づく製品の質量が決まったところで，前工程へ部品の必要量が知らされていくのである。つまり，最終の価値が決まって逐次後ろへさかのぼって最初の素材・原料集合へと行き着くのである。このことが最初の原料集合（原料探索行動も含む）も最良商品化活動の一部を構成しているという意味なのである。

　消費者によって購買された商品（質と量）は，（状況がどうあれ，消費者の意識がどうあれ）販売する側にとっては，最終段階で最良の商品を作って，提供したことになる。

　その場合，これまでの手順を単に繰り返すだけであろうか。最終製品の必要量に応じた部品量の指示だけだろうか。トヨタのカンバン方式の実務では，

段階毎に工夫がなされ，部品の質やコストも検討されている。それが積もりつもって最終段階の品質も変更され消費者に提示されることもあるという。つまり，絶えず変更が検討される結果，新製品に立ち至ることもあるということである。

　この点とも関連するが，留意すべきもう1つの点は，現状における最適な経路をさかのぼることはでき，その経路を弾力的に動かすことはできると同時に，どの変形部分をスキップするか，または，補充するかを検討することも重要である。つまり，現在ある経路上で商品の量を変化させることはできるかもしれないが，さかのぼるに際して，別の全く新しい経路があるかどうかの判定も重要とのことである。

　そして，筆者としては，シュンペーター流のイノベーションの可能性を探るといった問題と関連するのではないかと考えている。

●第 10 章の注と参考文献

(1) 正垣泰彦・日経レストラン編集（2011）『おいしいから売れるのではない　売れているのがおいしい料理だ』，日経 BP 社。
(2) 楠木 建（2011）『ストーリーとしての競争戦略─優れた戦略の条件─』，東洋経済新報社。
(3) 「米ウォルマート　巨体改造実験─ネット注文→店舗でドライブスルー─」『日経流通新聞』，2014 年 11 月 24 日付け，1 面。
(4) 今井賢一（1990）『情報ネットワーク社会の展開』筑摩書房。

　　このほか，イタリアの「産地」については，以下の文献を参照した。
　　（＊）岡本義行（1997）『イタリアの中小企業戦略』三田出版会。
　　（＊）水野敏明（1998）「イタリア中小企業の競争力の背景」『企業診断』
　　　　　（同友館），Vol. 45，No.4，pp.52-58，1998.4

(5) 佐藤芳彰（2001）「マーケティング・チャネル管理と流通の新潮流」『現代マーケティングの基礎』（黒田重雄他著（2001），第 4 章所収，千倉書房，pp.143-200。
(6) 星野雄介（2012）「コラボレーションを通じた高機能繊維の開発と事業化─スーパー繊維「ダイニーマ」を事例として─」『一橋ビジネスレビュー』，60 巻 2 号（2012 年 8 月），pp.72-85。
(7) 黒田重雄（2012）「マーケティング・ミックス・4P のどこに問題があるのか」

『経営論集』（北海学園大学経営学部紀要），第 10 巻第 1 号（2012 年 6 月），
pp.121–134。

(8) 森戸孝雄（1992）「キッコーマン・特選丸大豆しょうゆの誕生について」
『JMA ニューズ・*marketing horizon*』（日本マーケティング協会），8 月号
（1992 年），pp.26–29。

(9) 公益財団法人・太田記念美術館監修（2017）『ようこそ浮世絵の世界へ』，東
京美術，p.94。

図表 10- 注 -1　浮世絵の製造販売

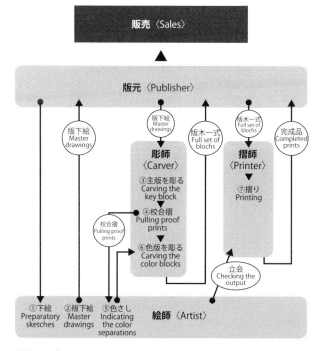

出所：公益財団法人・大田記念美術館監修（2017）。

(10) 小川 進（2003）『稼ぐ仕組み—高収益「卸」の常識破りな新発想—』，日本
経済新聞社，p.88。

(11) Coase, Ronald H. (1988), *The Firm, the Market, and the Law*, Univer-
sity of Chicago.（宮沢健一・後藤晃・藤垣芳文訳（1992）『企業・市場・法』，
東洋経済新報社）。

　企業として流通チャネルをいかに管理するかを考えたときに，流通チャネルの組織形態は，伝統的流通システムと垂直的マーケティング・システム（VMS: vertical marketing system）の２つに大別される。

　チャネル・リーダーによる他のチャネルメンバーの組織化（典型的例として，メーカーによる卸売業者や小売業者の組織化），あるいは流通機能の統合は垂直的組織化と呼ばれる。それによってつくられる流通のしくみを，垂直的マーケティング・システムあるいは垂直的流通システムと言う。

　伝統的マーケティング・システムは，基本的には市場の中でパワーを活用していくものである。

　垂直的マーケティング・システムでは，チャネルの統合あるいは計画的管理が行われ，チャネルパワーは制度化される。

　VMSのように，取引が内部組織化する理由を，R. H. コースは「市場が機能するには，何らかの費用が発生する。そして組織を形成し，資源の指示監督を，ある権限をもつ人（「企業家」）に与えることによって，市場利用の費用を何ほどか節約することができる」からだと考えた。１回限りの取引を前提とする市場での取引では取引費用がかかり，この費用が，組織化された取引を管理するコストを上回れば，取引は組織化される方向へ向かうと考えられる。取引コスト（transaction cost）は，「システムを運営するコスト」を意味し，そのコストは取引契約の草案や交渉のような「事前的コスト」と，同意を監視し強化する「事後的コスト」が含まれる。後にこの考えは，O.E. ウィリアムソンによって発展させられ，「取引コストの理論」と呼ばれた。

(12) ウィリー・C・シー（2019）「電気自動車のテスラ，GM，トヨタの興亡」『中央公論』，2019 年 3 月号，pp.39–41。
(13) 西田俊夫・児玉正憲・青沼龍雄（1971）『システム経営 2・数理計画システム入門』，ビジネス社，p.18。
(14) Bellman, R.E. and S.E. Dreyfus (1962), *Applied Dynamic Programming,* Princeton Univ. Press.
(15) 黒田重雄（1982）『消費者行動と商業環境』，北海道大学図書出版会，第 6 章「消費者行動理論の展望」，pp.195–304。
(16) 西田俊夫・児玉正憲・青沼龍雄（1971）（文献（14）に示す），p.159。
(17) トヨタのカンバン方式：ブリタニカ国際大百科事典小項目事典。
(18) 西田俊夫・児玉正憲・青沼龍雄（1971）（文献（14）に示す），pp.157–161。
(19) 定式化は以下のように行われる。

　　S：製品の状態，T：変形関数，A：行動　とすれば，この状態，変形関数，行動（transvection の一段階）の間の関係は，

$$A = T\,(S)$$

で表わされる。

　また，T_t を第 t 期の変形とすれば，n 期間の政策というのは変形関数の系列

$$\{T_1,\ T_2,\ T_3,\ \cdots\cdots,\ T_n\}$$

である。t 期のシステムの状態を S_t とすれば，t+1 期のシステムの状態 S_{t+1} は，S_t とそのときにとった行動 $T_t\,(S_t)$ によってのみ決まるという仮定（マルコフ性の仮定）から，

$$S_{t+1} = K_t\,(S_t,\ T_t\,(S_t))$$

なる関係で表わされる。ここで K_t は t 期の状態の変換を表わす関数で，とくに t+1 期の状態が t 期に関する要素だけから変換されて求められることに注意しなければならない。

システムの状態 S_t とそのときとった行動 $T_t\,(S_t)$ から決まる t 期の収益の現在価値を g_t で，表わせば，多段階の最適決定問題は，N 期間の総収益（現在価値に割引いた）である，

$$(1)\quad G_N\,(S_1 : T_1,\ T_2,\ \cdots\cdots,\ T_n) = \Sigma\, g_i\,(S_i,\ T_i\,(S_i))$$

を最大化する行動 $\{T_1,\ T_2,\ \cdots\cdots\cdots,\ T_n\}$ を求める問題であるということができるであろう。

　この最適性の原理を用いると，(1) 式で与えられる多段階の最適決定問題は，2 つの期の間の関係式－循環式－によって定式化することができる。最適政策をとったときの期間
の総利益（価値額の総体）の最大値は，システムの初期状態 S_1 に関係するので $T_N\,(S_1)$ と表わしてみよう。すなわち，

$$(2)\quad T_N\,(S_1) = \max G_N\,(S_1 : T_1,\ T_2,\ \cdots\cdots\cdots,\ T_N)$$

とする。最適政策（変形）を $\{T_1{}^{*},\ T_2{}^{*},\ \cdots\cdots\cdots,\ T_N{}^{*})$ で表わせば，

$$(3)\quad \begin{aligned} T_N\,(S_1) &= G_N\,(S_1 : T_1{}^{*},\ T_2{}^{*},\ \cdots\cdots\cdots,\ T_N{}^{*}) \\ &= g_1\,(S_1, T_1{}^{*}\,(S_1)) + g_2\,(S_2, T_2{}^{*}\,(S_2)) + \cdots\cdots\cdots + g_N\,(S_N, T_N{}^{*}\,(S_N)) \end{aligned}$$

となる。第 1 期の決定後の残りの N−1 期の最大利益も同様な記号を用いて表わすと，

$$(4)\quad T_{N-1}\,(S_2) = g_2\,(S_2, T_2{}^{*}\,(S_2) + \cdots\cdots\cdots + g_N\,(S_N, T_N{}^{*}\,(S_N))$$

であるから（3）式は,

(5)　$T_N (S_1) = g_1 (S_1, T_1{}^* (S_1)) + T_{N-1} (S_2)$

となる。最適性の原理を用いれば２期以後の変形行動 $\{T_1{}^*, T_2{}^*, \cdots\cdots,$ $T_N{}^*\}$ は，第２期の初期状態 S_2 がどんな値になろうと，すなわち，第１期の行動が最適行動 $T_1{}^* (S_1)$ でなく，どんな行動 $T_1 (S_1)$ をとろうともそれから生じた第２期の状態 S_2 に関して最適になっている筈である。第１期の行動を任意の $T_1 (S_1)$ としたときの N 期間の総利益（価値総額）は,

(6)　$g_1 (S_1, T_1 (S_1)) + T_{N-1} (S_2)$

で表わされる。このことから逆に（6）式を最大にする第１期の行動を求めれば，それは N 期間の総収益を最大にする決定なのであるから，最適決定関数 $(T_1{}^*)$ に一致しなければならない。したがって（2）式の問題，あるいは（5）式の関係は,

(7)　$T_N (S_1) = \max \{g_1 (S_1, T_1)) + T_{N-1} (S_2)\}$

なる循環式で，表現されることが分かるであろう。ここで S_2 は第１期の行動 T_1 によって生じた第２期の状態である。

　一般に，最適性の原理を用いて，（7）式のような循環式で，定式化された問題のことを動的計画法（Dynamic Programming：DP）の問題と呼ぶ。また，最適性の原理を応用して問題を定式化し最適解を求める方法およびそれに関係する理論全般のことを動的計画法という。

　最適性の原理と表現（7）式とは本質的に同値な関係であり，（7）式が成り立つことは，式の上からも直接証明することができるが，ここでは省略する。

終　マーケティング学の試み

——マーケティングの教科書はどう書かれるべきなのか

パンデミックからマーケティングへ

アメリカにおいて，"marketing"（マーケティング）という言葉の生まれた経緯については，第1章で述べているが，今またそのことを思い出させる事態が起こっている。

2020年初めから新型コロナウイルス"COVID-19"が，世界中で猛威を振るって人々を震撼させている。WHOは，新型コロナウイルスの大流行を「パンデミック」と呼んでいる。2020年4月18日の新聞報道では，「〈新型コロナ〉世界の死者15万人超　感染者220万人　勢い衰えず」との見出しが付けられている[1]。

世界最大の経済大国，アメリカも新型コロナウイルスとの泥沼の戦いでもがいている。感染拡大防止のため外出禁止などの対策を導入した結果，経済は一気に冷え込み，大量の失業者が生まれている。失業率は6月に30％超，つまり3人に1人が失業者という史上最悪レベルに達するとの予想も飛び出している[2]。

注目するのは，新聞が報道している国際通貨基金（IMF）の次のような見解である[3]。

> 　国際通貨基金（IMF）は14日，最新の世界経済見通しを発表し，新型コロナウイルスの感染拡大の悪影響で，2020年の世界全体の実質成長率がマイナス3.0％に落ち込むと予測した。比較可能な1980年以来，最悪。成長率がマイナスになるのはリーマン・ショック後の09年（マイナス0.1％）以来2度目。
> 　IMFは20年の世界経済について「（1929年以降に世界を深刻な不況に陥れた）大恐慌以来で最悪の景気後退になる可能性が非常に高い」と危機感を示した。

実際，5月に入ると，状況は益々悪化していく[4]。

米労働省が8日発表した4月の雇用統計（速報値，季節調整済み）は，失業率が戦後最悪となる 14.7% に急上昇した。就業者数も前月から 2050 万人減り，過去最大の減少だ。新型コロナウイルスの感染拡大で経済活動がほぼ停止した影響が響いた。米政権は 2020 年後半からの回復を見込むが，職場復帰が遅れれば経済は長期停滞のリスクがある。

　失業率は前月（4.4%）から 10.3 ポイントも上昇し，失業者数も 714 万人から 2308 万人に急増した。失業率は 08 〜 09 年の金融危機時のピーク（09年 10 月，10.0%）や第 2 次世界大戦後の最悪期（1982 年 12 月，10.8%）を超え，大恐慌直後の 40 年以来，80 年ぶりという歴史的な水準に悪化した。

　アメリカの歴史では（『歴史手帳 2019』，吉川弘文館），1914 年〜 1918年に，「第 1 次世界大戦」が起こっている。アメリカも参戦している。勝利する側となり，国力が結構増大している。

　1918 年に「スペイン風邪の大流行」が始まっている。これは，1918 年3 月，アメリカ・カンザス州の陸軍基地で始まった。インフルエンザの症状を訴える兵士が続出。「3 月だけで 233 名の肺炎患者が出，うち 48 名が死亡していた」（アルフレッド・W・クロスビー「史上最悪のインフルエンザ」）。だが，この出来事は特段注目されることはなかった，という[5]。

　　忘れられたパンデミック
　　およそ 100 年前，人類は史上最悪といわれる感染症パンデミックを経験した。"スペイン風邪"とも呼ばれた新型インフルエンザだ。世界人口の 3分の 1 から半数近くが感染。死者は 5000 万〜 8000 万人，最大で 1 億人という説もある。

　そして，1929 〜 1932 年に，「世界的経済大恐慌」（the Great Depression）が起こっている[6]。

　　1929 年 10 月 24 日，ニューヨーク市場で株価が大暴落したのをきっかけに，世界的に深刻な長期不況に陥った。米国の景気後退は 33 年まで続き，30 年代を通じて経済は沈滞した。米国では 32 年までに，株価は 9 割，実質国内総生産は 3 割下落。失業率は一時約 25% まで上がり，賃金は大幅に下がった。フランクリン・ルーズベルト大統領（1933 〜 1945 年在任）はニューディール（新規まき直し）政策を掲げ，多額の赤字国債発行で資金

を調達し，公共事業に投じた。

マーケティング研究者の深見義一（1971）によると，「当時のアメリカの不況は，1929 年に比して 1932 年の賃金収入に 60％減，配当収入に 57％減をもたらした。前者が労働階級の購買力の減退を示すとすると，後者は資本階級の購買力の減退を示すことになる」と述べている[7]。

マーケティング・リサーチの誕生

パンデミックがあって，大不況が来て，人々はこれからどう生きていくかを考える。

アメリカの場合，100 年前，第 1 次世界大戦があって，スペイン風邪の大流行があって，大恐慌（大不況）が来て，路上での生活も止む無しとなっている。ジョン・E. スタインベックの小説『*The Grapes of Wrath*（怒りの葡萄）』（1939 年刊）は，当時の農民の悲惨な生活を描いたものと言われている[8]。

そんな中でも，活性化するビジネスがあることに気が付く。テキサスでは暑い最中，「氷屋」が大繁盛した。安売り食料品店（キングカレン）も人々に受け入れられた，という状況があった。こんなときでもビジネスがあるのだということを人々に気づかせた，と同時にそれをいかにして導き出せばよいのかを考えさせるきっかけとなった。この時点で，企業規模の大小や職業の貴賤はたいした問題ではなく，求められている仕事の内容こそが問題であった。つまり，人々が何を求めているか，の情報を集めて，分析し，実際に自己の事業に反映させることであった。これが，マーケティング・リサーチが生まれる元になった。

それまでの「マーケティング」は，単に，現在行っている仕事（事業）をいかに行っていくかの戦略，いわば事業の処方箋を立案するものであった。

大不況下では，これからどう生きていくか，どんな仕事（事業）をしていくかを考えさせるものであった。今，人々が何を求めているかに関して，できる限り情報を集め，そこから自己の仕事を何にするかを決定し，実行していくかを考えさせたのであった。そのことが，マーケティング・リサーチを

生み出すきっかけとなった。

　「マーケティング・リサーチ」は，それまで考えられていた「マーケティング」に先立つものであった。つまり，それまでのマーケティングを考える前に，自己の仕事を何にするかを決めて実行に移しているということである。「マーケティング・リサーチ」してビジネスを始めてから既存の「マーケティング」が行われるということであった。アメリカ・マーケティングの場合，「はじめに仕事ありき」を認識させたのが，大不況期であったということもできるであろう。

　「マーケティング」という言葉を生み出したのは米国（アメリカ）であるが，その歴史的経緯を考えると，今日の様相は，かつてのパンデミック（スペイン風邪）やその後の大不況期（大恐慌）とマーケティングやマーケティング・リサーチとの関係に行き当たると考えている。

マーケティングを学問にしたい

　第 8 章【8-4】では，「なぜ，コトラーの教科書が残り，オルダーソンの教科書は消えたのか」について検討している。その結果は，ちょうど“4P”が現われたころで，それが学生に受けがよかったのだが，コトラーの書いたものにはその記述があり，“4P”の記述のないオルダーソンが敬遠されたらしいということであった。つまり，4P を巧妙に取り入れたコトラーの方に教科書としての軍配が上がったのだという評価がそれである[9]。

　しかしながら，筆者としては，コトラーとオルダーソンとの比較で言えば，前者はマーケティングを経済学の範疇で書いている（本人がそう述べている）に対し，後者はマーケティングを独自の学問にしたいという意図の下で書いていた，という違いにあると考えている。

　マーケティング（marketing）は学問なのか，とはよく聞かれる問いである。マーケティングという言葉の発祥地アメリカでもマーケティングとは何かが定まっていないという。日本でも，マーケティングは俗学である，マーケティングは商学が発展的に解消したものである（つまり商学が本流である），マーケティングはテンプレート理論（こいつは使えそうだ！）の寄せ集めに過ぎない，などが出ている。

　そうした中，マーケティングは学際的な学問であって，他の学問の成果を
活用して，実務上の問題解決を図るものである。したがって，方法論もその
時々で当てはまりの良いものを参照すればよいのだ，という説も有力である。
この種の学問，教育学などインターディシプリナリー学ないし領域学と同様
の解釈では，マーケティングは現に起こっている実務上の問題解決を図れれ
ばよいのであって，そうした学問と理解しておけばよいではないかというこ
とになる。

　しかし，マーケティングを研究したり教えたりしている筆者としては，か
ねてより，何とか単独の学問とすることはできないか，を考えてきた。願わ
くば，学問としてのマーケティングの教科書を書きたいと考えてきた。

　われわれの当面の課題は，マーケティング独自の概念をどうするか，マー
ケティングを学問としてどう体系化するか，また，学問としていかなる方法
論を用いるのか，ということである。

マーケティングを学問にするための条件とは何か

　まず最初に浮かんだのは，マーケティングというものは，よもや自然科学
ではあるまいが，「社会科学」として出発できるのか，ということであった。
では，「社会科学」とはどのようなものと考えられているのであろうか。

　西洋経済史家の大塚久雄は，「自然科学」における因果性に対応する「社
会科学」の成立について，マックス・ヴェーバーの社会学説に即しながら検
討している(10)。

　つまり，大塚によれば，次のようになる。

　《組織も人間の集まりであるから，人間の営みということができる。マー
ケティングも人間や企業や組織の意思決定に関わる問題を取り扱っている。
もし，マーケティングが，「社会的行為（ビジネス）の〔主観的に思われた〕
意味を解明しつつ理解し，それによってその経過と影響を因果的に説明する
ことができれば，（換言すると，そうした自然科学にはみられない，"動機の
意味理解"ということを加えることができれば）」，社会科学の分野に属する
学問として形成することは可能である》と。

　大塚流に，もし，ビジネスにおける「目的─手段の関連」（この関係を現

マーケティングの体系化をどう形成するか

　オルダーソンは，マーケティングの教科書をどう書けばよかったのか。実際，オルダーソンは，「マーケティング」を「ビジネス（学）」そのものと見なそうとしていた観がある。すなわち，われわれが今日想定している経営学と同一視していたと考えられるのである。

　とした場合，残るは，マーケティング（経営学も含めて）を独自の学問として体系化できるかどうかにかかってくる。そうすると，そこでは，他の学問（学際的なものも含めて）と峻別されるような，基本概念とそれらの間の関係，また方法論などが具体的に示されなければならないことになる。

　確かに，オルダーソンの著書ではその点が明確に示されてはいない。示唆に富む提案がふんだんに盛り込まれた書物ではあるが，学問としてのまとまりのある体裁にはなっていなかったという指摘が当たっているように思われる。

　これまで，筆者は，そのオルダーソン思想の体系化について検討してきている。またその体系化の可能性の糸口を，『21GAMAT』の幾つかの論文からも掴ませてもらっている。

　そのうちの1つ，ディクソン＝ウィルキンソン（Dixon, D. F. and Ian Wilkinson）（2006）は，次のように言う。

> 　この論文で輪郭が描かれた機能主義者としてのパラダイムは，マーケティング研究の一般的な分析枠組みを与える。それは企業内のマーケティング活動の研究がマーケティング・システムの階層の前後関係の研究に置き換えられているのである。研究課題の論理的な完全な集合は，異なった種類のシステム関係の言葉でいえば，パラダイムを発展させたと考えられる。これらの関係は，マーケティングの研究を導くのに使用されるであろう。実在する貢献は，それらの用語やこれまで研究されていない関係の解明であろうし，さらなる研究への関心を高めることが求められているのである。
>
> ………………………………………………………………………
>
> 　提案された統合可能なコンセプトは，「組織型行動体系」（OBS）である。オルダースンの組織型行動体系の基本的な要件は，次のとおりである。
> 　システムと下位システムの組織と下位システム間を結合する性質。
> 　コミュニケーション手段によって，これらの下位システムを結合するこ

と。
　　投入と産出のシステム，そのシステムの機能的な行動。

　ディクソン＝ウィルキンソンでは，オルダーソンの業績の１つを，「パラダイム転換」にあるとしている。つまり，これまでと違うオルダーソンのパラダイムは，「企業集団と家計集団とそのシステマティックな関係」にありとするものである。

　このパラダイムを受け入れた筆者としては，具体化・公式化として，21GAMATに掲載されている，ハント＝マンシー＝レイ（Hunt, Shelby D. James A. Muncy and, Nina M. Ray）（2006）の概念化・理論化が有効と考えて検討を進めている。

　彼らの論文の目的は，以下のようになっている。

　　　　本論文の目的は，オルダーソンの研究の仮定的形式の全貌とその問題点を明らかにすることである。
　　　　科学哲学（philosophy of science）においては，このプロセスは，理論の"formalization（公式化）"とされている（Rudner（1966））。
　　　　理論の完全な公式化は，仮説化され，適切に解釈される一つの形式的言語体系からなっている。完全に公式化された理論は，"要素，公理，公理の変形規則，説明の規則"が含まれる。
　　　　非常にまれではあるが理論の中には，完全に定式化されているものがあるけれど，部分的に定式化されている理論のプロセスにおいては，理論展開において一つの鍵となる段階がある。
　　　　この論文の残りでは，オルダーソンのマーケティング一般理論を部分的に定式化して，厳しく，再構成する予定である。

　筆者は，これらの考え方を参照しつつ，体系化（公式化）を検討してきた。

方法論をどう考えるか

　ケヴィン・ケリー（Kelly, Kevin）（2016）は，「今後30年の間にわれわれを取り巻く個別のプロダクトやブランド，会社については完全に予想不能」と述べている[(12)]。

　この世の中に絶対はない。しかし，このことをどうやって表現するかは簡

単ではない。文豪バルザックは，文字通り『「絶対」の探求』という題名の小説によって，この問題に取り組んだ男の悲惨な一生を描いている⁽¹³⁾。これは，フランス王政復古期の一地方都市を舞台に，科学上の巨大な難問され，万物に共通する物質「絶対」の研究に打ちこむ男パルタザールは探求のはてに「ユーレカ（見つけたぞ）!」と叫んでむなしく息たえる。

「絶対」を解き明かそうとの情熱に憑かれた人間の偉大と悲惨，「絶対」という観念のもたらす恐しい力を旺盛な筆力と緊密な構成で見事に描ききった名作と言われている（同訳書の帯の言葉より）。

　未来は，"絶対"こうなるとは言えないが，人は，"明日"を，"将来"を予測しながら行動する生き物である。一番の基本は，「どのような事業をするか，何を作るか，どんな製品を作るか」である。マーケティングを科学として認知したいというのには，理由がある。「予測したい」からである。これからどんな事業をしたらよいか，どのような製品を作ればよいか，を考えたいからである。

　人には本能がある。生き続けることと子孫を残すことである。それまで狩猟採集による自給自足の生活に別れを告げ，人類は互いに生きるため，生き残るためのシステムを発明し続けてきた。これは，今からおよそ7千年前（紀元前5千年）にいわゆる商人 merchant（後に，ビジネスマン businessman）が生まれたことに端を発している。商人はどうして生まれたか。紀元前8千年のメソポタミヤ地方における農耕生活に発するといわれる。そこではエジプトのナイル（毎年決まって氾濫し農耕が出来た）と違って，チグリス・ユーフラティス（大河）の氾濫が不定期であったため，農耕に支障をきたした。

　生活の糧を得なければ生きてはいけない。何をすればよいか。人々が生きるための日常生活品を調達するため遠くへ出かけ物々交換するしかなかった。そのとき他の人に頼まれた物資を運んできたりして「お礼」を受け取っていたが，遠距離を運搬するようになって次第に専門化し，「お礼」がやがて「利益 profit」に転化し，彼らは，"merchant"と呼ばれるようになった存

在である。岩井克人（1992）は，人類の歴史において，この「遠距離交易」ともう１つの「貨幣の発明」が２大発明と述べている[14]。

　確かなのは，その当時の商人にとって，どこに誰がいて何を欲しているかを知ることは至難なことであっただろうということである。わずかばかりの情報を頼りに彷徨い歩いたに相違ない。この状況でも，特に重要だったのは「予測」であり，それなりに懸命に考えて行動に移したに相違ない。また，大きなものをどうやって運ぶかも次の重要問題であったろう。

　しかし，彼らは，自分のためと他の人のためこの過酷なことをやり遂げていた。やり遂げなければ皆死ぬしかなかったということもある。この点は今日のビジネスにも当てはまると考えられる。実際上，これが今日言うところのビジネスの始まりである。ビジネスは，７千年の歴史を持っている。

　今日でも，ビジネスにとって重要なのは「予測」である。したがって，もし，ビジネスを学問にするとなれば，「予測」の方法をどうするか，何にするか，が必須の要件であるということになる。

残されたいくつかの検討課題

　これまで，マーケティング学を考えるに際して，学問としての成立要件である，定義，固有の概念，体系化，方法論等について自分なりの考え方で検討を進めてきた。しかしながら，真に一体化した学問に高められたかというと，甚だ心もとないというのが現在の偽らざる心境である。

　たとえば，固有の概念と体系化の関係，換言すると，オルダーソン流の体系化の中に固有の概念を効果的に位置付けられているか，である。

　また，社会的大問題への当てはめの問題もある。東日本大震災や北海道胆振東部地震（筆者も経験した）へはどういう提言ができるのか。被災者に対しては，現行のマーケティングからは，日常的に必要な物資が提供できる場（店舗）が必要である，が一般的な提言である。

　学問としての，マーケティング学からはどうなるのか。筆者の定義からすると，自分はこれからどう生きていくのか，そのため，どういうビジネスをするのか，ということなので，その上でどういう政策を求めるか，というストーリーになると考えている。あくまでも個人（一個の組織）レベルで

の解決を目指すものである。したがって，政策提言には不向きな学問と考え
られる。

　これは，経済学における，猪木武徳（2012）のいわゆる「経済学の限界」
説と同様のことである[15]。猪木は，「経済学は，"もし，こう仮定すれば，
こうなる"という理論形成上の扱いである」という。いろいろ"仮定―結
果"理論があるところで，どの理論を採用するかは，経済政策上の価値観が
必要であり，それは立法府（行政や政策策定者）の役割である。経済学者か
らの提言が多数存在するが，それはあくまで学者個人の価値観に基づくもの
であり，経済学そのものの範囲を逸脱した政策提言である，と述べる。

　マーケティング学においても，「日常的に必要な物資が提供できる場（店
舗）が必要である」も同様であって，これは被災者に対する政策上の課題解
決法（問題解決法）の1つなのであり，マーケティング学の範囲を逸脱す
る事柄に属するのではないか，と今のところ筆者は考えている。

　この辺の筆者個人の価値観に基づく課題解決については，他日を期したい。

　あるとき，オルダーソンの"transvection"（有効変形活動経路）に，「シ
ミュレーション」を活用してみてはどうかということを考えたことがある。
しかし，それを断念した。なぜならば，それには，「価値（額）」や決定方式
（ルール）が予め設定されていなければ結論には至らないと考えたことによ
る。つまり，AIの限界と同列であると知ったことによる。

　「マーケティング学」を形成するに当たって，重要なのは，アメリカでの
（Win–Win）と思われがちである。

　しかし，本書第I部第3章【3-3】の説明と併わせて，日本において鎌倉
期に端を発すると言われる近江商人の経営原理である，「三方よし」（Win–
Win–Win原理）をこそ，その学問の中にビルトインすることではないかと，
筆者は考えている。

Y. Katoh

K.Yumiko

●終　の注と参考文献：

(1)「〈新型コロナ〉世界の死者 15 万人超　感染者 220 万人　勢い衰えず」『東京新聞』（電子版），2020 年 4 月 18 日（夕刊）。

　　米ジョンズ・ホプキンズ大の集計によると，新型コロナウイルス感染症による死者が 17 日，世界全体で 15 万人を超えた。16 日に 14 万人を上回ったばかりで，被害拡大の勢いは衰えていない。感染者は 17 日に世界全体で 220 万人を超え，増え続けている。

(2)「コロナ禍で 3 人に 1 人が失業者になる！　米国は今こんなにヤバい」『DIA-MOND online: 2020.4.3 5:30。

(3)「コロナ不況　世界を覆う―米国　好況一変「大恐慌以来の苦難」―」『北海道新聞』，2020 年 4 月 15 日付け（朝刊），3 面。

(4)「米失業率，戦後最悪の 14%　4 月の就業者 2050 万人減」『日本経済新聞』（電子版），2020/5/8 21:36（2020/5/9 7:29 更新）

(5)「100 年前の "スペイン" インフルエンザから学ぶ」『日本経済新聞』（電子版），2020/4/14 11:00。

(6)「キーワードの解説：大恐慌」『朝日新聞』，2008 年 10 月 25 日付け（朝刊）。

(7) 深見義一（1971）「マーケティングの発展と体系」（古川栄一・高宮晋編『現代経営学講座　第 6 巻』，有斐閣，pp.23–25。

(8) Steinbeck, John（1939），*The Grapes of Wrath.*（大久保康雄訳（1951）『怒りの葡萄』，六興出版社。）

　　アメリカ合衆国の小説家ジョン・E.スタインベックの小説。1939 年刊。オクラホマの農民ジョード一家は干魃と大資本の進出のために土地を追われ，ぼろ自動車に乗って豊かな土地と目されているカリフォルニアへ移住

する。苦しい旅の途中，老齢の祖父母は死に，カリフォルニアでの生活も
予想とは違って悲惨をきわめ，移住民たちは農業資本家に翻弄される。こ
のような物語を軸に，1930年代の不況下の状況をとらえた短章を挿入し，
広い視野のもとに農民の生活を描き上げた秀作。激しい社会批判のゆえに
多大の反響を呼んだ。（ウィキペディアより）

(9)　黒田重雄（2011）「オルダースン思想がマーケティングの教科書にならなかっ
た理由―4Pとフィリップ・コトラーとの関係から―」『経営論集』（北海学園
大学経営学部紀要），第9巻第1号（2011年6月），pp.77-96。

(10)　大塚久雄（1967）『社会科学の方法』，岩波新書。

(11)　富永健一（1999）『社会学講義―人と社会の学―』，中公新書。

(12)　Kelly, Kevin（2016），*The Inevitable: Understanding the 12 Technological Forces That will Shape Our Future.*（服部桂訳（2016）『〈インターネット〉の次に来るもの―未来を決める12の法則―』，NHK出版，p.391）。

(13)　バルザック（1834）『「絶対」の探求』，（水野 亮訳），2009年発行，岩波文庫。

(14)　岩井克人（1992）『ベニスの商人の資本論』，筑摩書房。

(15)　猪木武徳（2012）『経済学に何ができるか―文明社会の制度的枠組み』，中公新書。

あとがき

　実際にある時期（35歳くらい）まで，経済学のミクロ・マクロ理論や確率論や統計学の手法を用いた実証分析を行っていた関係で，学会も「理論計量経済学会」（後に日本経済学会）や「日本統計学会」・「統計研究会」などに所属し，経済学関係の書物も出したり，学会報告も行ってきた。

　その後大学学部での講義担当科目「マーケティング」や「マーケティング・リサーチ」担当の関係で，「流通論」や「マーケティング」関連の学会，「日本商業学会」，「日本商店街学会」，「日本マーケティング学会」，「北方マーケティング研究会」などに所属して学会誌に論文を投稿したり，研究報告を行うようになっている。

　理学博士の酒井邦嘉の著書では「何を研究するか」の前に「どのように研究するか」が重要であると述べている[1]。これは，研究者になるための「心構え」のようなものである。「どのように研究するか」を予め知っておくことによって，「何を研究するか」を深く究めることができるというわけである。研究者がこれまでどのような研究や研究生活を送ってきたかを問う必要もあるということでもある。つまり，学問を考えるからにはそれなりの研鑽を積んできていなければならないとするもので，しかる後に，「何を研究するか」に携わることが出来るというわけである。筆者には，これはもっともなことではあるが，自分にはとてもこうした要件・条件には満たないと考えている。そんな不遜なことで学問化云々は読者には失礼ではないかとのお叱りをうけることもあろう。

　筆者もこれまで，ある程度の知識は増やしてきているが，知識が増えたからといって学問化が可能というわけではないであろうし，何をどの辺までカバーしていればその資格ができるのかも不明確であり，自分にははなはだ心もとないのである。馬齢を重ねただけというのが最もふさわしいという感じもある。

　結局のところ，筆者には，大学，大学院でのマーケティングの指導者はお

　らず，卒業後に研究活動に入るということで，ほとんど独学である．その意味で，本書の「マーケティング学」は，筆者の独断と偏見に満ちたものと言えるかもしれないという危惧の念は拭い去れない．文字通り「試み」に過ぎないと言える代物である．にもかかわらず，本書を，このような形で公にできたのは，多くの人々の御指導御鞭達のお陰である．

　大学学部では，竹内　清先生（元小樽商科大学教授，東北大学名誉教授），大学院に入ってからは，伊大知良太郎，江見康一，宮川公男の各先生（各々一橋大学名誉教授）などからは経営統計学や計量経済学について厳しくも慈愛の籠ったご指導を頂いた．また，その後の流通論研究活動においては，林周二（東大名誉教授），田島義博（元学習院院長，学習院大学名誉教授），山下隆弘（元小樽商科大学教授，岡山大学名誉教授）の各先生にも様々な点からご教示を頂いている．

　筆者は，大学院在院中に非常勤研究員として４年開，同民生活研究所（現国民生活センター）調査研究部に籍を置いていたが，当時研究部長であった川端良子氏はじめ研究員各位には，実態調査の重要性や困難性について懇切丁寧に教えて頂いたが，今にして思えばこれは大変貴重な経験であったと考えている．

　大学でマーケティングを担当することになったとき，それまで非常勤講師としてこの科目の集中講義を行ってきておられた神戸大学の荒川祐吉教授（神戸大学名誉教授）から激励のお手紙を頂戴しているが，初心者として身の引き締まる思いであった．

　また，日本商業学会，日本マーティング学会，日本統計学会，日本経済学会，北方マーケティング研究会の諸兄には，（あまりに多数で個人名を挙げられないが）筆舌に尽くせない厚誼と指導・鞭撻とを頂戴している．

　こうして本書は，恩師，諸先生，諸先輩，同僚の方々の御力添えの賜であるが，内容の誤謬は筆者一人に帰せられるものであることは言うまでもない．

　ともかく，本書は，マーケティングを学問にするという意図を持って，恐る恐る書いた感じもあるが，ともかく独りよがりの「マーケティング学」と言えることは承知の上である．

　こうした筆者に対して忌憚のない厳しいご意見を頂戴できれば，これに過ぎる喜びはない。

　最後になって恐縮ながら，本書出版に際して，白桃書房の社長の大矢栄一郎氏と編集部の佐藤　円氏には原稿の整理から始まってひと方ならないお世話になった。特に佐藤氏には全文を懇切丁寧にチェックして頂いた。記して感謝する次第である。

令和2年7月

新型コロナ・ウイルスが収まらない札幌にて

黒田　重雄

●参考文献：

(1)　酒井邦嘉（2008）『科学者という仕事―独創性はどのようにして生まれるか―』，中公新書，pp.45-46。

■**黒田　重雄**（くろだ　しげお）**の略歴等**

昭和 15 年（1940 年）2 月 1 日，北海道恵庭市生まれ。

〈札幌市立信濃小学校・信濃中学校・北海道立札幌東高校を経て〉
昭和 40 年 3 月　　　　小樽商科大学商学部卒業
昭和 42 年 3 月　　　　一橋大学大学院経済学研究科修士課程卒業
昭和 45 年 3 月　　　　一橋大学大学院経済学研究科博士課程修了
昭和 45 年 6 月　　　　北海道大学経済学部専任講師，助教授，教授を経て，
平成 12 年 4 月　　　　同　　大学院経済学研究科教授
平成 14 年 4 月　　　　北海学園大学　大学院経営学研究科　教授
平成 22 年 4 月　　　　北海学園大学開発研究所特別研究員となり現在に至る

平成 9 年（1997 年）9 月 30 日　　　　経営学博士（北海道大学）
平成 14 年（2002 年）4 月 1 日　　　　北海道大学名誉教授

[専攻]

経営学全般（特に，商学，マーケティング，マーケティング・リサーチ（市場調査論），消費者行動論，消費者行動の国際比較分析）。

[学会活動等]

日本マーケティング学会,
日本マーケティング協会,
日本商業学会,
日本地域ビジネス学会,
日本統計学会,
統計研究会（廃止）,
生活経済学会,
北海道経済学会,
北海道大学ミックス研究会,
北方マーケティング研究会
日本経済学会（旧理論計量経済学会）,（退会）

[業績リスト]

【単著書】
『消費者行動と商業環境』，307（北海道大学図書刊行会，北海道），　　　　1982.2
『比較マーケティング』，217（千倉書房，東京），　　　　　　　　　　　1996.10.1
『北海道をマーケティングする』，200（北海道新聞編集局，北海道）　2007.9.19

【共著書】
『現代商学原論』（佐藤芳彰, 坂本英樹と），236（千倉書房，東京）　2000.4.10
『現代マーケティングの基礎』（菊地 均, 佐藤芳彰, 坂本英樹と），282（千倉書房，東京)），2001.4.10
『市場対応の経営』（伊藤友章, 世良耕一, 赤石篤紀, 青野正道と），第 1 章, 第 4 章, 第 6 章担当, 333
　　　　（千倉書房，東京），2004.5.1
『市場志向の経営』（伊藤友章, 赤石篤紀, 森永泰史, 下村直樹, 佐藤芳彰と），第 1 章, 第 6 章担当, 383
　　　　（千倉書房，東京），2007.4.20
『現代マーケティングの理論と応用』（佐藤耕紀, 遠藤雄一, 五十嵐元一, 田中史人と），第 1 章担当,

220（同文舘, 東京）, 2009.3.25

『わかりやすい消費者行動論』（黒田重雄・金 成洙編著）, 第1章, 第2章, 第6章担当, 216（白桃書房, 東京）。（2013年4月26日）

【単著論文・研究ノート】（1970年以降）

「消費関数論の展望と資産理論―T.Mayerの"標準所得理論"を中心として―」『経済学研究』（北海道大学）第24巻, 第1号, 1974.3

「購買者行動と確率過程モデル―マルコフ過程モデルを中心として―」『経済学研究』（北海道大学）第25巻, 第2号, 1975.6

「銘柄占有率と購買者行動―確率過程論的理論形成―」『経済学研究』（北海道大学）第29巻, 第1号, 1979.3

"Problems on Trade-Offs among Characteristics of a Product in Marketing: An Economic Theoretical Approach", *Hokudai Economic Papers*, Vol.9, 1979-80

（研究報告書）「大型小売店の発展動向調査」（小林好宏, 実方謙二, 松本源太郎氏と）（公正取引委員会経済部調査課・昭和55年度委託調査報告書, 1981.2

「消費者行動と商業環境―地域性問題を中心とした消費者意識の都市間比較実態調査―」『経済学研究』（北海道大学）第30巻, 第4号, 1981.3。

「商業者意識と行動にみる地域性―都市間比較実態調査―」『経済学研究』（北海道大学）第31巻, 第2号, 1981.8。

「大型小売店進出の現状と問題点」『公正取引』No.371, 1981.9。

「消費者意識調査における質問項目の感度分析」『経済学研究』（北海道大学）第35巻, 第4号, p.80-98, 1986.3

「消費者意識調査への数量化分析―質問項目の感度分析を中心として―」『研究年報・経済学』（東北大学）第48巻, 第5号, p.77-88, 1987.1

（研究報告書）「米国中南部のどこをみてきたか（他）」『北海道・米国リーダーシップ・プログラム（HULP）2年次報告書』,（社）札幌青年会議所, 1988.11.7

「エリア・マーケティングにおける一視点―所得, 消費支出格差の地域間比較―」『経済学研究』（北海道大学）第39巻, 第2号, 1989.9

"A View of Regional Marketing on the Comparison of Income and Expenditure in Japan", *Economic Journal of Hokkaido University*, Vol.22, p.147-158, 1993.

"Sensitivity Analysis of the Questionnaire about Japanese Consumers", *Economic Journal of Hokkaido University*, Vol.23, pp.29-45, 1994.7

「比較マーケティング―研究内容とその展望―」『経済学研究（北海道大学）』第44巻, 第3号, pp.67-78, 1994.12

「比較マーケティングの研究方向に関する一考察」『経済学研究（北海道大学）』, 第47巻, 第2号, pp.84-90, 1997.9

「現代マーケティングの研究課題序説」『経済学研究（北海道大学）』第47巻, 第4号, pp.1-7, 1998.3

「比較マーケティングの研究方向に関する一考察」『流通研究』（日本商業学会誌）, 第1巻・第1号（創刊号）, pp.19-32。1998.3

「ダイレクト・マーケティング」『観光産業のサービス化に向けた新ビジネスモデルとIT基盤の調査研究・成果報告書』（平成13年度・ノーステック財団研究開発事業・社会科学研究補助金）, 第3章担当（pp.25-36）, 平成14年6月, 2002.6

「比較マーケティング研究とグローバル・マーケティング」『経営論集』（北海学園大学）, 第1巻・第1号（創刊号）, pp.69-89, 2003.6

「国際市場細分化を中心とする実証化―1991年時点と2000年時点の比較分析―」『経営論集』（北海学園大学）, 第2巻第4号, pp.141-159, 2005.3.

（研究報告書）「比較マーケティング研究における一展開―国際市場細分化を中心とする実証化―」, 平成15〜16年度科学研究費補助金（基盤研究（C）(2)）研究成果報告書, 平成17年3月, 2005.3

「比較マーケティングにおける国際市場細分化分析のビジュアル化」『経営論集』（北海学園大学）, 第3巻第1号, pp.1-38。2005.6

「マーケティングにおける推測統計学活用に関する覚え書き―有意水準5％の出自を中心に―」『経営論集』（北海学園大学）, 第4巻第2号, pp.101-111, 2006.9.

「マーケティング研究における最近の一つの論争―AMAによる2004年定義をめぐって―」『経営論集』, 第5巻第2号, pp.37-58。2007.9

「マーケティングの体系化に関する若干の覚え書き―オルダースン思想を中心として―」『経営論集』（北海学園大学）, 第6巻第3号, pp.101-120, 2008.12

「商学とマーケティングの講義ノート（1）」『経営論集』（北海学園大学）, 第6巻第4号, pp.163-184, 2009.3

「商学とマーケティングの講義ノート（2）」『経営論集』（北海学園大学）, 第7巻第1号, pp.123-142, 2009.6

「商とビジネスと資本主義」『商店街研究』, No.21, pp.1-7, 2009.10

「商学とマーケティングの講義ノート（3）」『経営論集』（北海学園大学）, 第7巻第2号, pp.113-131, 2009.12

「マーケティング体系化への一里塚―商人や企業の消えた経済学を超えて―」『経営論集』（北海学園大学）, 第7巻第3号, pp.87-104, 2009.12

「マーケティングの体系化に関する一試論―オルダースンのTransvectionへのダイナミック・プログラミング（DP）手法の適用を中心として―」『経営論集』（北海学園大学）, 第7巻第4号, pp.1-18, 2010.3

「"マーケティング・イノベーション"を解釈する」『マーケティング・フロンティア・ジャーナル（MFJ）』（北方マーケティング研究会誌）, 創刊号, pp.3-10, 2010.12

「オルダースン思想がマーケティングの教科書にならなかった理由―4Pとフィリップ・コトラーとの関係から―」『経営論集』（北海学園大学）, 第9巻第1号, pp.77-96。2011.6

「マーケティングの教科書はどう書かれるべきなのか」『マーケティング・フロンティア・ジャーナル』（北方マーケティング研究会誌）, 第2号, pp.1-9。2011.12

「"マーケティングの定義"に関する日米比較のポイント」『経営論集』（北海学園大学経営学部紀要）, 第9巻第3・4号, pp.27-49。2012年3月

「マーケティング体系化における方法論に関する研究ノート―反証主義, 論理実証主義, そして統計科学へ―」『経営論集』（北海学園大学経営学部紀要）, 第10巻第2号, pp.117-139。2012年9月

「マーケティングの体系化における人間概念に関する一考察―二分法（企業と消費者）概念から統合的人間概念へ―」『経営論集』（北海学園大学経営学部紀要）, 第10巻第3号, pp.123-138。2012年9月

「マーケティングの体系化における人間概念はどうあるべきか―統合的人間（マーケティング・マン）を想定する―」『マーケティング・フロンティア・ジャーナル（MFJ）』（北方マーケティング研究会誌, 第3号）, pp.19-29。2013年1月

「マーケティングを学問にする一考察」『経営論集』（北海学園大学経営学部紀要）, 第10巻第4号（経営学部10周年記念号）, pp.101-138。（2013年3月）

「流通における"公正な競争"について」『経営論集』（北海学園大学経営学部紀要）, 第11巻第1号, pp.71-86。（2013年6月）

「マーケティングを学問にする際の人間概念についての一考察―マーケティング・マンの倫理観・道徳観を考える―」『経営論集』（北海学園大学経営学部紀要）, 第11巻第2号, pp.95-116。（2013年9月）

「マーケティング・マンは「公正」観を持つことが必要となる―アメリカ・ビジネスにおけるこ

れまでの正義・道徳観に変化の兆し—」『経営論集』（北海学園大学経営学部紀要），第11巻第4号（2014年3月），pp.129-141。

「マーケティングを学問にする試み――マーケティングはマーケティング・リサーチのことである――」『経営論集』（北海学園大学経営学部紀要），第12巻第2号（2014年9月），pp.141-159。

「マーケティングにおける方法論に関する一考察――マーケティング・リサーチとビッグデータの関係を中心として――」『マーケティング・フロンティア・ジャーナル（MFJ）』（北方マーケティング研究会誌），第5号（2014年12月），pp.15-31。

「マーケティング学の試み：草稿」『経営論集』（北海学園大学経営学部紀要），第12巻第3号（2014年12月），pp.1-92。

「日本におけるマーケティングの源流に関する一考察――近江商人の経営管理とドラッカーの“Management”との関係にも言及――」『経営論集』（北海学園大学経営学部紀要），第12巻第4号（2015年3月），pp.59-83。

「マーケティングの日本への流入に関する若干の覚書」『経営論集』（北海学園大学経営学部紀要），第13巻第1号（2015年6月），pp.103-119。

「オルダーソンの Transvection 概念とインターネット・ビジネス活発化との関係についての一考察――ビジネス・モデル開発競争をめぐって――」『経営論集』（北海学園大学経営学部紀要），第13巻第2号（2015年9月），pp.33-57。

「内村鑑三と経営・マーケティングに関する一考察」『マーケティング・フロンティア・ジャーナル（MFJ）』（北方マーケティング研究会誌），第6号（2015年12月），pp.1-10。

「マーケティングと宗教」『経営論集』（北海学園大学経営学部紀要），第13巻第3号（2015年12月），pp.227-240。

「“マーケティング学”の訳字を“企業学”としたいということについて」『経営論集』（北海学園大学経営学部紀要），第13巻第4号（2016年3月），pp.83-106。

「日本のマーケティングとマーケティング学について―近江商人と石田梅岩『都鄙問答』から考察する―」『経営論集』（北海学園大学経営学部紀要），第14巻第1号（2016年6月），pp.45-75。

「日本のマーケティングを考えるための覚書―室町時代における商の活発化を中心として―」『経営論集』（北海学園大学経営学部紀要），第14巻第2号（2016年9月），pp.35-55。

「マーケティング学の学問的性格についての若干の考察」『北海学園大学経営学部・経営論集』，第14巻第3号（2016年12月），pp.43-57。

「マーケティング学の学問的性格について」『マーケティング・フロンティア・ジャーナル（MFJ）』（北方マーケティング研究会誌），第7号（2016年12月），pp.1-10。

「マーケティング学で使用される“独自の概念”の提起について」『マーケティング・フロンティア・ジャーナル（MFJ）』（北方マーケティング研究会誌），第7号（2016年12月），pp.11-24。

「マーケティング学における人間概念と体系構築との関係について」『北海学園大学経営学部・経営論集』，第14巻第4号（2017年3月），pp.55-78。

「日本のマーケティングは中世期に始まっていた―とくに，室町時代の重商主義の世界を中心にして―」『北海学園大学経営学部・経営論集』，第15巻第1号（2017年6月），pp.47-73。

「人工知能（AI）の技術的発展が経営やマーケティングへどう影響を及ぼすかについての覚書」『開発論集』（北海学園大学開発研究所紀要），第100号（2017年9月），pp.161-195。

「再説：マーケティング学における諸概念の形成について」『北海学園大学経営学部・経営論集』，第15巻第2号（2017年9月），pp.69-92。

「人工知能（AI）の技術的発展が日本の商業者へどういう影響を及ぼすのか」『商店街研究』（日本商店街学会会報），No.29（2017年12月），pp.1-10。

「日本とアメリカのマーケティングにおける寄って立つ基盤の相違を考える」『マーケティング・フロンティア・ジャーナル（MFJ）』（北方マーケティング研究会誌），第8号（2017年12

　月），pp.15-24。

「マーケティング学へのターニングポイント―経済学との蜜月を解消しなければならない―」『北
　　海学園大学経営学部・経営論集』，第15巻第3号（2017年12月），pp.135-179。

「ビッグデータ，人工知能（AI），そしてマーケティング学―人工知能の技術的発達とマーケティ
　　ングへの影響に関する一考察―」『北海学園大学経営学部・経営論集』，第15巻第4号
　　（2018年3月），pp.147-170。

「石田梅岩とロー・オルダーソンの二人を統合してマーケティング学形成を試みる」『北海学園大
　　学経営学部・経営論集』，第16巻第1号（2018年6月），pp.25-44。

「マーケティング学形成における石田梅岩思想―たとえば，儒学・陽明学による体系化の可能性を
　　求めて―」『北海学園大学経営学部・経営論集』，第16巻第2号（2018年9月），pp.25-44。

「北海道における産業の拡大に関する覚書―ペリー来航による幕政の変化を中心に―」『開発論集』
　　（北海学園大学開発研究所紀要），第102号（2018年9月），pp.17-33。

など多数。

〈科学研究費〉
＊　昭和54年度・文部省科学研究費「研究課題・わが国流通問題関する都市間比較実態調査」
　　を交付される。
＊　昭和56年度文部省科学研究補助金（研究成果刊行日）交付され，上記の研究課題の分析を，
　　『消費者行動と商業環境』として，北大図書刊行会より出版。
＊　平成15年度学術振興会の科学研究費補助金（基盤研究C（2）で平成15年度・16年度の2
　　年間）にわたる，「研究課題・比較マーケティング研究における一展開―国際市場細分化を
　　中心とする実証化―」の交付を受け，その結果を研究論文《「比較マーケティングにおける
　　国際市場細分化分析のビジュアル化」『経営論集』（北海学園大学），第3巻第1号（2005年
　　6月），pp.1-38。》として公表。

■ マーケティング学の試み
　　―独立した学問の構築を目指して―

■ 発行日―― 2020 年 9 月 16 日　　初版発行　　　　　〈検印省略〉

■ 著　者――黒田重雄

■ 発行者――大矢栄一郎

■ 発行所――株式会社 白桃書房
　　　　　　〒 101-0021　東京都千代田区外神田 5-1-15
　　　　　　☎ 03-3836-4781　FAX 03-3836-9370　振替 00100-4-20192
　　　　　　http://www.hakutou.co.jp/

■ 印刷・製本――三和印刷